最高人民检察院
公益诉讼检察
典型案例汇编

2022年度

最高人民检察院第八检察厅/编

ZUIGAORENMINJIANCHAYUAN
GONGYI SUSONG JIANCHA
DIANXING ANLI HUIBIAN

中国检察出版社

图书在版编目（CIP）数据

最高人民检察院公益诉讼检察典型案例汇编 . 2022 年度 / 最高人民检察院第八检察厅编 . —北京：中国检察出版社，2023.9

ISBN 978-7-5102-2951-0

Ⅰ . ①最…　Ⅱ . ①最…　Ⅲ . ①诉讼法—案例—汇编—中国—2022　Ⅳ . ① D925.04

中国国家版本馆 CIP 数据核字（2023）第 190355 号

最高人民检察院公益诉讼检察典型案例汇编（2022 年度）

最高人民检察院第八检察厅　编

责任编辑：王　欢

技术编辑：王英英

美术编辑：徐嘉武

出版发行：中国检察出版社

社　　址：北京市石景山区香山南路 109 号（100144）

网　　址：中国检察出版社（www.zgjccbs.com）

编辑电话：（010）86423780

发行电话：（010）86423726　86423727　86423728
（010）86423730　86423732

经　　销：新华书店

印　　刷：河北宝昌佳彩印刷有限公司

开　　本：710 mm × 960 mm　16 开

印　　张：27.25

字　　数：439 千字

版　　次：2023 年 9 月第一版　　2023 年 9 月第一次印刷

书　　号：ISBN 978-7-5102-2951-0

定　　价：88.00 元

编写说明

2022年是最高检党组确定的检察工作“质量建设年”，也是公益诉讼检察发展历程中具有特殊意义的一年。这一年，公益诉讼检察来到全面推开五周年、《人民检察院公益诉讼办案规则》实施一周年的重要节点；这一年，“完善公益诉讼制度”历史性地写入党的二十大报告，我们向全国人民代表大会监察和司法委员会提交专题报告，检察公益诉讼立法这一法治大事件提上日程；这一年，我们认真学习贯彻党的二十大精神，深入把握时代发展新形势、国家治理新要求和人民群众新期待，以质量建设为主线，抓重点、抓大案、抓实效、抓拓展、抓素能，推动检察公益诉讼工作转型升级取得新突破；这一年，我们贯彻落实习近平法治思想、习近平生态文明思想，助力大江大河的保护治理，成功举办第四届长江检察论坛，深化落实检察机关服务保障黄河流域生态保护和高质量发展“十八项举措”；这一年，我们紧盯人民群众反映强烈的公益损害突出问题，推进安全生产风险专项整治，不断深化食品药品、国土国财等传统领域，聚力加强残疾人、妇女、老年人等特定群体权益保护；这一年，我们以案件质量评查为重要载体，抓实常态化“回头看”，不断巩固办案成效；这一年，我们持续深化与相关部委、群团组织的协作配合，不断扩大公益保护“朋友圈”，初步形成协作共赢、协同共治新格局；这一年，我们充分发挥社会力量，落实全过程人民民主，贯彻执行好人民监督员制度，持续推广“益心为公”志愿者平台的应用，在人民监督支持下推动检察监督能力现代化……

不积跬步，无以至千里。检察公益诉讼全面实施五年以来，各级检察机关筚路蓝缕，砥砺前行，每一次抬脚都是探索和创新，每一次驻足都是思考和成长，走出了一条公益司法保护中国道路，开创了中国特色公益诉讼检察工作新格局。但是，我们也清醒地认识到，与其他司法制度相比，检察公益诉讼尚且年轻，还有很大的成长空间。我们在为取得的成绩而鼓舞振奋的同时，也应充满紧迫感和危机感，正视检察公益诉讼存在的问题和不足。

为进一步总结检察公益诉讼司法实践经验、统一办案标准，加强普法宣传，争取理解支持，推动高质效办案、高质量发展，最高检在2022年度先后发布120件公益诉讼典型案例，其中包括第八检察厅单独发布的案例8批80件，多部门联合发布的案例3批30件，以及第一、第二、第四检察厅和研究室、案管办牵头发布的不同批次典型案例中涉及公益诉讼业务的案例10件。

总体上看，这些典型案例具有以下特点。一是深耕细作传统法定领域，用心守护人民群众美好生活。如河北省邯郸经济技术开发区检察院针对医疗美容机构药品管理不规范、医疗器械质量不达标、违规开展医疗美容项目等问题，督促相关行政机关依法履职，促进医美行业规范服务，实现人民群众对安全医美、放心医美、健康医美的美好愿望。二是继续坚持积极稳妥原则，做深做实新增法定领域。如陕西省咸阳市渭城区检察院针对用人单位未充分保障孕期、哺乳期妇女休息权益等问题，通过提出检察建议督促行政机关依法履职，并建立协作配合机制，推动构建妇女劳动权益保障齐抓共管格局。三是坚持以人民为中心，聚力解决人民群众急难愁盼。如山西省临汾铁路运输检察院针对公共设施环境和安全问题，主动邀请人民监督员参与公开听证、跟进监督和评估验收等办案环节，以民主监督促全面整改，提升城市安全治理水平。四是践行双赢多赢共赢理念，积极争取相关部门理解支持。如河南省荥阳市检察院针对黄河流域“四乱”突出问题，充分发挥“河长＋检察长”机制作用，以检察公益诉讼推动行政监管，彻底消除长期存在的黄河行洪安全隐患，有效保障黄河安澜。五是坚持一体化办案机制，推动“四大检察”融合履职。如浙江省杭州市经济技术开发区检察院（现为杭州市钱塘区检察院）办理徐某等6人侵犯公民个人信息案时，注重加强刑事检察和公益诉讼检察衔接配合，切实加强对公民个人信息的全面司法保护。六是强化监督刚性，注重以诉的确认体现司法引领价值。如贵州省六盘水市钟山区检察院针对行政机关未完全落实检察建议，导致在同一地点环境污染问题加剧的情形，依法向法院提起行政公益诉讼，最终推动问题圆满解决。

潮头登高再击桨，无边盛景在前头。检察公益诉讼制度是习近平法治思想在公益保护领域的生动实践和原创性成果，恰逢2023年检察公益诉讼法被十四届全国人大常委会列为一类立法项目的重要历史契机，我们将持续深入贯彻落实中央有关部署要求，坚持为大局服务、为人民司法、为法治担当，指导各级检察机关办理更多的高质效案例，认真培育精品案例和标志性案例，为检察公益诉讼立法提供更加丰富的实践样本，助力检察公益诉讼在第二个五年跃上新台阶，以检察公益诉讼高质量发展服务检察工作现代化。我们深信，检察公益诉讼行而不辍，未来可期！

目　录

一、检察机关服务保障黄河流域生态保护和高质量发展典型案例

（2022 年 1 月 25 日）

二、检察公益诉讼“回头看”跟进监督典型案例

（2022年3月3日）

三、“3·15”检察机关食品药品安全公益诉讼典型案例
（2022 年 3 月 15 日）

四、最高人民检察院、中国残联联合发布残疾人权益保障检察公益诉讼典型案例

（2022 年 5 月 13 日）

五、最高人民检察院、水利部联合发布涉水领域检察公益诉讼典型案例

（2022 年 6 月 9 日）

六、检察机关服务保障长江经济带发展典型案例（第四批）

（2022 年 7 月 19 日）（节选）

七、检察机关督促整治非法采矿公益诉讼典型案例

（2022 年 9 月 14 日）

八、人民监督员参与和监督检察公益诉讼办案活动典型案例
（2022 年 10 月 11 日）

九、国有财产保护、国有土地使用权出让领域行政公益诉讼典型案例

（2022 年 11 月 7 日）

十、最高人民检察院、中华全国妇女联合会联合发布妇女权益保障检察公益诉讼典型案例

（2022年11月25日）

十一、药品安全公益诉讼典型案例
（2022 年 12 月 14 日）

十二、安全生产领域检察公益诉讼典型案例
（2022 年 12 月 16 日）

十三、其他涉公益诉讼典型案例

一、检察机关服务保障黄河流域生态保护和高质量发展典型案例

（2022 年 1 月 25 日）

检察机关服务保障黄河流域生态保护和高质量发展典型案例发布说明

本次最高人民检察院发布检察机关服务保障黄河流域生态保护和高质量发展典型案例 12 件。其中刑事检察案件 3 件、民事检察监督案件 1 件、行政检察监督案件 1 件、公益诉讼检察案件 7 件。这批案例的主要特点是：

一、以生态环境保护为重点，着力整治黄河流域突出问题

检察机关深入贯彻习近平生态文明思想和习近平法治思想，准确把握黄河流域生态保护和高质量发展的目标要求，综合发挥“四大检察”职能作用，助力整治黄河流域存在的工业废水偷排、违规采水用水、违规私搭乱建、非法占用农用地等问题，守护好母亲河——黄河。甘肃省张家川回族自治县人民检察院针对汪某勇等人非法从事化工染料生产，偷排废液导致清水河 40 余公里水体严重污染问题，依法追加逮捕两名涉案人员，并同步推动行政部门取缔关停、限期整改、停业整顿流域“散乱污”企业 22 家。案涉 7 人分别被判处两年至四年不等有期徒刑，并处罚金 29 万元。宁夏回族自治区中宁县人民检察院针对辖区 4 个乡镇存在的违规取水问题，督促行政机关履行节水控水监督职责，推动 11 家“小泵站”完成水资源论证报告、办理取水许可证、安装计量设施，推动用水单位依法依规有度取水。严厉惩治损毁黄河流域文化遗址及盗掘、盗窃文物等违法犯罪行为，积极开展黄河流域文物和文化遗产保护公益诉讼工作，传承弘扬黄河文化。河南省开封市龙亭区人民检察院针对黄河文物“镇河铁犀”保护不善的问题，依法发出诉前检察建议，推动文物保护单位和当地政府共同履职，统筹解决文物保护人员、资金、衔接配合等一系列问题，有效保护沿黄河流域文物和文化遗产。

二、注重综合治理，全力守护黄河流域安澜

各级检察机关在办案过程中，始终做到以问题为导向，深化源头治理，实现追根溯源、靶向治疗。注重加强诉源治理，推动行政争议实质性化解。河南省新乡市人民检察院针对马某诉长垣市某乡人民政府行政协议纠纷，多次登门走访、面对面向申请人释法说理、解疑释惑，促使其消除认识分歧，接受法院裁判结果并主动撤回监督申请，为黄河滩区居民迁建、生态修复消除阻力，赢得了支持。注重抓前端，以民事检察监督助力黄河流域生态环境保护。陕西省人民检察院抗诉王某龙确认合同无效监督案中，当事人在转让位于黄河支流禁采区的砂场后形成纠纷，后不服法院判决向检察机关申请监督。检察机关依法抗诉，法院经再审认定转让黄河流域禁采区采砂权的民事合同无效，从根源上对破坏生态环境、损害“两益”的行为作出否定性司法评价，维护生态保护、治理秩序。注重标本兼治，将公益诉讼办案工作与源头治理有机结合。青海省检察机关针对三江源地区长期存在外来鱼种放生导致水生态环境破坏的问题，及时督促行政机关采取有效措施解决问题，同时推动地方制定出台《规范民间放生放流管理办法（试行）》，将三江源地区全水域放生放流活动纳入规范化、制度化、法治化轨道。

三、坚持理念引领，提升服务保障黄河高质量发展质效

检察机关坚持理念先行，围绕生态黄河、安全黄河、高质量发展黄河、文化黄河“四大”重点履职尽责，坚定不移走生态优先、绿色发展道路。坚持“诉前实现保护公益目的是最佳司法状态”的监督理念，充分发挥诉前磋商、检察建议等程序优势，促进行政机关自我纠错、依法行政。本次 7 件行政公益诉讼典型案例，都是在诉前推动问题解决。如山西省芮城县人民检察院针对黄河三门峡库区芮城县永乐镇段河道范围内违法建筑影响河道行洪的问题，依法发出检察建议，推动行政机关高效解决河道违建问题，并全面排查辖区范围内可能出现的违法情形，共拆除违章建筑 1.53 万㎡，恢复被占河道面积 90.3 亩。树立“打击与保护并重”的司法理念。在办理涉企犯罪情节轻微的案件中，贯彻宽严相济刑事政策，服务保障民营企业发展。内蒙古自治区鄂尔多斯市某煤炭有限公司在生产经营过程中，未经审批非法占用林地用于煤场建设，涉嫌非法占用农用地罪被移送审查起诉。检察机关在办案过程中积极引导企业自愿认罪认罚，在

企业补缴植被恢复金、补办用地审批手续、及时补植复绿修复生态环境后，综合考虑案件社会危害性程度及企业长远发展，经公开听证决定对案涉企业及法定代表人作出相对不起诉决定。践行恢复性司法理念，积极推动生态环境得到及时、有效的修复。四川省阿坝县人民检察院针对行政机关仅对湿地泥炭盗挖行为一罚了之，未严格按照处罚决定书要求盗挖行为人修复生态环境的问题，通过制发诉前检察建议，督促行政机关监督违法行为人落实生态修复责任，推动若尔盖湿地泥炭资源和生态环境得到有效保护。

四、强化协同配合，形成推进黄河流域生态保护和高质量发展合力

各级检察机关坚持“一盘棋”思想，加强横向协同、纵向联动、多方配合，共同抓好黄河大保护。打好刑事检察与公益诉讼检察职能“组合拳”，同时追究犯罪嫌疑人刑事责任与公益损害修复责任。山东省东营市广饶县人民检察院针对李某忠等8人危害珍贵、濒危野生动物、非法狩猎和掩饰、隐瞒犯罪所得行为，依法提起刑事附带民事公益诉讼。广饶县法院分别判处李某忠等人十五年至二年不等的刑罚，李某忠等12人共同赔偿生态资源损失费、鉴定费15.5万元。东营市中级法院二审判决维持一审判决认定的事实，将李某忠的刑期改为有期徒刑十三年，对其他原审被告人的刑期和罚金等均予以维持。积极发挥一体化办案优势，上下联动解决办案难题。陕西省检察机关针对天然气钻井废液造成北洛河富县、洛川、黄陵、宜君段水体严重污染问题，三级院一体化办案，统一调配办案力量、整合办案资源、把握办案进度，共同推进问题整治和生态修复。坚持内外协同，不断凝聚黄河流域生态保护合力。宁夏回族自治区平罗县人民检察院办理天河湾黄河湿地保护公益诉讼案件时，积极主动向党委、政府汇报沟通，多次与行政机关磋商，推动自然资源局、水务局、渠口乡政府协同整治，拆除全部违法建筑，恢复湿地面积约3.23万 m^2。

内蒙古自治区鄂尔多斯市某煤炭公司非法占用农用地刑事不起诉案

【关键词】

非法占用农用地　水土保持　支持磋商　生态修复　酌定不起诉

【要　旨】

对犯罪情节轻微，且积极修复被破坏黄河水源补给地的刑事案件，可以依法作出不起诉决定，并坚持依法、审慎、稳妥原则，通过召开听证会等方式接受各方监督。检察机关可以支持生态损害赔偿权利人开展生态损害赔偿磋商。

【基本案情】

2014年至2017年期间，内蒙古自治区鄂尔多斯市某煤炭公司（以下简称某煤炭公司）未经行政管理部门审批同意，擅自在位于黄河上游补给水源区鄂尔多斯黄河“金三角”腹地十大孔兑（“孔兑”为蒙古语，意为山洪沟）的上游地段建设煤场，非法占用林地（类型为特殊灌木林地，林种为水土保持林）50.23亩，造成林地植被大量毁坏。

【检察履职情况】

2020年12月3日，内蒙古自治区鄂尔多斯市达拉特旗森林公安局将本案移送达拉特旗人民检察院（以下简称达拉特旗检察院）审查起诉。经审查，达拉特旗检察院认定该煤炭公司违反土地管理法规，未经林业主管部门审批，非法占用林地50.23亩建设厂房，数量较大，造成林地大量毁坏，其行为涉嫌非法占用农用地罪。在办理刑事案件中，达拉特旗检察院发现大量林地受损且尚未得到有效恢复的公益诉讼案件线索，于2020年12月8日附带民事公益诉讼立案，并邀请林地领域的专家对涉案林地破坏情况和修复方案进行评估论证。因地方政府启动生态环境损害赔偿程序，达拉特旗检察院支持达拉特旗林业和草原局与该煤炭公司进行磋商并达成协议，确定由该煤炭公司恢复治理林地20余亩，异地补植林地30余亩种植松树3100余株，缴纳涉案林地植被恢复费用116万余元。2021年5月11日，达拉特旗检察院邀请当地森林公安局、人民监督员实地勘验评估补植复绿树木成活率及生态修复效果，生态修复初显成效。

鉴于本案造成的生态环境损害已得到赔偿与修复治理，且案发后，该煤炭公司负责人主动投案认罪认罚，公司积极开展绿色矿山建设，达拉特旗检察院结合企业经营与发展需要，决定于2021年5月17日召开拟不起诉案件听证会。听证会议上，邀请了达拉特旗人大代表、政协委员、人民监督员以及工商联、林业和草原局工作人员等7名听证员参加，并邀请了当地15位煤炭行业民营企业家参与旁听，承办检察官围绕案件事实，阐述了对案件的性质认定以及拟作不起诉决定的理由和相关法律依据。听证员对案件定性和拟不起诉决定均表示赞同。听证会后，达拉特旗检察院结合以往办理非法占用农用地、非法采矿案件中暴露出的问题，为在座企业人员进行了生态资源保护的法治宣传活动。5月26日，达拉特旗检察院对本案作出酌定不起诉处理决定。

【典型意义】

内蒙古自治区鄂尔多斯市位于黄河上游地区，黄河河段728公里。本案案发于黄河鄂尔多斯段“金三角”腹地，当地的十大孔兑是黄河上游地区的重要补给水源地。但因水土流失严重，每年向黄河输入河沙约3000万立方米。为涵养水源、保持水土稳定，检察机关既依法惩治危害黄河水源补给地环境资源犯罪，同时积极支持生态环境损害赔偿权利机关与赔偿义务人进行磋商并达成协议，将督促恢复生态环境作为案件处理的重要事由予以考量。通过邀请专门人员实地查看和检察听证等方式，让生态修复以人民群众看得见、感受到、信得过的方式实现。对犯罪情节轻微，恢复效果好的，检察机关可依法作出情节轻微不起诉决定。对拟作不起诉的危害生态环境犯罪案件举行听证会，将普法融入听证，既提升了不起诉案件听证工作的公信力，也宣讲了环保政策法律，提升了法治宣传教育成效。

山东省东营市李某忠等 8 人危害珍贵、濒危野生动物、非法狩猎和掩饰、隐瞒犯罪所得刑事公诉案

【关键词】

危害珍贵、濒危野生动物　黄河三角洲湿地　保护生物多样性　专业化生态保护　协同治理

【要　旨】

检察机关深入践行“在办案中监督，在监督中办案”的理念，依托黄河三角洲自然保护区检察工作站，内部“四大检察”融合发力，外部多部门联勤联动，探索“惩治犯罪 + 公益诉讼 + 法律监督 + 宣传预防”的生态检察模式，共同加强黄河口生态环境和自然资源保护，形成“办理一案、治理一片”的良好效果。

【基本案情】

2017 年 12 月至 2018 年 12 月间，被告人李某忠向被告人尹某星等人提供毒药呋喃丹，并传授使用方法、指导拌药，采取投毒方式在黄河三角洲国家级自然保护区非法猎捕野生鸟类，而后由李某忠予以收购、出售。其中，既有珍贵、濒危野生动物，又有列入国家保护名录的有重要生态、科学、社会价值的陆生野生动物。

2018 年 11 月前后，被告人李某忠将向他人收购的 2 只灰鹤（国家二级保护动物）以每只 2000 元的价格分两次出售给李某刚（另案处理）。同年 12 月 23 日，被告人李某山以 1500 元的价格向李某忠出售白鹤（国家一级保护动物）1 只。12 月 26 日，李某忠将白鹤以 3200 元的价格出售给在山东聊城从事珍禽养殖场经营的被告人宋某勇。后宋某勇以 11000 元

的价格，将白鹤转卖给河南省鹤壁市某湿地公园。12月28日，李某山以1400元的价格向李某忠出售其猎捕的灰鹤1只。

此外，被告人李某忠大量收购被告人单某明、李某林、毕某平、葛某军、李某山、尹某星等人毒杀或捡拾的野生鸟类死体后，通过长途物流，贩卖给江苏、湖北等地的个体收购者。经鉴定，死亡鸟类涉及国家二级保护动物灰鹤和白天鹅各6只，国家“三有”保护动物斑嘴鸭、绿头鸭、苍鹭、夜鹭等千余只。

【检察履职情况】

2018年11月29日，山东省东营市森林公安局（以下简称东营森林公安局）对本案立案侦查，并商请山东省东营市人民检察院（以下简称东营市检察院）就证据收集提出意见。针对该案作案时间长，涉案人员多，鸟类种类和数量多等问题，东营市检察院生态环保办案组先后6次与公安机关召开检警联席会议，围绕各犯罪嫌疑人长期在自然保护区工作生活经历，深挖细查犯罪线索，固定了犯罪团伙成员间的微信记录、转账记录、通话记录、行车轨迹等客观性证据，查清了“猎捕—收购—运输—销售”犯罪利益链条。2019年6月25日，东营森林公安局以李某忠等8人涉嫌非法收购、运输、出售珍贵、濒危野生动物罪，非法狩猎罪，掩饰、隐瞒犯罪所得罪将案件移送东营市检察院审查起诉。东营市检察院审查认为，李某忠不仅有收购毒杀鸟类的行为，还有向其他被告人提供毒药并传授毒杀鸟类方法的行为，遂决定追加认定李某忠涉嫌非法猎捕、杀害珍贵、濒危野生动物罪。7月25日，东营市检察院根据级别管辖，将案件交广饶县人民检察院办理。9月24日，广饶县人民检察院对李某忠等8人提起公诉，并对包括8名被告人和另外4名参与了本案但犯罪情节显著轻微的侵权人，提起刑事附带民事公益诉讼。

2020年12月25日，广饶县人民法院一审判决认定被告人李某忠、单某明、尹某星、李某林犯非法猎捕、杀害珍贵、濒危野生动物罪；被告人李某忠、尹某星、单某明、毕某平、李某林、宋某勇犯非法收购、出售珍贵、濒危野生动物罪；被告人李某山犯非法出售、运输珍贵、濒危野生动物罪；被告人李某山、尹某星、单某明、毕某平、葛某军犯非法狩猎罪；被告人李某忠犯掩饰、隐瞒犯罪所得罪，分别判处有期徒刑十五年至二年不等的刑罚，合计并处罚金34.5万元，没收全部违法所得；李某忠等12人共同赔偿因侵权造成的生态资源损失费共计13.4万余元、鉴定评估费2.1万元，并在国家级主流媒体公开赔礼道歉。李某忠、李某山不服，提出上诉。2021年6月4日，东营市中级人民法院二审判决维持一审判决认定的事实，根据同年3月1日生效实施的《刑法修正案（十一）》的有关规定，判决认定上诉人李某忠犯危害珍贵、濒危野生动物罪和掩饰、隐瞒犯罪所得罪，李某山犯非法出售、运输珍贵、濒危野生动物罪和非法狩猎罪，将其中李某忠的刑期改判为有期徒刑十三年，对其他原审被告人的刑期和罚金等均予以维持。

针对本案暴露出的滥杀滥捕野生鸟类问题，东营市检察院牵头召开黄河三角洲国家级自然保护区野生动植物资源保护联席会议，向自然保护区管理局、市场监督管理局、自然资源局通报了案件办理中发现的问题，并送达了检察建议。相关部门收到检察建议后，联合部署开展了严厉打击"非法猎捕、非法收购、非法运输"野生动物违法犯罪专项整治行动。并且，自然保护区管理局在通往保护区的重要道路、卡口和鸟类聚集区安装视频监控，实现了监管"全覆盖、无死角"；市场监督管理部门加大力度检查取缔市场上的野生动物交易，办理的2起非法交易野生动物案件不仅引发媒体广泛关注，还被国家市场监管总局评为"打击野生动物非法交易专项执法行动典型案例"。2020年5月14日，东营市检察院决定由垦利区检察院在自然保护区内设立检察工作站，专门负责联系自然保护区管委会和当地公安机关，通过信息共享、联勤巡防、联合普法，形成多部门生态保护合力，相继查办了5起非法狩猎案件。

【典型意义】

位于黄河入海口的黄河三角洲国家级自然保护区是我国暖温带地区最完整、最广阔、最年轻的湿地生态系统。自然保护区共有野生动物1626种，其中鸟类368种，是东北亚内陆和环西太平洋鸟类迁徙的重要中转站。自然保护区是保护物种多样性和维护黄河三角洲及环渤海地区生态安全的重要屏障。为应对非法猎捕自然保护区内野生动物的犯罪，检察机关专业化办案团队一方面引导公安机关全链条排查打击破坏野生动物资源犯罪，坚决摧毁非法猎捕、杀害、买卖鸟类等野生动物的犯罪分子和团伙；

另一方面结合办案，推动建立健全打防管控常态化机制，形成“办理一案、治理一片”的良好效果。通过在自然保护区设立专门机构，与各相关部门联勤联动，强化沟通对接和协作，进一步强化对黄河三角洲生态的司法保护，有助于从根本上遏制破坏鸟类等野生动物资源犯罪。

甘肃省张家川回族自治县汪某勇等 7 人污染环境刑事公诉案

【关键词】

污染环境　黄河支流　入河排污　三级联动　生态环境综合整治

【要　旨】

办理重大、有影响的破坏黄河流域生态环境犯罪案件，上级检察机关要第一时间掌握情况、迅速介入，将指导工作做细做实，通过协作配合，上下一体突破案件。加强内外协同，将生态刑事检察工作与促进本地生态文明建设同步推进，充分发挥检察建议堵漏建制的作用，及时向有关单位提出完善制度、强化监管的检察建议，达到“办理一个案件，解决一类问题”的效果。

【基本案情】

2019 年 9 月，被告人汪某勇、董某娟经介绍与被告人李某庆、何某杰、刘某强、李某利认识后，双方口头协议由李某庆等 4 人出资，在甘肃省张家川回族自治县龙山镇投资设立化工染料厂，租赁给汪某勇、董某娟从事化工染料生产。汪某勇通过董某娟购买化工原料，雇用被告人许某明等人负责机器设备的安装、调试、染料生产等工作。同年 11 月，应汪某勇要求，刘某强安排李某利购买塑料长管安装在化工厂排污口，并通过掩埋的方式伸入到南河（系黄河最大支流渭河的二级支流、清水河一级支流）河道，用于偷排污水。11 月 23 日，该化工染料厂在没有经营行政许可证和环保许可手续的情况下，非法调试生产。11 月 26 日凌晨 1 时许，在汪某勇的默许下，许某明将生成的 1.5 吨废液简单处理后排入清水河，致使清水河 40 余公里水体因严重污染变色，引发流域内群众恐慌。经鉴定，被污染水质超过Ⅲ类水标准，为重度污染。案发后，天水市委、市政府启动应急预案，调运应急物资和大型机械，在清水河河道内筑起十多道临时围堰，将受污染水体控制在清水河流域进行无害化处理，并对清水河、葫芦河及渭河天水段水质进行实时监测。经评估，此次污染造成直接经济损失 753 万余元。12 月 5 日，中央电视台财经频道“经济半小时”栏目对“甘肃省天水市境内黄河支流污染问题”进行专题报道，引发社会广泛关注。

【检察履职情况】

2019 年 11 月 26 日，公安机关对本案立案侦查。甘肃省张家川回族自治县人民检察院（以下简称张家川县检察院）于次日获悉本案后，主动介入侦查、引导取证，重点围绕引导确定犯罪嫌疑人、查封作案现场、扣押相关设备、法律适用等方面提出意见。主动向公安机关了解情况，并立即向天水市人民检察院报告了相关情况。12 月 4 日，张家川县检察院根据天水市检察院关于督促整改清水河污染问题专门会议要求，向当地生态环境局、镇政府发出检察建议，督促有关部门开展跟踪监测，对可能的污染源进行全面排查，对公众开展保护水环境和水资源的宣传教育，以杜绝污染事件再次发生。检察建议发出后，被建议单位积极开展污染恢复、源头排查等工作，截至 12 月 10 日共排查出“散乱污”企业及各类作坊 22 家，取缔关停 3 家，限期整改 5 家，停业整顿 14 家。12 月 7 日，甘肃省人民检察院检察长就本案作出批示，要求省检察院第一、第八检察部认真分析研判，指导天水市两级院做好案件办理工作。12 月 18 日，甘肃省检察院、天水市检察院督导组赴张家川县指导县检察院全面了解案件侦办进展，针对提前介入阶段了解到的问题，研究解决办法。12 月 26 日，公安机关就本案提请张家川县检察院批准逮捕。张家川县检察院审查后，认为公安机关遗漏了主要涉案人员董某娟、李某庆，遂对二人作出追加逮捕的决定。2020 年 9 月 27 日，张家川县检察院对汪某勇等 7 人以污染环境罪提起公诉。庭审期间，部分被告人主动向张家川县检察院缴纳生态环境修复赔偿款 310 万元。

2020 年 12 月 23 日，张家川回族自治县人民法院一审判决，汪某勇等 7 人犯污染环境罪，分别判处四年至两年不等有期徒刑，合计并处罚金 29 万元。董某娟、李某庆等 4 人以量刑过重为由提起上诉。2021 年 3 月 15 日，甘肃矿区人民法院裁定驳回上诉，维持原判。

【典型意义】

甘肃是黄河重要的水源涵养区和补给区。省内黄河流域包括黄河干流、渭河、洮河、湟水和泾河五个水系，以及各水系的一二级支流。小流域作为黄河主动脉的毛细血管，好与坏、净与污直接关乎黄河生态环境安全。为保护好黄河主动脉的“小血管”，检察机关用足惩治手段，用好检察建议，依法打击破坏黄河流域生态环境违法犯罪。对重点案件，加强办案指导，提高打击和保护的针对性、实效性；对突出问题，结合办案提出检察建议，促进政府部门及时解决，争取政府部门、社会力量的理解和帮助。检察机关立足职能，加强黄河上游水源涵养区生态司法保护，同时推动织密黄河法治保护网，充分彰显了检察机关在黄河治理和保护中的担当和作为。

陕西省人民检察院抗诉王某龙确认合同无效监督案

【关键词】

民事抗诉　损害“两益”　合同效力　效力性强制性规定

【要　旨】

《中华人民共和国矿产资源法》关于勘查、开采矿产资源，必须依法申请、批准、登记的有关规定系效力性强制性规定。违反上述规定订立民事合同损害国家和社会公共利益，应当依法确认无效。

【基本案情】

陕西省泾阳县禄长砂场位于黄河重要支流泾河的彬县河段，2013 年被列为河砂禁采区。2014 年 11 月 1 日，王某龙与武某群签订协议，约定武某群以 150000 元将禄长砂场转让给王某龙。当日，王某龙支付定金 50000 元，出具 100000 元欠条一张。合同签订后，王某龙着手经营砂场。由于原采砂许可证已于 2012 年底过期，2014 年 11 月 27 日，彬县水利局作出《责令停止违法行为通知书》，认定王某龙擅自在泾河禄长村段存放物料，倾倒垃圾、土石料等废物，无证采砂，责令其停止违法行为。2015 年 4 月，王某龙将武某群诉至彬县人民法院，要求解除合同。彬县人民法院一审判决：禄长砂场转让协议无效，王某龙出具的欠条无效，武某群返还 50000 元，王某龙返还场地和厂房设备。武某群不服，上诉至咸阳市中级人民法院。该院二审认为，一审引用的法律条文中并未规定违反该条文而签订的合同为无效合同，均属管理性强制性规定，并非效力性强制性规定。砂场转让协议，系双方真实意思表示，不违反法律强制性规定，为有效合同。判决撤销原审判决，驳回王某龙的诉讼请求。王某龙向咸阳市中级人民法院申请再审，该院裁定驳回再审申请。王某龙向咸阳市人民检察院申请监督。

【检察机关监督情况】

2018年9月19日，陕西省人民检察院向陕西省高级人民法院提出抗诉。抗诉认为，终审判决适用法律错误。《中华人民共和国矿产资源法》规定从事矿产资源开采必须符合规定的资质条件，禁止非法转让采矿权。该强制性规定虽然未直接规定违反此规定将导致合同无效，但违反该规定将损害国家和社会公共利益，应当认定为效力性强制性规定。本案中，禄长砂场无采砂许可证、无营业执照，非法采砂行为影响泾河行洪通畅安全以及河道生态环境。转让行为本身损害国家和社会公共利益，即使系双方真实意思表示，也应当认定为无效。

2019年9月11日，咸阳市中级人民法院作出（2019）陕04民再23号民事判决。该院认为，《中华人民共和国矿产资源法》第三条、第六条虽未直接规定违反此规定的法律后果，但违反此规定的合同将有损国家和公共利益，因此属于效力性强制性规定。本案中，双方转让砂场行为本身有损国家和公共利益，应为无效合同。判决：撤销咸阳市中级人民法院（2016）陕04民终117号民事判决；维持彬县人民法院（2015）彬民初字第00586号民事判决。

【典型意义】

黄河流域水资源自然禀赋条件差，水沙关系不协调，对于各主要支流沿河采砂行为应当严格监管。案涉合同约定转让位于黄河支流泾河彬县河段禁采区的砂场，破坏了河床生态保护功能，损害了国家和社会公共利益，该合同意思表示系对效力性强制性规定的违反。检察机关以合同无效提出民事抗诉，对于违法转让砂场行为作出否定性司法评价，维护了黄河干流及主要支流保护、治理秩序。

河南省新乡市人民检察院化解马某诉长垣市某乡人民政府行政协议争议案

【关键词】

行政裁判结果监督　黄河生态保护　释法说理　撤回监督申请

【要　旨】

检察机关办理涉重大国家战略实施方面的行政诉讼监督案件，应当把讲政治、顾大局摆在突出位置并贯穿始终，加强调查核实，强化释法说理，讲清讲透相关政策规定，促使申请人理解认同和服判息诉，办理一案、教育一方，服务保障黄河流域生态保护和高质量发展战略顺利实施。

【基本案情】

黄河滩区迁建是党中央、国务院部署推动滩区脱贫发展、生态修复的战略举措。2018 年初，长垣市某乡两个村作为一期试点，正式启动迁建工作。当地政策规定，无房户每人货币补偿 5 万元，有房户每人安置 30 平方米房屋，户内少于 4 人、房屋面积超过 140 平方米的每户按 4 人安置。村民马某户内 2 人，房屋面积 217 平方米，可以按 4 人安置 120 平方米房屋；马某儿子户内 5 人，因翻建房在马某家暂住，如单独作为一户，只能选择货币补偿，如与马某合并认定为一户，则可以享受房屋安置待遇。2018 年 6 月，经共同协商，马某及其儿子选择合并认定为一户，分别签订《提前搬迁协议》，共按 7 人安置 210 平方米房屋。安置房分配后，马某反悔，要求自己单独按 4 人安置 120 平方米房屋。因多次协商未果，2019 年 9 月，马某提起行政诉讼，请求撤销《提前搬迁协议》。法院一审以超过起诉期限为由裁定驳回起诉，二审予以维持。马某申请再审亦被驳回。

【检察履职情况】

2020年12月22日，马某不服生效行政裁定，向新乡市人民检察院（以下简称新乡市院）申请监督。新乡市院经审查认为，马某的起诉时间超过法定起诉期限，法院裁定驳回起诉并无不当，且其合法利益通过《提前搬迁协议》已得到确认，额外再行主张更大利益也不合法。黄河滩区迁建是党中央、国务院部署推动滩区脱贫发展、生态修复的战略举措，与马某类似的还有40余户对是否提起诉讼还在观望状态，双方争议处理不好可能会影响当地其他群众搬迁的积极性，进而影响国家战略进程的实施。为彻底有效化解行政争议，保障迁建工作顺利进行，新乡市院针对马某的诉求，会见长垣市迁建办有关领导，全面了解有关迁建政策规定、《某乡滩区迁建人口认定实施意见》（以下简称《意见》）制定经过及重点条文的含义；约见乡政府主要领导、迁建工作负责人，深入了解《意见》具体实施情况、户内人口认定实际执行标准；走访马某及其儿子、现任及原任村干部、乡政府包村干部，详细了解马某及其儿子签订案涉《提前搬迁协议》的具体经过和考量因素。经过调查核实查明:《意见》中“户”是指“院落内所有人”，并非公安机关户籍登记的“户”；乡迁建办分别与马某及其儿子签订协议，是三方共同协商的结果，马某选择和儿子合并认定为一户有房户，是为了解决其儿子家的住房问题，且符合政策规定；根据当时每平方米5000元左右的房价，选择第二种安置方案，马某及其儿子总体上多受益约20万元。

2021年1月21日，检察官再次上门走访，经深入释法说理，马某表示愿意接受法院生效裁判，主动撤回监督申请，其他40余户处于观望状态的群众因此打消诉讼念头，积极配合迁建工作。截至目前，马某所在村523名村民已全部搬迁完毕，原村庄所占用的近11万平方米土地已复耕到位。9月26日，《检察日报》以“长垣：七旬老人的疑虑打消了”为题予以报道，最高检官微同步转载。

【典型意义】

黄河是中华民族的母亲河，黄河流域生态保护和高质量发展已经上升为重大国家战略。习近平总书记高度重视，并作出重要指示。因受洪灾威胁和影响，黄河滩区基础设施薄弱，经济发展相对滞后。实施滩区迁建是实现滩区乡村振兴、修复滩区生态环境的有效举措。由于居民迁建涉及诸多环节、众多人口，牵一发而动全身，处理不好容易影响社会稳定，影响黄河流域生态保护和高质量发展战略实施。本案中，检察机关通过认真调查核实，查清了相关具体政策规定，多次上门走访、当面向申请人释法说理、解疑释惑，促使其消除认识分歧，接受法院裁判结果并主动撤回监督申请，为其他40余户处于观望状态的群众起到了示范作用，为黄河滩区迁建、生态修复消除了阻力、赢得了支持，维护了社会稳定，实现了案结事了政和的办案目标。

山西省芮城县人民检察院督促保护黄河河道行洪安全行政公益诉讼案

【关键词】

行政公益诉讼诉前程序　黄河河道违建拆除　跟进监督

【要　旨】

对于行政机关难以合力推进整改的公益诉讼案件，检察机关应充分发挥制度优势，主动组织相关行政机关磋商，督促其既各司其职又相互协作，有序有力推进问题整改。在跟进监督中，发现整改不到位的，可以制发检察建议，督促全面充分履职，有效维护社会公共利益。

【基本案情】

2011 年，山西省芮城县某润实业有限公司（以下简称某润公司）在芮城县永乐镇沿河公路南侧投资建立奶牛养殖基地，内有多座养殖厂房、饲料贮存室、养殖人员居住平房，占地面积 5.78 万 m^2。2016 年后，某润公司将奶牛迁往外地发展，该奶牛养殖基地空置后被黄某个人承包用于果渣堆放。2019 年 8 月，水利部河湖中心在暗访黄河干流问题清单中，明确指出某润公司奶牛养殖基地存在占用黄河河道违建问题，应予拆除。直至 2020 年，该养殖基地违建问题一直存在，妨碍河道行洪，影响黄河生态环境。

【调查和督促履职】

2020 年 4 月，芮城县人民检察院（以下简称芮城县院）收到芮城县河长制办公室（以下简称芮城河长办）移交的该黄河河道“四乱”问题线索，经初步调查核实后，于 2020 年 5 月 12 日立案。芮城县院通过实地勘验、利用无人机航拍取证及走访调查，查明该养殖基地违建物均位于黄河河道管理范围内，影响黄河行洪安全和生态保护，依法应予拆除。同时，查明芮城县永乐镇人民政府（以下简称永乐镇政府）及芮城县三门峡库区管理局（以下简称芮城三管局）对此负有监督管理职责。

为高效高质推进解决河道违建等问题，芮城县院分别与永乐镇政府、芮城三管局磋商，各方均表示要依法积极履职。但在跟进监督中发现，永乐镇政府、芮城三管局在具体工作的开展和分配上，难以取得共识，无法形成工作合力；加之需统筹考虑清运 4000 余吨果渣的环保需求，遂牵头组织芮城河长办、永乐镇政府、芮城三管局和运城市生态环境局芮城分局（以下简称芮城生态环境分局）召开督促整改协调会，共同磋商解决河道违建拆除、果渣清运、恢复河道原貌等问题。经过充分磋商，各方形成了共识、强化了协作，明确芮城三管局负责拆除违建，永乐镇政府负责果渣清运、资金保障、恢复河道原貌等工作，芮城生态环境分局协助果渣清运等工作。

在持续跟进监督中，芮城县院发现违建主体部分虽已拆除，但河道内仍有大量建筑垃圾和果渣未被清运，河道原貌尚未恢复，公益损害持续存在，遂依法向永乐镇政府、芮城三管局制发检察建议。检察建议发出后，永乐镇政府高度重视，积极向县政府争取河道清理、生态修复专项资金，共计 80 余万元。2020 年 7 月 20 日、21 日，芮城县院先后收到芮城三管局、永乐镇政府的书面回复。经办案检察官现场核实，全部违章建筑（约 8600m^2）已拆除，4000 余吨果渣已全部清运，5.78 万 m^2 耕地已恢复，实现了恢复河道原貌的目标，社会公共利益得到有效保护。在个案办结后，芮城县院就黄河河道范围内的违法情形进行全面排查、化解，办理涉黄河生态环境保护问题案件 34 件，拆除违章建筑 1.53 万 m^2，清理垃圾 1350 吨，恢复保护湿地面积 8.1 亩，恢复被占用河道面积 90.3 亩。

【典型意义】

黄河河道是黄河生态系统的重要要素，河道畅通对于行洪安全具有重要作用。在清理河道违章建筑工作中，检察机关针对行政机关难以合力推进整改、影响公益受损问题解决的情形，主动组织相关行政机关共同磋商，有利于督促多个负有监督管理职责的行政机关既各司其职又相互协作，有序有力推进问题整改；在跟进监督中，针对实现整改目标仍有差距的情况，依法及时制发检察建议，进一步强化监督，进一步督促行政机关加大整改力度，高质高效实现彻底拆除河道违建、全面清理建筑和生产垃圾、恢复河道原貌的整改目标，展现了助力实施黄河流域生态保护和高质量发展国家战略的检察自觉和担当。

河南省开封市龙亭区人民检察院督促保护黄河文物“镇河铁犀”行政公益诉讼案

【关键词】

行政公益诉讼　文物和文化遗产保护　黄河文化　跟进监督

【要　旨】

检察机关针对黄河文物和文化遗产保护中存在的问题，可以开展行政公益诉讼，督促相关行政机关依法全面履职，更好地弘扬黄河文化。

【基本案情】

镇河铁犀位于河南省开封市龙亭区北郊乡铁牛村，1446 年民族英雄于谦任河南巡抚时为镇降黄河洪水灾害而建，系中州大地遭受水患的历史见证，其铁犀背部铸有于谦撰写的《镇河铁犀铭》，反映了古代朴素的五行学说，表达了人民要求根除河患的强烈愿望，展现出鲜明的黄河文化色彩。新中国成立后，镇河铁犀随着治黄事业取得成功得以较好保存，并于 1963 年确定为河南省第一批省级重点文物保护单位。近年来，因缺乏有效管理，镇河铁犀及周边设施受损严重，其历史风貌和文化价值遭到严重破坏。

【调查和督促履职】

2019 年 6 月，开封市龙亭区人民检察院（以下简称龙亭区院）在履行公益保护监督职责时，发现该文物受损问题线索，于 6 月 27 日立案调查。龙亭区院多次进行实地勘察，及时固定文物受损证据；走访群众，了解镇河铁犀保护现状；并调取相关行政单位监管、执法资料，依法查明：铁犀全身多处遭到刻划和涂污，基座残损，铁犀北边两通石碑遭长期风蚀字迹难以辨认，铁犀亭及院墙等破败不堪，存在坍塌危险，镇河铁犀及周边设施现状与省级重点文物保护单位要求严重不符，不利于黄河文化的传承与弘扬。根据《中华人民共和国文物保护法》第八条第二款规定，县级以上地方人民政府承担文物保护工作的部门对本行政区域内的文物保护实施监督管理。结合相关职能部门三定方案，开封市文化广电和旅游局对镇河铁犀保护工作负有监管职责。

在依法查明案件事实、明确监管责任的基础上，2019 年 7 月 31 日，开封市人民检察院指定龙亭区院向开封市文化广电和旅游局发出诉前检察建议，建议其依法履行监管职责，加大对重点文物保护力度，切实恢复文物历史风貌，提升黄河文化遗迹价值。开封市文化广电和旅游局收到检察建议后高度重视，立即采取措施开展修缮保护工作。为确保后续整改工作顺利进行，龙亭区院持续跟进监督，积极协调辖区政府履行属地文物保护责任，落实具体衔接保护事宜。截至 2019 年底，开封市文化广电和旅游局与龙亭区人民政府共出资 110 余万元用于修复和完善工作，并选派专人负责日常维护管理。2020 年 3 月底，龙亭区院对整改效果进行了实地核查，镇河铁犀已修旧如旧并加固青石底座，铁犀亭及另 2 处凉亭修缮一新，喷涂彩绘，消除了坍塌风险，对铁犀北边两通石碑和南面修整新挖出的三通石碑进行了修复清洗，重新搭建院落围墙 300 米，整修大门并悬挂黑底金字门匾，栽种树木 100 棵，绿化草坪 200 平方米，院内外铺设砖面 200 米。2020 年 5 月 29 日，开封市市民考察团实地参观重新对外开放的镇河铁犀，对保护现状予以充分肯定，现已成为又一处宣传黄河文化的旅游打卡胜地。

【典型意义】

黄河文化是中华文明的重要组成部分，是中华民族的根和魂。推进黄河文化遗产保护是检察机关弘扬传承黄河文化、服务国家战略实施的职责使命。检察机关针对黄河文化遗产保护面临的突出问题，主动协同文物保护部门和属地政府共同履职，统筹解决人员、资金、衔接配合等一系列问题，助力提升保护能力和水平，保证了历史文化传承，对弘扬黄河文化、讲好黄河故事、延续历史文脉，具有重要意义。

四川省阿坝县人民检察院督促保护湿地泥炭资源行政公益诉讼案

【关键词】

行政公益诉讼　湿地泥炭资源保护　黄河上游水源涵养　生态环境损害修复

【要　旨】

行政机关对破坏环境资源行为作出行政处罚，但职责未完全落实的，检察机关可以发挥检察公益诉讼职能作用，督促其依法全面履职。

【基本案情】

若尔盖湿地蓄水总量近100亿立方米，是黄河重要的水源涵养地和生态屏障。湿地中的泥炭在生物多样性保护、涵养水源等方面具有极其重要的生态意义。地处若尔盖湿地的四川省阿坝县贾洛镇巴洛村一处湿地的泥炭被盗挖后，行政相对人未按照行政处罚决定书的要求进行生态修复，盗挖湿地泥炭形成的深坑回填率不足20%，湿地生态环境和泥炭资源仍处于受损状态。

【调查和督促履职】

2020年9月1日，四川省阿坝县人民检察院（以下简称阿坝县院）在调查走访中发现，阿坝县贾洛镇巴洛村一处湿地的泥炭被盗挖。阿坝县院立即进行勘查，查明约200吨泥炭被盗挖，4.9亩植被面积被破坏。

阿坝县院于2020年9月2日立案，通过向四川省阿坝县林草局（以下简称县林草局）调取证据、询问证人等方式调查取证。调查发现，县林草局对盗挖湿地泥炭的泽某、洛某、仁某已作出行政处罚，要求泽某等三人缴纳罚款并对泥炭盗挖现场以恢复原貌、播撒草种的方式进行修复。但是县林草局未对该行政处罚的执行情况跟进调查，导致泽某等三人迟迟未按行政处罚要求进行生态环境修复，盗挖泥炭形成的深坑回填率不足20%，若尔盖湿地泥炭资源和生态环境受损的情况依然持续。

2020年9月21日，阿坝县院向县林草局发出诉前检察建议，要求其采取有效措施督促泽某等三人对泥炭盗挖现场进行生态修复。县林草局收到检察建议后，立即制定整改方案，对该泥炭盗挖现场进行评估，并邀请阿坝县院共同监督泽某等三人对泥炭盗挖现场进行回填修复、播撒草种等。2020年11月，阿坝县院通过再次现场查看进行跟进监督，确认受损泥炭资源和生态环境得到有效修复。

在办理案件的同时，阿坝县院结合本地群众对泥炭资源生态意义认识不足、盗挖泥炭现象时有发生的情况，与县林草局共同制定了《保护泥炭地·呵护大草原》倡议书，通过以案释法、发放倡议书等方式，向牧民开展泥炭资源保护巡回宣传活动，增强群众泥炭资源保护法治意识，延伸办案效果。

【典型意义】

若尔盖湿地中的泥炭，在黄河上游水源涵养、固碳等方面具有不可替代的生态价值。检察机关聚焦湿地生态环境保护中泥炭盗挖的突出问题，督促行政机关加强对行政处罚中生态修复责任的落实，让受损的湿地泥炭资源和生态环境得以及时修复。办案的同时，检察机关联合行政机关走进牧民区开展巡回法治宣传，增强了藏区群众对黄河上游水源涵养地保护的法治意识。

陕西省检察机关督促整治天然气钻井废液污染北洛河行政公益诉讼案

【关键词】

行政公益诉讼　水污染治理　一体化办案　生态环境损害赔偿磋商

【要　旨】

检察机关针对跨县级区划、跨流域水污染问题，可以采用一体化办案机制，增强公益诉讼办案质效。立足检察公益诉讼职能，促进行政机关对违法企业依法监管的同时，可督促启动生态环境损害赔偿磋商程序，要求违法企业承担生态修复费用。

【基本案情】

北洛河作为黄河的二级支流，是陕西境内最长的河流。2018 年 9 月 8 日，中石化华北油气分公司延能联合作业部（以下简称延能联合）雇用胜利油田富邦实业有限公司 50167 钻井队（以下简称钻井队）负责富平探 2# 工程的钻井项目。2019 年 4 月，钻井队负责人董某某以每车 7000 元的价格将天然气钻井废液交由周某某处理。5 月 22 日、26 日、27 日凌晨，周某某等 4 人驾驶油罐车分三次将 6 车（约 70 吨）天然气钻井废液运至富县茶坊镇杨家湾村过水桥上排入北洛河，造成北洛河富县、洛川、黄陵、宜君段水体严重污染，危害黄河流域生态环境。

【调查和督促履职】

陕西省富县人民检察院（以下简称富县院）干警发现北洛河污染线索后立即层报陕西省人民检察院（以下简称陕西省院）。考虑到本案系跨县流域水污染，办理难度较大，陕西省院启动一体化办案机制，指导延安市人民检察院（以下简称延安市院）成立专案组，由富县院负责督促行政机关加强监管，由延安市院负责督促启动生态环境损害赔偿磋商程序。2019年5月29日，三级检察机关与公安机关、生态环境部门召开会议推进案件办理。

专案组通过现场勘查，调取延能联合企业主体及生产经营情况、钻井废液运输记录和净化站污水处理记录，询问证人等方式查明了违法事实。陕西省院联系陕西省环境科学研究院对钻井废液毒害性质进行鉴定以查明公益损害后果。经鉴定，涉案天然气钻井废液中含有大量重金属和石油类污染物，其中总铅、总汞、总砷、六价铬、石油类污染物等八类有毒有害物质严重超过《陕西省黄河流域污水综合排放标准》，总汞的含量最高值超过标准211倍，最低值超过4.36倍。

6月14日，富县院向延安市生态环境局富县分局（以下简称富县分局）发出检察建议，督促其针对违法倾倒天然气钻井废液造成北洛河水污染的问题，依法履行监管职责。富县分局收到检察建议后立即开展全面调查，并向延能联合下发《责令停产整顿决定书》，要求停止生产、制定整改方案，实施整改。6月24日，富县分局对延能联合作出行政处罚，要求其限期整改环境违法行为，罚款100万元。7月23日，延能联合对井场设备进行拆解。7月31日，井场场地平整、泥浆池固化等整改工作全部完成。此外，富县分局还对辖区内油气钻井企业进行了全面排查，完善了钻井废液排放的风险评估、隐患排查、事故预警、应急处置等工作机制，加强了行业重点区域污染防治。

污染事件发生后，北洛河沿线各县政府采取截污、引蓄、吸附等措施进行应急处置和修复，直至水质全部达标，相关费用已达372.23万元。专案组研判认为，相关修复费用应由违法企业承担，因此延安市院于7月23日建议延安市政府对违法企业延能联合启动生态环境损害赔偿磋商程序。经磋商，延能联合承担本案相关应急处置、环境损害评估、生态环境损害等共计462.73万元，履行了企业对造成环境损害的修复责任。2020年1月15日，董某某、周某某等5人被以污染环境罪依法追究刑事责任。

【典型意义】

陕西地处黄河流域中游，传统能源化工企业大多沿河分布，存在水污染隐患。本案中，陕西省检察机关针对跨县流域水污染问题，充分发挥一体化办案优势，由省院统一指挥，明确案件办理方向；市院现场指导、整合办案资源；县院积极推进、做实做细调查取证，上下联动形成工作合力，提升办案质效。在督促行政机关对违法企业监管的同时，推动政府与违法企业进行生态环境损害赔偿磋商，达到对北洛河水污染问题整治和修复的双重效果。

青海省检察机关督促保护三江源地区水生态行政公益诉讼案

【关键词】

行政公益诉讼　三江源地区　生物多样性　水生态保护　长效机制

【要　旨】

针对三江源地区长期以来存在大量外来鱼种放生致水生态环境破坏的问题，检察机关可以发挥公益诉讼检察职能，督促行政机关依法履职，对相关违法行为加强监管。同时，推动完善规范性文件，规范外来鱼种放生。

【基本案情】

三江源地区被誉为“中华水塔”，其生态地位特殊，水域范围内水生生物资源丰富，特别是土著鱼种资源十分独特。自20世纪90年代以来，每逢农历初一或十五等日期，均会有群众购买大量外来鱼种，在三江源地区水域放生。外来鱼种数量的增加，直接影响了三江源水生生物生存及繁殖，破坏了三江源地区水生态环境。

【调查和督促履职】

2018年10月，最高人民检察院将该案线索交青海省人民检察院（以下简称青海省院）办理。青海省院收到线索后，采用一体化办案机制，指导青海省果洛州人民检察院（以下简称果洛州院）、青海省玉树州人民检察院（以下简称玉树州院）分别成立专案组，统筹协调和推动案件办理。果洛州院、玉树州院分别于2018年11月立案。

针对线索反映的问题，专案组通过实地查看、现场拍照、走访行政机关等方式对三江源地区外来鱼种放生情况进行全面摸排取证。调查发现，每逢农历初一或十五等日期，部分群众会购买鲤鱼、鲫鱼、花鲢鱼、草鱼、泥鳅等外来鱼种在三江源水域进行活鱼放生，每年平均放生各类鱼种数量超过50万尾。为查明外来鱼种放生对三江源水域生态的影响，青海省院咨询了青海省渔业环境监测中心水生态领域专家意见。专家表示：三江源地区水域土著鱼种资源十分独特，有花斑裸鲤、黄河裸裂尻鱼、骨厚唇黄河鱼、极边扁咽齿鱼等52种。这些土著鱼种均是适应青藏高原特殊气候和地理条件经过长期演化的独特品种，是我国水生野生动物宝贵基因库的重要组成部分，具有很高的生态和研究价值，一旦破坏很难恢复。如果不规范外来鱼种放生，会挤占三江源水域本土物种的生存空间；鲤鱼、鲫鱼等杂食性鱼类，可能直接吞噬土著鱼种的卵苗，造成土著鱼种减少；多数外来鱼种均未进行规范的检验检疫，存在疫病传播风险；部分被放生的外来鱼种因不能适应三江源水域环境而出现死亡，死亡的外来鱼种有滋生细菌和疫病的风险，直接污染水域环境。

2018年12月，果洛州院、玉树州院专案组研判确定果洛州、玉树州民族宗教事务委员会、农牧科技局、环境保护局、水利局对此类行为负有法定监管职责，并分别向上述行政机关发出检察建议，要求强化协作配合，采取有效措施规范和管理放生活动，保护三江源水生态。

检察建议发出后，各行政主管部门高度重视，立即采取整改措施，加强对违法放生行为的监管力度。为推动相关问题解决，果洛州在青海省率先制定出台《规范民间放生放流管理办法（试行）》《果洛州放生放流审批管理办法》，通过立法对相关放生行为进行规范和监管；玉树州政府向社会公开发布《关于在三江源头水域禁止外来鱼种随意放生的通告》，要求自2019年1月1日起，除本地土著鱼种外，永久性禁止在玉树州境内长江、黄河、澜沧江干流、支流及湖泊、水库等公共水域放生所有外地引进的鱼种亲体、鱼苗等活体水生生物品种。专案组经跟进监督，三江源地区未新发现不规范放生外来鱼种的行为，水域生态环境得到整体改善。

【典型意义】

三江源作为黄河上游水源涵养区，具有独特的水生态系统，大量外来鱼种放生破坏了水生态。检察机关通过一体化办案，督促两个州的相关行政机关依法履职，出台相关规范性文件，有力推动三江源地区全水域放生放流活动步入规范化、制度化、法治化轨道，切实保护了三江源地区水生态环境安全。

宁夏回族自治区平罗县人民检察院督促保护天河湾黄河湿地行政公益诉讼案

【关键词】

行政公益诉讼　湿地保护　行洪安全　协同共治

【要　旨】

检察机关在办理公益诉讼案件中，针对多个行政主管部门职责交叉问题，在厘清各自职责的同时，可以积极争取当地党委、政府支持，形成协同共治合力。

【基本案情】

宁夏平罗天河湾黄河国家湿地公园（以下简称天河湾湿地公园）占地面积 9300 亩，是珍贵野生鱼类和迁移鸟类重要栖息地。2007 年以来，天河湾湿地公园存在非法占用生态湿地经营农家乐、圈地养殖、私自开挖鱼塘等问题，严重破坏天河湾湿地生态，同时影响黄河行洪安全。

【调查和督促履职】

2019 年 1 月，宁夏回族自治区平罗县人民检察院（以下简称平罗县院）在开展“携手清四乱，保护母亲河”专项行动中发现该线索，于 2019 年 4 月 19 日立案。平罗县院通过现场勘验、无人机航拍、询问当事人，查明天河湾湿地公园内有 7 处违法建筑物、构筑物，占地面积 2.4 万 m^2，不但影响黄河行洪安全，且其中建筑规模最大的“鹏源山庄”紧邻候鸟繁衍栖息地，其经营活动造成湿地生态功能退化和生物多样性破坏。平罗县自然资源局、水务局、渠口乡人民政府未依法履行监管职责，造成国家利益和社会公共利益受损。2019 年 5 月 17 日，平罗县院依法向上述行政机关发出检察建议。

收到检察建议后，平罗县自然资源局牵头落实整改，但因违法建筑物、构筑物经营主体均与当地政府签订了河滩地承包协议，其中两家经营户投资近千万且持有政府建设旅游度假村的批复，抵触情绪较大，加之县自然资源局、水务局、乡政府之间职责交叉，难以形成执法合力，截至同年 7 月，尚有 1.4 万 m^2 建筑物未拆除。为推进案件整改进度，平罗县院主动向县党委汇报，县委组织相关职能部门召开专题会议，研讨整改方案，细化责任分工，落实整改任务。2020 年 4 月 20 日，平罗县政府在给予 7 家经营户适当经济补偿后，组织各职能部门全面整治天河湾湿地公园违法问题。

2020 年 6 月，平罗县院对天河湾湿地公园整治效果开展“回头看”，确认 7 处违法建筑物、构筑物全部拆除，退回湿地面积 32273.38m^2，天河湾湿地公园生态环境得到有效改善。

【典型意义】

天河湾湿地公园对于保障黄河宁夏平罗段行洪安全、湿地生态平衡和生物多样性具有重要意义。湿地公园内违法经营主体系县政府招商引资企业，经营户对黄河湿地整治抵触情绪较大。县自然资源局、水务局、乡政府等部门因职责交叉、缺少统筹协调，难以形成执法合力，致使天河湾湿地公园内的公益受损问题长期存在。检察机关积极向党委、政府汇报，多次与行政机关磋商，提升执法监管保护合力，推动天河湾湿地公园内长期存在的公益受损问题得到彻底解决，为提升黄河生态环境综合治理法治化水平，促进黄河流域生态保护和高质量发展贡献检察力量。

宁夏回族自治区中宁县人民检察院督促整治黄河干流违规取水行政公益诉讼案

【关键词】

行政公益诉讼　黄河水资源保护　违规取水治理

【要　旨】

检察机关发挥公益诉讼检察职能，督促行政机关依法履行节水控水监管职责，解决辖区“小泵站”违规取水问题，推动用水单位依法依规有度取水，促进黄河流域水资源保护，有效维护国家利益和社会公共利益。

【基本案情】

中宁县位于宁夏回族自治区中部干旱带，降水稀少、水资源紧缺，当地人民群众生产生活用水主要来源于黄河。该县石空、白马、鸣沙、舟塔4个乡镇用于灌溉7万余亩农田的11处取用水工程均存在未办理取水许可证、无用水计量装置、取水许可证过期等问题，超量取水、随意浪费等现象时有发生。相关行政机关未依法有效履行监管职责，造成黄河水资源浪费，损害国家利益和社会公共利益。

【调查和督促履职】

2021年4月，宁夏回族自治区人民检察院与自治区水利厅联合开展黄河干流宁夏段取水工程专项整治活动。宁夏回族自治区中宁县人民检察院（以下简称中宁县院）在专项整治活动中发现该案线索。检察机关对全县30余处扬水泵站、排水泵站进行了排查，通过现场勘查，询问抽水泵站负责人、证人等方式，查明了辖区内石空镇等4个乡镇11处取水工程违规取水用水问题。因取水泵站分布在黄河干流，部分乡镇认为泵站监管职责仅属水务部门，故未依法履行其自身监管职责。同时，中宁县水务局简单认为取缔或关停泵站，将影响农业生产灌溉，故该局也未依法履行监管职责，导致国家利益和社会公共利益持续受到损害。

2021 年 9 月 16 日、17 日，中宁县院分别向中宁县水务局、中宁县石空镇等 4 个乡镇政府公开宣告送达检察建议，要求其加强黄河干流（中宁段）水资源管理，对辖区内用水工程未取得取水许可证等问题进行监管；对拟开发、利用黄河水资源的，必须依法依规获得审批或许可后，方能施工建设使用，确保黄河流域水资源得到最佳利用。收到检察建议后，中宁县水务局高度重视，联合 4 个乡镇政府对 11 处违规取水工程现场察看违法情况，制定整改方案，明确整改时限，督促开展取水用水合理性分析论证、编制水资源论证报告、办理取水许可证、安装计量设施等工作。截至 2021 年 11 月 10 日，涉案 11 处取水工程全部完成水资源论证报告。

2021 年 12 月，中宁县院对该案整改情况进行跟进监督，目前，涉案取水工程已全部提交水资源论证报告，按程序申请办理取水许可证、安装计量设施。中宁县水务局严守水资源开发利用上限，对辖区内黄河干流水资源“取、用、护”进行全程监管，黄河干流中宁段违规取水用水问题已经得到有效治理。

【典型意义】

对黄河水资源取之有规、用之有度才是对黄河最好的保护。黄河干流取水工程涉及主管部门多，职责职能存在交叉，协同治理难度大。检察机关充分发挥公益诉讼职能作用，推动相关行政机关共同对黄河干流违规取水进行治理，对“小泵站”取水用水由无序向有序引导，由违法向依法转变，进一步推动农业灌溉模式由粗放漫灌向精细节约方式转换，为黄河流域水资源保护贡献检察力量。

二、检察公益诉讼“回头看”跟进监督典型案例

（2022 年 3 月 3 日）

检察公益诉讼“回头看”跟进监督典型案例发布说明

“持续跟进监督”理念是检察工作理念体系的重要组成部分。自检察公益诉讼制度全面实施以来，全国检察机关坚持以习近平法治思想为引领，把针对诉前程序、提起诉讼及裁判执行全流程“回头看”作为“规定动作”，持续跟进监督，切实提高公益诉讼质量和效能。最高检本次发布检察公益诉讼“回头看”典型案例8件，其中涉及生态环境和资源保护领域案件6件，食品安全领域1件，国有土地使用权出让和国有财产保护领域1件。这批典型案例的特点是：

一、坚持全流程“回头看”，找准涉案问题症结

公益诉讼涉及问题复杂、牵涉面广，有的旷日持久，有的是发展中的问题，整改难度大、周期长，需要一个环节、一个环节持续跟进，一盯到底。各级检察机关始终坚持质效导向，把“回头看”融入公益诉讼办案的全流程，实事求是地把问题找准、查实、分析透，持续跟进监督推动问题解决。本次发布的8件典型案例中，经“回头看”，发现整改落实不到位的有4件、事后“反弹回潮”的2件、裁判结果执行不到位的2件。实践中，有的检察院还针对已办结重点案件的整改效果“回头看”，以追求极致的态度把公益保护落实。

贵州省六盘水市钟山区检察院办理督促整治农村违法堆放垃圾污染环境问题行政公益诉讼案中，针对行政机关未完全落实检察建议，导致在同一地点、同一问题继续发生，环境污染问题加剧，依法提起诉讼。判决生效后，行政机关不仅推动解决了涉案问题，还集中开展农村垃圾无序堆放专项环境整治。山西省晋中市检察院督促保护土地资源行政公益诉讼案中，自然资源部门依法履职整改，并向法院申请强制执行，但负责组织实施的乡政府怠于履职。检察机关依法对该乡政府公益诉讼立案，督促其依

法拆除涉案企业非法占地的违章建筑，恢复土地原貌。

二、灵活运用跟进监督方式，锲而不舍推动问题解决

各级检察机关坚持以解决问题为目标，紧盯“回头看”发现的症结原因，创新跟进监督方式，强化监督力度、提高监督刚性，推动有效修复受损公益。一是对检察建议到期后，行政机关仍不依法充分履职，受损公益未能有效恢复的，依法提起诉讼。本次发布的典型案例中，有5件属于此情形。重庆市云阳县检察院办理督促整治超规划许可面积建设房屋问题行政公益诉讼案中，行政机关根据检察建议撤销错误行政处罚决定，但没有重新作出行政处罚，致使国家利益持续受损。重庆市检察院在“回头看”专项活动中发现该案问题后，督促云阳县检察院依法提起诉讼。案件起诉后，行政机关在判决前整改落实的，检察机关主动撤诉2件、建议法院终结诉讼1件。二是对原承办检察院督促行政机关落实整改要求存在困难，未能及时提起诉讼的，上级检察院指定其他下级检察院管辖。广西壮族自治区柳州铁路运输检察院督促修复大源冲水库防洪灌溉功能行政公益诉讼案中，原承办检察院多次督促水利部门履行水土保持及库区功能保护的职责，未能取得实质性效果。经广西壮族自治区检察院指定管辖，柳州铁路运输检察院依法向法院提起诉讼，推动行政机关在法院作出裁判前全面履行清理水库淤积泥沙、治理水库水土流失职责。三是对行政机关整改后，后续监管措施不到位，导致出现“反弹回潮”苗头的，灵活运用磋商沟通方式推动解决。河北省邢台市襄都区检察院针对建筑垃圾占用、毁坏土地问题，督促行政机关依法履行监管职责，“回头看”发现“反弹回潮”，以磋商会议的形式督促、协同行政机关完善工作机制、强化日常监管等，有效保护受损公益。此外，对涉案问题复杂、牵涉面广，需要统筹协调、督促多个职能部门或上级行政机关协同治理的，上级检察院可以提级办理，推动问题全面整治。

三、深化源头治理、综合治理，巩固跟进监督实效

公益诉讼案件涉及公益问题往往是行业、领域、区域内存在的普遍问题。各级检察机关高度重视，主动从具体案件中“见微知著”，促进防患未然、抓源治本。新疆维吾尔自治区木垒哈萨克自治县检察院办理督促整治散装生鲜乳安全问题行政公益诉讼案中，推动农业农村、市场监管等

部门召开座谈会，会签《关于在生鲜乳生产、销售领域加强协作的实施意见》，规范了生鲜乳生产、销售环节，促进了行业良性发展。安徽省蚌埠市淮上区检察院办理督促治理北淝河跨界水污染问题行政公益诉讼案中，推动某县经济开发区制定专门整治方案，先后投入资金1.3亿元，加快推进污水处理厂建设，应急处置管网残留污水60余万吨，治理沟渠2.1千米，改造管网15千米，对67家涉水企业排查整治。同时，委托第三方收集处理废弃物、全面整治涉案沟渠，并消除垃圾乱倒等污染风险。江西省峡江县检察院办理陈某富等人非法采矿刑事附带民事公益诉讼案中，推动与法院、行政机关建立“公益诉讼+民事执行+代替修复”的联动配合机制，破解生态环境损害主体怠于履行修复义务难题。

贵州省六盘水市钟山区人民检察院督促整治农村违法堆放垃圾污染环境问题行政公益诉讼案

【关键词】

行政公益诉讼　农村人居环境　反弹回潮　抓源治本

【要　旨】

行政机关根据检察机关提出的检察建议整改后，因履职不到位，导致在同一地点、同一问题继续发生损害公共利益的，检察机关可以提起行政公益诉讼。

【基本案情】

2015年以来，贵州省六盘水市钟山区木果镇人民政府（以下简称木果镇政府）在未办理规划、土地、环保相关审批手续，未采取防渗漏、防扬散、防臭气等环保措施的情况下，将镇政府周边及附近村寨垃圾收集运输至该镇龙家海坝处违法占地堆放。2019年，木果镇政府对堆放垃圾清运后，仍继续在龙家海坝违规倾倒垃圾，至2020年7月，该垃圾场违法占地1687.7平方米，堆放工程量为4507.5立方米，严重污染生态环境。

【调查和督促履职】

2019年1月18日，贵州省六盘水市钟山区人民检察院（以下简称钟山区检察院）开展公益监督巡查时发现该案线索，于同年1月25日决定立案。经实地调查取证、走访周边居民，查明木果镇政府违法在龙家海坝堆放垃圾污染环境，未依法履行辖区垃圾管理和环境保护职责的事实。据此，钟山区检察院向木果镇政府发出诉前检察建议，建议其治理垃圾堆放场，消除环境污染。2019年3月20日，木果镇政府书面回复称，已对龙家海坝垃圾堆放场进行清运整改。同年4月10日，钟山区检察院经过实地调查核实，发现违规堆放垃圾已经清运。

【跟进监督情况】

2020 年 7 月，钟山区检察院按照公益诉讼“回头看”常态化要求，对龙家海坝垃圾污染问题开展“回头看”，发现木果镇政府仍继续在龙家海坝同一地点倾倒垃圾，且体量更大，垃圾成分更为复杂，环境污染问题进一步加剧。钟山区检察院遂重新启动调查核实工作，通过实地走访调查，查阅钟山区土地规划等相关书证，查明龙家海坝土地性质为控制建设区。经委托专业机构进行测绘，确定了该垃圾场占用林地及农用地面积和堆放工程量。同年 9 月 18 日，经环境专家评估认为，垃圾堆放时间长、堆置量大，现场恶臭且混乱，安全隐患高，环境影响大，结论为：该垃圾场已严重污染水环境、大气环境、土壤环境，危害周边居民身体健康，造成当地居民生活质量下降，产生严重的环境影响，必须进行治理。木果镇政府未依法全面履职，导致环境污染“反弹回潮”，社会公共利益持续受到侵害。

【诉讼过程】

2020 年 10 月 12 日，钟山区检察院依法向钟山区人民法院提起行政公益诉讼。同年 12 月 3 日，钟山区人民法院按照贵州省高级人民法院环境资源案件集中管辖规定，将该案移送六盘水市水城区人民法院管辖。2021 年 4 月 7 日，水城区人民法院公开开庭审理该案。庭审中，检察机关围绕着木果镇政府未全面依法履职，在原违法倾倒垃圾地继续实施违法行为，导致社会公共利益持续受到侵害进行举证和论述。法院完全采纳检察机关意见，并当庭宣判：确认木果镇政府在龙家海坝堆放垃圾行为违法；判令木果镇政府在判决生效后 60 日内依法履行垃圾监管职责，消除环境污染。判决生效后，木果镇政府制定整改治理方案，共清运垃圾 3000 余吨，恢复污染土壤 5 亩，龙家海坝垃圾污染环境问题得到有效治理。

为促进诉源治理，钟山区检察院对辖区内乡镇垃圾堆放问题进行摸排调查，发现钟山区北部五乡镇垃圾违规处理污染环境问题严重，于是及时向钟山区党委汇报，并向区政府通报。当地党委、政府高度重视，责成相关行政机关集中开展农村垃圾无序堆放专项环境整治，清运生活垃圾共计

25640吨，进行土地生态修复100余亩，复工建设垃圾中转站12座，增配垃圾中转车17台、机扫作业车20台、垃圾斗2000余个、垃圾收运作业车50余台，充实农村乡镇环卫保洁员100余人。截至目前，钟山区北部五乡镇垃圾污染问题已彻底解决。

【典型意义】

农村人居环境整治是乡村振兴的重要组成部分，事关人民群众获得感和幸福感。检察机关通过开展公益诉讼“回头看”，强化跟进监督，对行政机关履职不到位，未能从源头上根治农村垃圾违规处置，导致环境污染“反弹回潮”的行为，依法提起行政公益诉讼，加强了检察公益诉讼监督力度，推动问题得到彻底整改。同时，通过个案办理推动行政机关开展专项整治，建立长效机制，促进区域整治，确保农村生活垃圾污染环境问题从源头上得到治理。

广西壮族自治区柳州铁路运输检察院督促修复大源冲水库防洪灌溉功能行政公益诉讼案

【关键词】

行政公益诉讼　水库防洪灌溉　指定管辖　公开听证

【要　旨】

行政机关未履行监督管理职责致使公益损害发生，经检察机关提出检察建议多次督促后，仍未整改到位，公益损害持续存在，符合起诉条件，原承办检察院提起诉讼存在困难的，上级检察院可以指定其他检察院依法提起行政公益诉讼。

【基本案情】

大源冲水库位于广西壮族自治区贺州市富川瑶族自治县（以下简称富川县）境内，是附近 6 个行政村近万人的防洪屏障，为下游 500 余亩土地提供灌溉用水。2017 年以来，因水库上游开发建设导致植被破坏，裸露的地表水土流失严重致泥沙冲入水库。至 2020 年 3 月，淤积的泥沙已占用有效库容量一半以上，水库水体颜色呈黄色、浑浊不清，水库的防洪灌溉能力大大削弱，还导致河道周边的农田淤积大量泥沙，造成土地沙化，严重影响农业生产和防洪安全。

【调查和督促履职】

广西壮族自治区富川瑶族自治县检察院（以下简称富川县检察院）接到当地群众反映后，经初步调查核实，决定于 2020 年 3 月 19 日立案调查。通过实地勘查、无人机航拍取证，询问相关证人、查阅资料等，查明相关企业在大源冲水库上游砍伐林木、修建道路，导致水土流失淤积于水库中，严重侵占水库有效库容，影响水库的防洪灌溉功能，损害社会公共利益。富川县水利局虽对辖区内生产建设项目水土保持方案实施情况进行了跟踪检查和问题处理，但未依法对水土流失及水库泥沙淤积影响防洪灌溉的问题履行监督管理职责。同年4月14日，富川县检察院向富川县水利局发出检察建议，督促其履行水土保持及库区功能保护的职责。在富川县检察院多次督促下，富川县水利局责令造成水土流失的企业进行整改、修建防沙设施。在整改过程中，该县水利局经督促仍未及时全面履职，库区清淤工作停滞不前，水库的防洪灌溉功能未得到实质性有效恢复。

【跟进监督情况】

广西壮族自治区人民检察院在年度行政公益诉讼检察建议"回头看"时发现该情况后，立即组织办案专班实地开展督导。办案专班经勘查大源冲水库公益受损情况、调阅案件证据材料后认为，行政机关经检察建议督促后，仍然没有依法履行行政职责，社会公共利益处于受侵害状态，应当依法提起行政公益诉讼。属地检察机关囿于相关职能部门互相推诿等因素，未能及时提起诉讼。为尽快厘清权责界限，推动高效整改，保护受损公益，广西壮族自治区检察院经研究决定，将该案指定柳州铁路运输检察院（以下简称柳州铁检院）管辖。2021年11月19日，柳州铁检院依法立案审查，同年11月30日向柳州铁路运输法院提起行政公益诉讼，请求判令富川县水利局限期履行清理大源冲水库淤积泥沙，治理大源冲水库水土流失的职责。

【诉讼过程】

提起诉讼后，富川县政府高度重视，立即研究大源冲水库清淤及水土保持相关工作，支持富川县水利局组织清理淤积泥沙8万立方米，在水库上游河道修建泥沙沉淀阻拦池，修建护沙堤。经广西壮族自治区梧州水利电力设计院评估，治理后的大源冲水库能满足下游500亩灌溉面积需水量。2021年12月31日，富川县水利局据此函请柳州铁检院撤回起诉。柳州铁检院结合评估报告，并经多次实地现场勘验整改修复情况后认为受损公益已得到修复，该案符合撤回起诉条件。为保障司法公正、提升司法公信力，柳州铁检院于2022年1月20日在富川县召开公开听证会。应邀参加听证的人大代表、政协委员、水利专家及当地群众代表一致认为，富川县水利局已积极落实整改，大源冲水库生态环境和水资源得到了有效保护，检察机关对该案撤回起诉符合相关法律规定。2022年1月24日，柳州铁检院依法撤回起诉。

【典型意义】

水资源是农业发展的命脉，水库对于农业灌溉和防洪安全具有极其重要的作用。检察机关针对水库泥沙淤积，影响防洪灌溉，损害社会公共利益的情形，依法开展行政公益诉讼，督促行政机关依法及时全面履职，助力水库功能修复，有力保障了农业生产和防洪安全。广西壮族自治区人民检察院在行政公益诉讼检察建议整改落实“回头看”工作中，及时发现了行政机关落实检察建议、推动实质性整改乏力的情况。注重充分发挥一体化办案工作机制的作用，通过指定管辖的方式解决了符合起诉条件而承办检察院存在困难的问题，推动久拖未决的公益受损问题得到了有效解决。

安徽省蚌埠市淮上区人民检察院督促治理北淝河跨界水污染问题行政公益诉讼案

【关键词】

行政公益诉讼　跨界河流水污染　代表建议案件化办理　跨区划管辖　综合治理　终结诉讼

【要　旨】

河流水污染跨行政区划的，应当本着有利于案件办理和解决污染损害问题的原则，优先由损害结果主要发生地或处于河流下游的人民检察院管辖。跟进监督过程中，可以采取现场勘查、技术检测等方式核实涉案问题整治效果。

【基本案情】

北淝河系淮河的重要支流，发源于河南省商丘市，经安徽省蚌埠市淮上区汇入淮河。蚌埠市某县经济开发区（以下简称经开区）与淮上区梅桥镇接壤，位于该经开区一侧堆放了800余吨垃圾，沟渠水体黑臭，通过梅桥二号沟流入北淝河淮上区段，严重影响河流生态及周边居民生活环境，当地群众反映强烈。经检测：涉案水体氨氮15.5mg/L，氧化还原电位 -202mv，化学需氧量281.33mg/L，属劣V类水。

【调查和督促履职】

2020年7月，蚌埠市淮上区人大常委会向蚌埠市淮上区人民检察院（以下简称淮上区检察院）交办人大代表关于"加强北淝河跨界水污染整治公益诉讼保护的意见"，淮上区检察院遂依托"河长+检察长"工作机制，联合河长办采用无人机等方式核查，发现北淝河上游的某县经开区堆放了大量垃圾，产生的黑臭水体通过沟渠最终流入北淝河。蚌埠市人民检察院（以下简称蚌埠市检察院）指定由下游损害结果地的淮上区检察院管辖，并成立了分管检察长为组长的专案组指导办案。淮上区检察院遂于 2020 年 10 月 29 日立案。经调查查明，某县经开区管委会具有环境治理、监管等法定职责，但园区垃圾和污水处理能力不足。2020 年 11 月 2 日，淮上区检察院向经开区管委会制发检察建议，要求依法履行属地监管职责，查处环境违法行为，清理垃圾、整治水体污染，建立园区垃圾处理和监管长效机制。2020 年 12 月 4 日，经开区管委会回复称已按检察建议整改完毕。经核实，堆放的垃圾已清理，水质有所改观。

【跟进监督情况】

2021 年 3 月，安徽省蚌埠市市、区两级检察院联合开展公益诉讼“回头看”，发现经开区堆放的大量垃圾清理完毕后无新增垃圾，但沟渠未有效治理，水体浑浊，经蚌埠市检察院与蚌埠市生态环境局公益诉讼联合检测实验室检测，氨氮超标近 8 倍，仍属黑臭水体，存在整改不到位等问题。

【诉讼过程】

经蚌埠市检察院批准并商蚌埠市中级人民法院同意，淮上区检察院于 2021 年 4 月 13 日依法向蚌埠市淮上区人民法院提起行政公益诉讼，请求判令某县经开区管委会依法履行环境保护职责，清理涉案垃圾，治理黑臭水体污染。在案件审理阶段，提出建议的 16 名淮上区人大代表应邀参加庭审观摩，对检察机关案件化办理代表建议，以诉讼形式推动跨流域水污染问题治理表示赞同。庭审后，某县政府、经开区管委会多次邀请检察机关会商整改措施。经开区管委会制定了专门整治方案，先后投入资金 1.3 亿元，加快推进日处理 1.5 万吨的污水处理厂建设和运行，租赁日处理 0.5 万吨的应急污水处理设备处置管网残留污水 60 余万吨，治理沟渠 2.1 千米，改造管网 15 千米，对 67 家涉水企业排查整治，确保园区工业污水处理达标，委托第三方收集处理废弃物、全面整治涉案沟渠，并设置警示牌、隔离网，消除垃圾乱倒等污染风险。经整改，涉案沟渠水质符合地表Ⅳ类水标准。

鉴于某县经开区管委会已依法全面履职，公益保护目的得到实现，经淮上区检察院建议，淮上区人民法院于 2021 年 8 月 20 日裁定本案终结诉讼。

【典型意义】

北淝河跨界水污染成因复杂，且存在环境污染行为和损害结果跨行政区划问题，长期未能有效解决，受到人大代表高度关注。蚌埠市检察院指定处于河流下游、损害结果发生地的淮上区检察院管辖，督促位于河流上游、污染主要来源地的行政机关依法履职整改。办案中，依托“河长＋检察长”等协作机制，运用无人机、公益诉讼联合实验室等技术手段，开展调查取证和跟进监督等工作。“回头看”发现涉案问题未全面整治后，依法提起诉讼，促进解决“上下游不同步、左右岸不同行”问题，实现公益诉讼监督效果最大化。

新疆维吾尔自治区木垒哈萨克自治县人民检察院督促整治散装生鲜乳安全问题行政公益诉讼案

【关键词】

行政公益诉讼　散装生鲜乳安全　撤回起诉　长效机制

【要　旨】

检察机关针对商户销售的散装生鲜乳贮存设施不规范、卫生不达标问题，可以开展行政公益诉讼，督促行政机关依法履行监管职责。行政机关按照检察建议进行整治，因后续监管措施不力致使公共利益仍处于受侵害状态的，检察机关可以提起诉讼。案件审理过程中，行政机关依法履行职责而全部实现诉讼请求的，检察机关可以撤回起诉。

【基本案情】

近年来，新疆维吾尔自治区木垒哈萨克自治县生鲜乳销售商户数量增长较快，同时，群众对购买生鲜乳质量问题的投诉也呈上升趋势，生鲜乳的食品安全成为群众普遍关注的热点问题。新疆维吾尔自治区木垒哈萨克自治县人民检察院（以下简称木垒县检察院）发现多家商户在销售散装生鲜乳时，未按规定使用无毒、无害、保鲜、卫生的盛装容器，未建立进货查验制度和销售台账，致使销售的生鲜乳易发生腐败变质现象，食品安全存在严重隐患。

【调查和督促履职】

2019 年 10 月，木垒县检察院接到群众反映，部分商店经营的生鲜乳存在腐败变质情况。木垒县检察院随即对县域内的 8 家生鲜乳销售商店进行实地调查取证，发现生鲜乳商店均采用普通塑料桶反复盛装生鲜乳。塑料桶清洗不便，储存牛奶易腐败变质，无法进行高温消毒杀菌，不符合

《新疆维吾尔自治区奶业条例》的要求，存在食品安全隐患。2019 年 11 月 1 日，木垒县检察院决定予以行政公益诉讼立案，查明该县市场监督管理局作为生鲜乳销售环节监督管理部门，对上述情况未依法履行监督管理职责，致使社会公共利益受到侵害。

2019 年 11 月 11 日，木垒县检察院依法向该县市场监督管理局发出检察建议，要求该局切实履行监管职责，对县域内商户违法销售生鲜乳的行为依法予以查处，同时加强食品安全教育，提升商户的食品安全意识。

收到检察建议后，该县市场监督管理局迅速组织整改，并于 2019 年 11 月 21 日就落实检察建议情况向木垒县检察院作出书面回复，称已责令涉案商户立即停止销售生鲜乳的行为，限期进行整改。2019 年 11 月底，木垒县检察院对整改效果进行核实，涉案 8 家商店均已停止销售生鲜乳。2020 年，涉案多家商店陆续购置不锈钢桶用于生鲜乳经营。

【跟进监督情况】

2021 年 8 月 18 日，木垒县检察院再次接到群众反映其在商店购买的鲜奶已经变质。木垒县检察院遂结合 2019 年度生鲜乳公益诉讼监督情况，派员赴涉案商店对是否存在违法销售生鲜乳问题进行“回头看”。通过实地调查，发现多家商户因不锈钢桶重量大、成本高等原因，仍使用塑料桶盛装零售的生鲜乳，且没有建立进货查验制度和销售台账。该县市场监督管理局未全面依法履行监管职责，存在“纸面整改”情况，致使商户违法行为持续存在，损害了社会公共利益。

【诉讼过程】

2021 年 11 月 25 日，木垒县检察院依法向木垒县人民法院提起行政公益诉讼，请求判令木垒县市场监督管理局依法履行对生鲜乳销售行业的监管职责。

提起行政公益诉讼后，该县市场监督管理局立即启动生鲜乳销售专项检查，对木垒县全部登记在册的 30 余家生鲜乳商店进行整改，更换不锈钢生鲜乳储存桶 90 余个。同时，该局向检察机关反映，按照《新疆维吾尔自治区奶业条例》的规定，生鲜乳生产环节需要动物疫病预防控制机构出具奶畜健康证明，收购站以外的单位或者个人收购生鲜乳需要畜牧兽医行政主管部门核发的生鲜乳收购许可证，商户直接销售生鲜乳还需提供生鲜乳质量安全检验检测合格证明等条件，仅靠该局一家之力，无法根治木垒县生鲜乳零售行业存在的问题。对此，木垒县检察院积极协调该县农业农村局、市场监督管理局召开专题座谈会，促使两家单位会签《关于在生鲜乳生产、销售领域加强协作的实施意见》，并向木垒县人大常委会备案。《关于在生鲜乳生产、销售领域加强协作的实施意见》的签订规范了生鲜乳生产、销售环节，促进了行业良性发展，社会反响良好。鉴于受损的公共利益得到保护，诉讼请求得以实现，木垒县检察院决定撤回起诉。

【典型意义】

畜牧业是新疆最具特色的传统基础产业之一，生鲜乳也是各族群众日常生活不可或缺的食材，保障生鲜乳食品安全，事关群众身体健康。检察机关聚焦与人民群众生活紧密相关的零售生鲜乳安全问题，依法开展行政公益诉讼。通过“回头看”，对问题整治不彻底的依法提起诉讼，促进行政机关整改落实到位。同时，注重发挥检察机关协同作用，推动相关行政机关建立健全协作配合机制，查堵生鲜乳生产、收购、销售全流程中的监管漏洞，规范了生鲜乳销售行业经营，维护消费者合法权益，使牛奶之“鲜”不再成为群众健康之“险”。

山西省晋中市人民检察院督促保护土地资源行政公益诉讼案

【关键词】

行政公益诉讼　土地资源保护　行政裁定　接续跟进监督

【要　旨】

检察机关提出检察建议后，行政机关作出行政决定，并依法申请人民法院强制执行的，应认定为行政机关已依法履职，但应跟进监督，确保公益损害问题得到解决。人民法院根据裁执分离规定，将行政强制执行案件交由有关行政机关执行，该行政机关不执行的，检察机关可以行政公益诉讼立案。

【基本案情】

2012 年以来，山西某建材有限公司（以下简称建材公司）未经批准，非法占用山西省寿阳县温家庄乡大兴庄村集体土地 16.412 亩，其中农用地 14.15 亩（耕地 8.93 亩）、未利用地 2.262 亩。该建材公司在非法占用土地上为其砖厂项目违法建造了办公楼、宿舍楼和彩钢环保棚，总建筑面积 2735.88 平方米，造成土地资源严重破坏。

【调查和督促履职】

山西省晋中市人民检察院（以下简称晋中市检察院）接群众举报发现本案线索，鉴于非法占地问题持续时间长、社会影响大、拆除违章建筑难度高，决定于 2019 年 11 月 25 日直接立案。经现场勘查、询问调查、调取书证等，查明建材公司未经批准，擅自占用温家庄乡大兴庄村集体土地建设砖厂的事实。寿阳县自然资源局作为土地监管部门，怠于履行职责，致使建材公司违法占地事实长期存在，土地资源持续遭到破坏，国家利益受到侵害。

2019年11月29日，晋中市检察院向寿阳县自然资源局提出检察建议，建议其对建材公司非法占地行为依法履行监督管理职责，保护国家利益不受侵害。寿阳县自然资源局收到检察建议后，2020年1月13日书面回复晋中市检察院，称其于2019年12月31日对建材公司作出行政罚款131640元和限期拆除违章建筑、恢复土地原貌的行政处罚决定。

在跟进调查核实中，晋中市检察院发现虽然寿阳县自然资源局已作出行政处罚决定，但行政处罚内容未执行到位，违法情形仍然存在。遂于2020年6月19日，组织召开诉前沟通交流会，督促寿阳县自然资源局依法充分履职。2020年7月28日，寿阳县自然资源局再次书面回复晋中市检察院，称罚款已收缴，违章建筑拆除事项已依法申请寿阳县人民法院强制执行。鉴于寿阳县自然资源局在其法定职权内已充分履职，晋中市检察院依法终结案件。

【跟进监督情况】

虽然案件已经终结，但非法占地事实仍存在，国家利益仍处于受侵害状态。晋中市检察院持续跟进监督，多次与寿阳县政府、县法院会商推进解决公益损害问题。2020年8月21日，寿阳县政府办公室会议纪要明确自然资源土地违法案件强制拆除实施主体是县、乡（镇）政府，自然资源等部门予以配合。2020年12月25日，寿阳县人民法院裁定准予强制执行，责令建材公司在裁定生效之日起十五日内自行拆除，恢复土地原貌；逾期不履行的，将依法采取强制措施，由寿阳县自然资源局报请寿阳县政府，由寿阳县温家庄乡政府组织实施。

裁定生效后，建材公司未自行拆除，寿阳县温家庄乡政府亦未组织实施强制执行。2021年5月21日，晋中市检察院致函寿阳县委、县政府，希望其高度重视，积极督促实施，切实维护国家利益。同年7月28日，针对非法占地的公益损害持续存在的情形，在晋中市检察院指导下，寿阳县人民检察院（以下简称寿阳县检察院）就寿阳县温家庄乡政府怠于履职问题进行行政公益诉讼立案，向其提出诉前检察建议，督促依法履职，拆除建材公司非法占地的违章建筑，恢复土地原貌。

2021年8月19日，晋中市检察院与寿阳县政府、寿阳县检察院、温家庄乡政府召开专门会议，推进解决建材公司非法占地问题。同年9月

26 日，寿阳县温家庄乡政府书面回复寿阳县检察院，彩钢环保棚已拆除，办公楼、宿舍楼因疫情原因仍有外省工人居住，待外省工人退出后立即拆除。同年 12 月 16 日，寿阳县温家庄乡政府书面回复寿阳县检察院，建材公司已将非法占地的办公楼、宿舍楼、环保棚全部拆除并恢复土地原貌。寿阳县检察院经实地调查，确认涉案问题已有效解决，决定对该案终结审查。

【典型意义】

持续跟进监督是检察公益诉讼秉持的重要工作理念之一。晋中市检察机关针对违法占地问题，依法向自然资源部门发出检察建议，持续跟进了解整改情况，督促其依法全面履职，并就违章建筑拆除向法院申请强制执行。在法院作出准予执行裁定后，依法对怠于履行强制执行职责的行政机关进行行政公益诉讼立案，推动“裁执实现”，有效推动公益损害问题彻底解决。

江西省峡江县人民检察院诉陈某富等人非法采矿刑事附带民事公益诉讼案

【关键词】

刑事附带民事公益诉讼　生态环境和资源保护　调解协议　代修复

【要　旨】

刑事附带民事公益诉讼案件在人民法院主持下进行调解并达成调解协议的，检察机关应当对调解协议的履行情况跟进监督。被告没有按照调解协议内容对受损公益及时修复的，检察机关应当督促人民法院加大执行力度，及时推动开展修复工作，确保公共利益得到有效保护。

【基本案情】

2017年6月至12月期间，被告陈某富、边某根、李某平、袁某圣等人为牟取非法利益，在未取得采矿许可证的情形下，私自在江西省峡江县罗田镇神林村非法开采瓷土矿用于售卖牟利。案发后，经江西省国土资源厅鉴定委员会鉴定，被告陈某富等人累计开采瓷土矿9214吨，破坏山场面积4.5亩，致使国家矿产资源损失237261元。

【调查和诉讼】

江西省峡江县人民检察院（以下简称峡江县检察院）在办理陈某富等人非法采矿刑事案件中，发现行为人盗采瓷土矿对当地山场生态环境造成严重破坏，损害了社会公共利益，决定于2019年4月22日进行刑事附带民事公益诉讼立案调查。办案过程中，峡江县检察院委托峡江县自然资源局、林业局对涉案山场被破坏情况进行评估并制定修复方案。经公告，无适格主体提起民事公益诉讼。2019年6月20日，峡江县检察院对陈某富等人提起刑事诉讼的同时，附带提起民事公益诉讼，诉请被告修复涉案山场生态环境，如不自行修复则赔偿修复费用46401.44元。2019年11月20日，峡江县人民法院对该案公开开庭审理，在法院主持下达成调解协议，由被告陈某富等人自行对涉案山场进行修复并于下一年度开展植树造林及抚育管理等工作。同时被告陈某富等人需缴纳履约保证金46401.44元，如按期主动修复山场并经林业、国土部门鉴定合格，保证金予以退还，如逾期未主动修复或修复不合格，保证金折抵为修复金。2020年6月，峡江县人民法院作出刑事判决，依法追究了陈某富等人的刑事责任。

【跟进监督情况】

为保证案件办理质效，峡江县检察院于2021年4月开展公益诉讼“回头看”，跟进了解涉案山场的生态修复情况。现场核查发现，陈某富等人未按时根据调解协议的内容修复山场的生态环境。经询问，陈某富等人均无自行修复意愿。峡江县检察院遂与峡江县人民法院、林业局、自然资源局沟通协调，督促峡江县法院执行陈某富等人缴纳的履约保证金46401.44元，并由峡江县林业局使用该笔资金组织人员对涉案山场开展生态修复工作。2021年8月底，涉案山场完成了平整、挖穴、施肥、苗木栽植工作。同年12月，峡江县检察院与县林业局对山场补植复绿情况进行验收，山场补植苗木成活率在99.8%以上。同时，峡江县检察院还邀请县林业局到当地开展案情通报工作，详细介绍涉案山场生态修复情况，获得群众理解支持。

【典型意义】

“绿水青山就是金山银山”，非法采矿不仅侵害了国家资源，也造成了生态环境的破坏。峡江县检察院针对非法开采瓷土矿，破坏生态环境问题，依法提起刑事附带民事公益诉讼，同时追究违法行为人刑事责任和民事责任。在法院主持并确保公益诉求得以实现的情况下，达成调解协议。调解协议生效后，峡江县检察院及时跟进监督执行情况，对修复不到位的，积极推动与人民法院、行政机关建立“公益诉讼+民事执行+代替修复”的联动配合机制，破解了生态环境损害人怠于履行修复义务难题。

河北省邢台市襄都区人民检察院督促保护土地资源行政公益诉讼案

【关键词】

行政公益诉讼诉前程序　土地资源保护　反弹回潮　跟进磋商

【要　旨】

检察机关针对建筑垃圾占用、毁坏土地问题，依法开展公益诉讼，督促行政机关依法履行监管职责。“回头看”发现“反弹回潮”的，可以磋商方式督促、协同行政机关完善工作机制、强化日常监管等，有效保护受损公益。

【基本案情】

2018 年 4 月，崔某某与河北省邢台市襄都区祝村镇南盖宗村（以下简称南盖宗村）村委会签订土地承包合同，承包位于该村村南的 70 亩土地（非耕地，含部分坑地）。合同签订后，崔某某雇用李某某向土地倾倒大量建筑垃圾和渣土，毁坏土地，引起周边村民不满。2018 年 8 月，李某某和村民发生冲突，被襄都区人民检察院（以下简称襄都区检察院）以涉嫌故意伤害罪批准逮捕。经无人机航拍、测量，现场内被垃圾覆盖区域东西长约 230 米，南北长约 147 米，填埋最深处高度约 3.5 米，倾倒建筑垃圾总量约 11.8 万立方米，被非法占用、毁坏土地面积共计 50.7 亩。

【调查和督促履职】

襄都区检察院在对李某某故意伤害案羁押必要性审查时发现该案线索，于 2018 年 9 月 4 日进行行政公益诉讼立案。经实地勘察、询问当事人和周边村民查明，涉案地块原为南盖宗村废弃河道（土地性质注册为未利用地），经集体开荒与周边耕地连片并由村民耕种多年，崔某某承包后雇用李某某向涉案土地倾倒建筑垃圾和渣土持续近半年之久，土地资源被大面积侵占。经过深入调查并征求南盖宗村村委会意见，2018年9月11日，襄都区检察院向邢台市国土资源管理局襄都分局（以下简称国土襄都分局）公开宣告送达诉前检察建议，以多媒体的形式展示相关证据，建议其依法履行土地管理职责，查处违法行为，责令限期对被毁坏地块恢复原状，修复受损生态环境。国土襄都分局收到检察建议后，联合祝村镇政府多次组织人员到案件现场进行核实，安排专人定期加强巡逻，防止垃圾倾倒侵占土地面积扩大。国土襄都分局与祝村镇政府经联合整治，清运全部建筑垃圾并恢复土地耕种条件。2018年12月，经现场核查，被破坏的土地上已覆盖了厚度约50厘米的新土并进行了平整治理，土地资源得到恢复。

【跟进监督情况】

为巩固公益诉讼成果，襄都区检察院于2021年对前期办理的重点公益诉讼案件开展专项“回头看”活动。同年5月，在活动中发现该地块西侧再次被倾倒建筑垃圾和生活垃圾，形成长约20米，宽8米，最高处达2米的无覆盖垃圾堆放点。2021年5月19日，襄都区检察院与国土襄都分局、祝村镇政府进行磋商，建议两家行政机关及时组织清运倾倒垃圾，加强对该处土地的日常监管，完善南盖宗村及附近村庄的垃圾清运机制，从根本上避免垃圾倾倒。磋商会后，两家行政机关及时完善农村垃圾日常清运机制，组织清理了地块西侧倾倒的建筑垃圾和生活垃圾，并增设警示牌，安排专人加强巡查，杜绝乱倒垃圾行为。襄都区检察院联合两家单位在地块附近村庄开展了“守护耕地资源法治宣传”，宣讲土地资源重要性，增强村民土地资源保护意识。

【典型意义】

土地资源是人类生存的基本资料。针对承租集体开荒耕种多年的土地后，违法倾倒垃圾破坏土地资源的行为，检察机关践行恢复性司法理念，督促行政机关及时进行垃圾清理和新土覆盖以恢复耕种条件。以“回头看”行动保障土地资源保护的长效性，对于整改后的“反弹回潮”现象，以磋商会议的形式，督促行政机关完善垃圾清运机制，强化对非法倾倒垃圾问题的日常监管，从根本上解决垃圾侵占、污染土地问题。同时，深入宣传相关法律法规，提升群众土地保护意识。

重庆市云阳县人民检察院督促整治超规划许可面积建设房屋问题行政公益诉讼案

【关键词】

行政公益诉讼　国有土地和国有财产保护　超规划许可面积建房　“回头看”专项督导

【要　旨】

针对房地产开发公司超规划许可面积建房，行政机关处罚错误，造成国有财产损失问题，检察机关可以开展行政公益诉讼。提出检察建议后，行政机关撤销错误行政处罚决定，但没有重新作出行政处罚，致使国家利益持续受损的，检察机关应当依法提起诉讼。

【基本案情】

2013 年，重庆某房地产开发公司在重庆市云阳县建设房地产项目时，超规划许可面积建设 1598.8 平方米。根据 2009 年《重庆市城乡规划条例》第七十条第一款的规定，对于不能拆除的超规划许可建设的面积，应按照行为发现时的房屋销售价格计算总的违法收入予以没收。云阳县原规划局违反该规定，以远低于房屋销售单价的 800 元 / 平方米的标准对该公司处没收违法收入 127.9 万元的处罚。截至 2018 年 5 月，该公司仅缴纳 79.9 万元，剩余 48 万余元以具结欠条方式长期拖延缴纳。

【调查和督促履职】

重庆市云阳县人民检察院（以下简称云阳县检察院）运用“一案双查”机制，在职务犯罪案件中发现公益诉讼线索，决定于 2018 年 6 月 29 日立案。经调查发现，该县原规划局违法履职的行为尚未纠正，公益受损的情况仍然存在。云阳县检察院委托云阳县价格认证中心评估，认定涉案超规划许可建设面积价值 623 万余元。截至立案时，该公司仅缴纳 79.9 万元，500 余万元违法所得未被收缴。

2018 年 8 月 8 日，云阳县检察院向该县原规划局提出检察建议，要求其依法对涉案房企违规建设项目进行行政处罚，督促行政相对人依法履行义务。同年 9 月 30 日，该县原规划局回复称，已作出《撤销行政处罚决定书》，决定对涉案房企建设项目超规划许可面积的违法行为重新作出处罚。

【跟进监督情况】

收到回复后，云阳县检察院跟进核查，发现行政机关在合理期限内仍未重新作出行政处罚决定。2019 年 5 月至 2020 年 11 月，云阳县检察院围绕检察建议整改落实，多次与县规划和自然资源局（2019 年 1 月，该县原规划局与该县原自然资源局机构整合，组建县规划和自然资源局）召开联席会议沟通协调。该局反映本案存在涉案企业不配合、再次处罚存在法律障碍等客观困难。

为推动问题解决，云阳县检察院主动询问涉案房企，调查企业经营状况及缴纳违法收入能力，同时加强释法说理工作。针对行政机关重新作出行政处罚决定是否具有时效限制，走访重庆市规划和自然资源部门，查阅法律法规和司法判例，明确行政机关撤销行政处罚决定后，仍可重新作出行政处罚。同时，聘请专家，厘清超规面积计算方式、具体处罚标准等争议问题。然而，云阳县规划和自然资源局仍未依法履职整改。

2021 年 8 月，重庆市人民检察院在全市检察机关开展公益诉讼“回头看”专项行动，将本案列为重点督导案件，督促云阳县检察院依法审查起诉。

【诉讼过程】

2021 年 11 月 8 日，云阳县检察院向云阳县人民法院提起行政公益诉讼。云阳县人民法院于 12 月 9 日作出判决，认为检察机关提出检察建议后，被告虽撤销原行政处罚决定，但至判决时仍未重新作出行政处罚，导致国有利益处于持续受损状态，属怠于履行法定职责，判令被告怠于履行规划管理职责违法，责令其对涉案项目超规划许可面积建设的行为履行规划管理职责。判决生效后，云阳县规划自然资源局已重新启动行政处罚程序，告知违法行为人相关事项，委托县财政局下属专业机构对超规面积价值作出评估。

【典型意义】

"国财国土"是国家的重要物质基础，关系国计民生。云阳县检察院通过"一案双查"机制获取有效案件线索，督促行政机关依法依规作出行政处罚，切实保护国家利益。针对行政机关反映的履职整改面临的客观困难，持续协调推动、跟进监督。上级检察院组织开展"回头看"专项行动中，发现涉案问题未能有效解决，督促云阳县检察院依法提起诉讼，确保法律监督刚性，切实维护国家利益。

三、“3·15”检察机关食品药品安全公益诉讼典型案例

（2022 年 3 月 15 日）

加大食品药品安全公益诉讼办案力度 依法保障人民群众“舌尖上的安全”

——最高检第八检察厅负责人就检察机关食品药品安全公益诉讼典型案例答记者问

食品药品安全直接关系人民群众的身体健康和生命安全，是重大的政治问题、民生问题。全国检察机关遵循习近平法治思想，认真贯彻落实习近平总书记关于食品安全、药品安全重要指示精神，发挥公益诉讼检察职能，为食品药品安全全力做好公益诉讼司法保障工作，2021年立案办理食品药品安全公益诉讼案件3万件。

在“3·15国际消费者权益保护日”来临之际，最高人民检察院发布了12件检察机关食品药品安全公益诉讼典型案例。这批典型案例有何特点？透露出哪些信息？最高检第八检察厅负责人回答了记者提问。

问：请问本次发布食品药品安全公益诉讼典型案例有什么考虑？检察机关在保障人民群众“舌尖上的安全”方面成效如何？

答：2021年，全国检察机关深入贯彻落实习近平总书记关于食品安全、药品安全重要指示精神，深入开展“公益诉讼守护美好生活”“为民办实事 破解老大难”专项监督活动，持续聚焦食品药品安全领域突出问题，并以法治方式促进食品安全的协同治理，切实保障人民群众“舌尖上的安全”。2021年，全国检察机关立案办理食品药品安全公益诉讼案件3万件，同比上升10%。其中，办理食品安全领域公益诉讼案件2.6万多件，督促查处假冒伪劣食品48万千克；办理药品安全领域公益诉讼案件3000多件，督促查处假药劣药和走私药品1400余千克。

近年来，各地区各有关部门深入实施食品安全战略，食品药品安全总体形势不断好转，但形势依然复杂严峻，新问题层出不穷，公益诉讼办案工作不断面临新的挑战。在“3·15国际消费者权益保护日”来临之际，最高检此次发布检察机关食品药品安全公益诉讼典型案例12件，其中涉及食品安全领域案件4件，药品安全领域案件8件，紧盯食品药品生产、销售新形势下人民群众关注的新问题，并对如何办理新类型案件提供了可推广、可复制的经验。

问：请问本次发布的典型案例有哪些特点？

答：本次发布的典型案例有以下几个特点：

1. 加大药品安全领域全流程、全方位监督力度

最高检党组高度重视药品安全公益诉讼工作，明确要求各地检察机关加大药品安全公益诉讼办案力度。此次发布的8件药品安全领域典型案例涉及药品的生产、经营、使用等多个环节，包含药品生产质量、非法经营、虚假宣传、医疗机构用药安全等多类问题。

如辽宁省大连市甘井子区检察院对生产、销售假药的违法者提起刑事附带民事公益诉讼；广西壮族自治区南宁市兴宁区检察院对农贸市场周边的非法行医、卖药、发布虚假医疗广告等“顽瘴痼疾”，督促相关行政机关进行综合整治；山西省检察院从使用麻醉药物实施抢劫个案入手，督促卫健部门对公立医院医师非法开具精神药品处方的违法行为进行监督；福建省龙岩市永定区检察院针对公立医院部分基本药物短缺问题，督促相关行政机关依法保障人民群众基本用药；浙江省湖州市检察机关针对发现的未成年人滥用药物致瘾引发涉罪风险问题，共促提升药物管制级别。

此次发布的典型案例中贵州省紫云县检察院、浙江省江山市检察院分别针对抑菌霜和抗（抑）菌制剂类消毒产品违规添加药品成分开展行政公益诉讼，两案均涉及“消”字号产品抗（抑）菌制剂非法添加问题。在生产的产品中违规添加药品成分，容易引发过敏反应，导致产生耐药菌株、影响水盐代谢等一系列副作用，甚至严重危害婴幼儿身体发育及人身健康。2022年2月，最高检第八检察厅对一批“消”字号产品抗（抑）菌制剂非法添加药物公益诉讼案件线索进行挂牌督办。两地检察院督促卫健部门对非法添加产品的生产商、销售商进行查处，并推动开展专项监督工作。

2. 充分发挥行政公益诉讼作用，运用多种监督方式督促行政机关依法履职

在办理行政公益诉讼案件中，检察机关坚持将诉前维护公益目的作为最佳司法状态的办案理念，采取多种方式督促食品药品安全监管相关部门依法履行监督管理职责。此次发布的10件行政公益诉讼典型案例中，检察机关综合运用磋商、提出检察建议、召开听证会、提起诉讼、跟进监督“回头看”等多种方式推动公益损害问题得到切实解决。

如山西省检察院、福建省龙岩市永定区检察院、广西壮族自治区南宁市兴宁区检察院通过召开磋商会议、送达《行政公益诉讼事实确认书》等方式，运用磋商程序推动行政机关及时自我纠错；贵州省紫云县、浙江省湖州市、河北省邯郸经济技术开发区、河北省沧州市等检察院对负有监督职责的行政机关发出检察建议，督促行政机关积极整改；河北省邯郸经济技术开发区、沧州市检察机关召开公开听证会，“是非曲直大家听”，督促协调多个负有监管责任的行政机关齐抓共管。对于经过跟进调查发现，行政机关收到检察建议后仍未采取有效措施进行监管的，河南省商城县检察院依法提起行政公益诉讼，并及时跟进监督判决执行情况，确保受损的公益得到切实保护。福建省龙岩市永定区检察院、广西壮族自治区南宁市兴宁区检察院、河北省邯郸经济技术开发区检察院还通过“回头看”的方式，确认行政机关整改到位，相关机制建立完善。

3. 加强涉及特殊群体权益保护的食品药品安全工作

食品药品安全工作涉及人民群众的基本权益，其中涉未成年人、老年人等特殊群体的身体健康和生命安全又是重中之重。浙江省湖州市检察机关针对刑事案件中发现的未成年人滥用药物致瘾引发涉罪风险问题，启动大数据分析和系统调查，通过检察建议督促成瘾性药品氢溴酸右美沙芬口服单方制剂由非处方药转为处方药；重庆市大足区检察院针对辖区部分养老机构存在未办理食品经营许可证、使用过期食品和调味品、食堂操作间卫生脏乱差等食品安全隐患的问题，督促养老机构所属镇街人民政府、养老机构行业主管部门区民政局和食品安全监管部门市场监管局加强协同管理，切实保障老年人群体的食品安全。

4. 对民生热点问题深化溯源治理，推动系统整治行业内共性问题

各级检察机关在办理食品药品安全领域公益诉讼案件过程中，注重抓源治本、以点带面，推动解决行业内、区域内的普遍问题。如山西省检察

院磋商督促省卫健部门对违法开具处方药的医师及相关人员依法查处，推动全省开展医疗机构麻醉和精神药品管理问题排查整治专项活动；贵州省紫云县检察院在辖区母婴用品连锁店中发现出售没有《产品检验报告》“七草两叶抑菌膏”面霜后，没有简单督促下架处理，而是商请生产企业所在地检察机关进行协查。生产企业所在地监管机关发现该产品添加违禁物质丙酸氯倍他索，并对生产企业进行了没收违法所得、罚款和吊销《消毒产品生产企业卫生许可证》的行政处罚，责令立即停产、召回、销毁已上市销售的涉案抑菌霜。河北省邯郸经济技术开发区检察院对于医美乱象发出检察建议后，督促卫健和市场监管部门开展了打击非法医疗美容服务专项整治行动，查处非法经营化妆品等行为10起，取缔无证无照经营医疗美容机构和生活美容机构十余家，对相关责任单位进行了行政处罚，促进辖区医美行业规范服务。

5. 推进食品药品民事公益诉讼惩罚性赔偿实践探索，让违法者“痛到不敢再犯”

建立食品药品安全民事公益诉讼惩罚性赔偿制度是贯彻落实习近平总书记关于食品安全“四个最严”要求的重要制度安排。2021年3月，最高检与最高法、市场监管总局等七部门共同印发《探索建立食品安全民事公益诉讼惩罚性赔偿制度座谈会会议纪要》。2021年7月1日实施的《人民检察院公益诉讼办案规则》明确检察机关办理食品药品安全民事公益诉讼可以提出惩罚性赔偿诉讼请求。

此次发布了3件检察机关提起刑事附带民事公益诉讼惩罚性赔偿典型案例。辽宁省大连市甘井子区检察院、浙江省绍兴市柯桥区检察院、河北省沧州市青县检察院分别对生产、销售假药，销售非法添加药品成分保健品，贩售“瘦肉精”羊肉的违法者提起刑事附带民事公益诉讼，诉请被告承担惩罚性赔偿责任，“让肆意损害公益者，付出应有更高代价”，有效震慑和警示了潜在的制假售假违法者。

问：请问检察机关接下来对加强食品药品安全领域公益诉讼检察工作有什么举措？

答：下一步，检察机关将聚焦群众关心关切的食品药品安全问题，持续深入推进食品药品安全领域公益诉讼检察工作，切实增强人民群众的获得感、幸福感、安全感。一是贯彻落实好党中央关于加强药品监管工作的指示要求，加强药品安全领域公益诉讼检察工作。通过加大自办案件力度、挂牌督办一批重点案件，引领各地公益诉讼检察部门抓实抓细药品安全公益诉讼检察工作。二是充分发挥公益诉讼检察独特职能作用，结合“公益诉讼守护美好生活”和“为民办实事 破解老大难”两个专项监督活动，更加注重办理公益受损严重、社会反映强烈的食品药品领域公益诉讼案件，努力提升办案质效。三是深入落实《关于在检察公益诉讼中加强协作配合依法保障食品药品安全的意见》，加强与相关行政部门的沟通协调，形成食品药品安全保护工作合力。四是落实《探索建立食品安全民事公益诉讼惩罚性赔偿制度座谈会会议纪要》精神，持续推进食品药品安全领域惩罚性赔偿制度理论研究和实践探索，以联合调研、发布典型案例、出台指导意见等方式，凝聚各方共识，推动制度完善。

河北省邯郸经济技术开发区人民检察院督促履行医疗美容监管职责行政公益诉讼案

【关键词】

行政公益诉讼诉前程序　药品安全　医疗美容　违法经营

【要　旨】

针对美容机构药品管理不规范，医疗器械质量不达标，违规开展医疗美容项目等问题，检察机关可以督促相关行政机关依法履职，促进医美行业规范服务，维护消费者合法权益。

【基本案情】

2021年5月，河北省邯郸经济技术开发区辖区内因医疗美容纠纷引发的一起治安案件，暴露出了辖区内医疗美容监管缺失问题，部分医疗美容、生活美容机构存在无证经营或者超范围经营，药品及医疗美容器械使用管理松懈、虚假宣传等违法情形，微整形变成“危”整形，不仅扰乱医疗美容行业管理秩序，而且对消费者生命健康安全构成极大威胁。

【调查和督促履职】

2021年10月，邯郸经济技术开发区人民检察院（以下简称经开区院）在履职过程中发现该案件线索后决定立案调查。11月5日，经开区院组织区卫生健康局、区市场监督管理局等召开听证会后，向区卫生健康局、区市场监督管理局发出检察建议，建议加强药品监督管理，对违法经营的美容机构及时查处，全面整治。

收到检察建议后，区卫生健康局、区市场监督管理局联合开展了打击非法医疗美容服务专项整治行动，检查美容机构120家，查处非法经营化妆品等行为10起，取缔无证无照经营医疗美容机构5家、生活美容机构

11家，对相关责任单位进行了行政处罚。

2021年12月16日，经开区院对整改进行了跟进调查，随机抽查了部分美容机构，均已完成整改。

【典型意义】

检察机关针对医美行业暴露出的侵害人身健康安全问题主动作为，通过公开听证、制发检察建议等方式，督促相关行政机关依法全面履职，构建了政府负责、多部门协作联动、法治保障的医美行业综合治理格局，促进医美行业服务规范，实现人民群众对安全医美、放心医美、健康医美的美好愿望。

贵州省紫云县人民检察院督促整治抑菌霜违规添加禁用物质行政公益诉讼案

【关键词】

行政公益诉讼诉前程序　抗（抑）菌制剂　违规添加　溯源治理

【要　旨】

针对违法经营违规添加禁用成分的抗（抑）菌制剂，侵害消费者合法权益的违法行为，检察机关可以督促负有监管职责的行政机关依法履职，推动抗（抑）菌制剂生产、销售乱象得到有效整治。

【基本案情】

贵州省紫云县某母婴用品连锁店，将违规添加含有强效激素的违禁物质丙酸氯倍他索酸酯的“七草两叶抑菌膏”面霜向消费者售卖，部分使用该面霜的婴幼儿出现不良反应。

【调查和督促履职】

2021年1月10日，紫云县人民检察院（以下简称紫云县院）根据媒体反映，发现该案线索后于1月13日立案调查。查明某母婴用品连锁店共开设7家分店，2019年5月以来共计销售江西某公司生产的“七草两叶抑菌膏”面霜327盒，该面霜外包装上标有“用于抑制金黄色葡萄球菌、白色念珠菌、大肠杆菌”的治疗功效说明。2021年1月15日，紫云县院向紫云自治县卫生健康局（以下简称紫云县卫健局）发出检察建议。

收到检察建议后，紫云县卫健局联合县市场监督管理局对某母婴用品连锁店进行检查，发现该连锁店销售的“七草两叶抑菌膏”面霜均没有《产品检验报告》。为进一步查清“七草两叶抑菌膏”面霜所含成分，贵州省安顺市人民检察院（以下简称安顺市院）商请涉案抑菌膏生产商所在地的江西省樟树市检察院进行协查。江西省樟树市卫生监督所对"七草两叶抑菌膏"进行了监督抽检，发现该产品添加了违禁物质丙酸氯倍他索，遂对生产企业江西某健康产业有限公司没收违法所得 34800 元、处货值 10 倍罚款 442650 元和吊销《消毒产品生产企业卫生许可证》的行政处罚，并责令立即停产、召回、销毁已上市销售的涉案抑菌霜。紫云县卫健局对紫云县某母婴用品连锁店作出行政处罚，责令其立即停止销售"七草两叶抑菌膏"面霜，下架涉案抑菌霜 100 盒，并处罚款 4800 元。

安顺市院针对当前"消"字号婴儿抗（抑）菌制剂违规添加禁用成分，销售市场缺乏有效监管、违法行为处罚力度不足等问题，在全市部署了婴儿抗（抑）菌制剂公益诉讼专项工作，推动卫生健康部门开展了全市婴儿抗（抑）菌制剂排查清理专项工作，对 662 家母婴用品店、药店和月子中心进行集中检查，不合格的婴儿抗（抑）菌制剂已全部下架。

【典型意义】

当前我国"消"字号抗（抑）菌制剂违规添加禁用成分现象多发，检察机关充分发挥公益诉讼职能作用，依法督促行政机关依法履职，在销售环节进行监管的基础上推动溯源治理，依法查处违法生产企业，并通过专项整治发现监管漏洞，助推建立长效监管机制，切实保护婴幼儿身体健康。

浙江省江山市人民检察院督促治理抗（抑）菌制剂类消毒产品违规添加禁用物质行政公益诉讼案

【关键词】

行政公益诉讼诉前程序　抗（抑）菌制剂　违规添加禁用物质　技术支持

【要　旨】

针对抗（抑）菌制剂类消毒产品中违规添加抗生素、抗真菌药物、激素等禁用物质损害消费者身体健康的问题，检察机关可以督促相关行政机关依法履职，推动抗（抑）菌制剂类消毒产品的规范管理。

【基本案情】

浙江省江山市人民检察院（以下简称江山市院）在履职中发现，部分生产企业为牟取私利，在抗（抑）菌制剂中添加激素、抗生素、抗真菌药物等禁用物质，在产品标签说明书标注疾病治疗效果的宣传内容，严重误导消费者。消费者在不知情的情况下使用，可能产生代谢紊乱、延缓组织愈合、抑制儿童生长发育、过敏反应、二重感染等不良后果，危害消费者身体健康，损害社会公共利益。

【调查和督促履职】

2020 年 3 月，江山市院根据群众反映，对市场上销售的某儿童专用皮肤抑菌乳膏、某爽喷剂等 23 种抗（抑）菌制剂进行快速检测，发现其中 21 种制剂糖皮质激素、酮康唑、甲硝唑等禁用物质检测阳性，3 种制剂产品标签说明书涉及疾病治疗内容。针对上述问题，江山市院依法立案，并就前期调查情况与江山市卫生健康局开展磋商。江山市卫生健康局高度重视，积极开展调查取证工作，但经联系省内外多家检测机构均表示无相应的资质，无法出具相应的检测报告。2021年7月，江山市院依法重新组织对市场上21种抗（抑）菌制剂进行取样，并将样品委托至最高检检察技术信息研究中心进行实验室定性检测。经检测，21件样品的不合格率为71.4%，其中1件产品检出3种违禁成分，5件产品检出2种违禁成分，9件产品检出1种违禁成分，检出违禁成分分别为咪康唑、达克罗宁、特比萘芬、酮康唑、甲硝唑，另有3种样品的说明书不符合规范要求，产品涉及4个省份共13家生产企业。2021年10月，江山市院向江山市卫生健康局提出检察建议，督促其对14家涉嫌销售不合法消毒产品的药店、医疗机构依法查处，对辖区内抗（抑）菌类消毒产品行业进行规范整治。江山市卫生健康局召开专题会议进行部署，制定整治工作方案，对涉案问题产品全部下架处理，并将相关线索移送相应生产企业所在地卫生行政部门。

【典型意义】

“消”字号抗（抑）菌制剂产品不允许添加药品等禁用物质。检察机关积极回应人民群众关切，加强上下联动和内部协作，运用快速检测技术和实验室定性检测技术支持，保障案件证据的准确性和有效性，实现精准监督，有力维护了消费者健康安全和合法权益。

山西省人民检察院督促整治医师违法开具处方药行政公益诉讼案

【关键词】

行政公益诉讼诉前程序　药品安全　处方药

【要　旨】

针对执业医师非法开具处方药的风险隐患问题，检察机关可以立足行政公益诉讼职能，督促推动行政监管部门整治规范医疗秩序，依法保护社会公共利益。

【基本案情】

2021 年 5 月，太原铁路运输检察院在办理刑事案件中发现，某医院医师王某在未见到病人、也未核实的情况下，违规开具精神药品处方，犯罪嫌疑人凭此处方购买氯硝西泮药品后，用于实施抢劫犯罪活动，遂逐级上报至山西省人民检察院（以下简称山西省院）。

【调查和督促履职】

2021 年 5 月 19 日，山西省院审查发现，省卫健委作为该医院的主管部门，未对医师王某及相关人员违法开具精神类药品处方的行为作出行政处罚，遂对本案立案调查。2021 年 5 月 21 日，该院向省卫健委送达了《行政公益诉讼事实确认书》，督促该委对王某及相关人员的违法行为依法履行监督管理职责。

2021 年 7 月 6 日，省卫健委向山西省院反馈，对涉案的医师王某给予责令暂停 6 个月执业活动的行政处罚，对护士刘某、李某分别给予警告并处罚款 1 万元的行政处罚，并在全省范围内开展了为期一个月的麻醉和精神药品管理问题排查整治专项活动，累计监督检查医疗机构 36642 家，查处各类案件425件。

【典型意义】

执业医师违规开具处方，使合理用药难以得到保证，也具有一定的用药安全隐患。检察机关针对发现的问题，通过发送事实确认书的方式，及时与行政机关进行磋商，督促行政机关开展专项整治，形成行政执法和司法监督合力，消除危害公共利益风险隐患。

浙江省湖州市检察机关督促整治成瘾性药品滥用行政公益诉讼案

【关键词】

行政公益诉讼诉前程序　药品滥用　未成年人权益保护

【要　旨】

针对刑事案件中发现的未成年人滥用药物致瘾引发涉罪风险问题，检察机关可以通过检察建议督促行政机关依法履行监管职责，有效保障未成年人用药安全。

【基本案情】

2020年12月，浙江省安吉县人民检察院（以下简称安吉县院）在办理一起刑事案件中发现，13名涉案未成年人存在滥用氢溴酸右美沙芬药物（以下简称右美沙芬）的情形，使用后易产生暴躁不安、兴奋冲动、醉酒样等身体表现，且与引发犯罪存在一定关联。由于该药物是非处方药，价格便宜，在药店、微商等网络平台购买无限制措施，致使滥用该药物在青少年群体中有一定普遍性。

【调查和督促履职】

2021年3月26日，安吉县院立案调查，并上报湖州市人民检察院（以下简称湖州市院），湖州市院通过大数据分析，发现右美沙芬在未成年人中容易被滥用，决定在全市范围启动立案调查。经调查发现，部分实体零售药店和网上平台药店存在对右美沙芬等疫情监测药品登记不规范、对实名制登记情况未予实质性审查，网络上存在通过微商等途径流通经营、加价销售等情形。安吉县院与湖州市院分别向对应市场监管部门发出检察建议。收到检察建议后，市场监管部门逐项落实检察建议内容，将涉案药品纳入销售监测平台，落实分级预警、重点管控、跟踪戒断、心理支持等综合防治工作，并同步上报案件及工作信息，累计查处微商、抖音博主等违法售药案件 8 起，追踪 89 名滥用右美沙芬药物人员并落实重点管控。

为建立健全长效防控机制，湖州市检察机关牵头职能部门出台全省首个《未成年人药物滥用风险管控实施意见（试行）》。2021 年 12 月，国家药品监督管理局发布公告，将右美沙芬口服单方制剂由非处方药转为处方药，按处方药管理。

【典型意义】

未成年人滥用成瘾性药物，严重损害其身心健康，易引发违法犯罪。而微商、"博主带货"等较隐蔽的网络销售新业态容易成为成瘾性药物交易的温床，由此带来严重安全隐患，损害社会公共利益。检察机关立足公益诉讼检察职能，推动相关行政机关依法履行监管职责，建立健全长效防控机制，促进提升涉案药品管制级别，从源头上保障了未成年人的用药安全和合法权益。

广西壮族自治区南宁市兴宁区人民检察院督促整治非法行医卖药行政公益诉讼案

【关键词】

行政公益诉讼诉前程序　非法行医　非法销售药品

【要　旨】

针对社区某些便民摊点存在的非法行医、非法销售药品、发布虚假医疗广告等对人民群众生命健康具有潜在侵害风险的违法行为，检察机关可以督促行政机关依法全面履行监管职责，维护人民群众合法权益。

【基本案情】

广西壮族自治区南宁市兴宁区安北下便民市场、官塘综合农贸市场及其周边一些便民摊点长期存在非法行医、非法销售药品、非法发布药品和医疗广告等问题，扰乱了当地正常的医疗秩序和市场秩序，侵害了社会公共利益。

【调查和督促履职】

2021年3月25日，广西壮族自治区南宁市兴宁区人民检察院（以下简称兴宁区院）对本案立案调查，查明上述农贸市场及其周边存在非法行医卖药的问题。2021年4月22日，兴宁区院与区市场监管局、区卫健局召开磋商会议，建议相关行政机关依法对上述农贸市场实施有效监管治理。区市场监管局与区卫健局共同开展了集中检查整治，现场收缴一批违法产品，拆除了6处违法广告牌，对5家问题摊点和铺面立案处理，引导8家摊点和铺面合法经营。此后，南宁市兴宁区建立了打击非法行医长效监管机制，形成多部门联合打击非法行医卖药常态化机制，建立日常巡查机制，由社区派人对农贸市场开展定期、不定期的巡查，并完善了农贸市场及其周边的出租屋、摊位的管理制度，对非法行医卖药的场所进行坚决查处。同时，加大对非法行医卖药危害结果的宣传力度，引导人民群众自觉抵制非法行医卖药的违法行为。

2021年6月17日，兴宁区院跟进监督整改效果，确认上述农贸市场经行政机关联合治理监管，非法行医卖药的违法现象得到了有效遏制，社会公共利益得到了切实维护。

【典型意义】

为获取非法利益，一些违法人员利用流动摊点和出租屋难管理等特点，从事非法行医卖药等违法行为，隐蔽性强，执法难度大，需要多部门密切配合，形成合力。检察机关在办案的过程中督促多部门联合执法，推动当地政府建立长效监管机制，形成多部门齐抓共管，联合打击非法行医卖药违法行为的良好局面。

福建省龙岩市永定区人民检察院督促规范公立医院基本药物配备行政公益诉讼案

【关键词】

行政公益诉讼诉前程序　基本药物配备　药品集中采购　百姓就医需求

【要　旨】

针对公立医院必备的基本药物长期短缺问题，检察机关可以督促相关行政机关履行药品集中采购监督管理职责，切实保障人民群众基本用药需求。

【基本案情】

2020 年 9 月，福建省龙岩市永定区人民检察院（以下简称永定区检察院）在履行职责中发现，因药企未按原中标合同约定在采购平台供应基本药物，导致龙岩市永定区某医院及某中医院长期未配备心脏病常用药速效救心丸、麝香保心丸（均为医保用药）等药品。其中，永定区某医院自 2019 年 6 月 26 日后不再采购麝香保心丸，自 2019 年 10 月 23 日后不再采购速效救心丸；某中医院自 2019 年 7 月后不再采购麝香保心丸，自 2020 年 1 月后不再采购速效救心丸。

【调查和督促履职】

2020 年 9 月 23 日，永定区检察院立案调查查明，2019 年 7 月以来，因麝香保心丸、速效救心丸生产成本提高，药企未按原中标合同约定在龙岩市联合限价阳光采购平台供应上述药品，导致龙岩市永定区某医院及某中医院无法在采购平台采购到速效救心丸、麝香保心丸。麝香保心丸、速效救心丸属于《国家基本药物目录》中的中成药，是基层医疗卫生机构配备和使用的基本药物。根据《药品集中采购监督管理办法》规定，卫生行政部门负责监督管理医疗机构执行入围结果、采购用药及履行合同等行为。永定区某医院、某中医院作为公立医疗单位，应及时报送短缺药品信息，相关行政主管部门应加强对药品集中采购开展监督与管理工作。

2020年11月2日，永定区检察院与永定区卫生健康局、永定区医疗保障局、龙岩市医疗保障基金管理中心永定管理部等进行磋商，建议分析研判药企断供基本药物成因，强化基本药物短缺预警机制，完善基本药物供应保障，及时满足百姓用药需求。2021年4月，永定区检察院持续跟进监督，相关行政机关已促成药企下调麝香保心丸、速效救心丸等基本药物价格，按原中标合同约定供应上述基本药物，相关医院已通过联合限价阳光采购平台采购、配齐速效救心丸、麝香保心丸等基本药物。

【典型意义】

党中央、国务院高度重视短缺药品供应保障工作，明确要求密切监测药品短缺情况，切实保障群众基本用药。检察机关通过磋商机制协同行政机关共同破解难题，形成公益保护合力。同时通过持续跟进监督，巩固办案效果，推动公立医疗机构健全了药品供应保障机制，实现了"双赢多赢共赢"。

辽宁省大连市甘井子区人民检察院诉邹某等人生产、销售假药刑事附带民事公益诉讼案

【关键词】

刑事附带民事公益诉讼　生产、销售假药　惩罚性赔偿

【要　旨】

针对生产、销售假药的刑事犯罪，可以同时提起刑事附带民事公益诉讼，提出惩罚性赔偿诉讼请求。

【基本案情】

自2019年1月起，邹某等人在未取得药品生产、经营许可证的情况下，通过在网络上投放虚假广告、假冒著名医院医生电话接诊推销等方式，将从网上购买的成分不明的粉末进行制剂、包装、冒充“清肤消痒胶囊”“百草血糖康胶囊”“脉管舒灵胶囊”等不同种类的药品，销售至全国各地。截至2020年12月2日案发，共计销售金额581万余元。经鉴定，邹某等人生产、销售的42种药品均为假药。

【调查和诉讼】

2021年3月9日，辽宁省大连市甘井子区人民检察院（以下简称甘井子区院）对邹某等人生产、销售假药违法行为公益诉讼立案，发布公告后，没有法律规定的机关和社会组织提起公益诉讼。2021年4月12日，甘井子区院向区法院提起刑事附带民事公益诉讼，请求依法判令邹某等人共同承担销售金额3倍惩罚性赔偿金1743万余元，并公开赔礼道歉。

2021年10月9日，甘井子区人民法院作出一审判决，以生产、销售假药罪分别判处邹某等人十五年至五年不等的有期徒刑，并处罚金，且追缴违法所得，同时对检察机关提出的公益诉讼请求全部予以支持。一审判

决后，邹某等被告提起上诉。2021年12月29日，大连市中级人民法院裁定驳回上诉，维持原判。

【典型意义】

利用网络制售假药，数量大，销售范围广，严重损害众多消费者的合法权益。检察机关充分发挥刑事公诉和公益诉讼多元职能，在打击刑事犯罪的同时，提起刑事附带民事公益诉讼，提出惩罚性赔偿诉讼请求，最大限度追究严重违法者的法律责任，有力震慑了犯罪，切实维护了消费者合法权益。

河北省沧州市检察机关督促加强畜禽肉产品质量监管行政公益诉讼系列案

【关键词】

行政公益诉讼　刑事附带民事公益诉讼　瘦肉精　公开听证　惩罚性赔偿

【要　旨】

针对畜禽养殖、屠宰、销售等环节违法问题，检察机关可以综合运用行政公益诉讼、民事公益诉讼两种手段，通过督促相关行政部门协同履职，提出惩罚性赔偿诉求对违法者和潜在违法者进行震慑与警示，双管齐下切实守护人民群众的身体健康。

【基本案情】

2021 年 3 月 15 日，央视“3 · 15”晚会曝光了河北省沧州市青县存在经销商贩售“瘦肉精”羊肉问题，“瘦肉精”羊肉流向全国多地，对不特定多数消费者生命健康权造成潜在风险，损害了社会公共利益。

【调查和督促履职】

2021 年 4 月，河北省沧州市人民检察院（以下简称沧州市院）与沧州市青县人民检察院（以下简称青县院）分别立案调查。发现肉羊等养殖日常监督检查不到位，屠宰场检验检疫不规范，私屠滥宰情况仍一定程度存在，销售环节没有严格执行索证索票、进货查验和记录制度等违法问题。

2021 年 6 月，沧州市院组织市、县两级农业农村部门、市场监督管理部门、青县新兴镇人民政府等召开听证会后，向农业农村部门、市场监督管理部门等负有监管职责的行政机关发出检察建议，建议各行政部门加强畜禽养殖、屠宰、畜禽肉产品销售全流程监管，联合开展畜禽肉产品“瘦肉精”专项整治活动，建立健全畜禽肉产品安全长效机制。

收到检察建议后，各行政机关高度重视、积极整改：一是加强食用农产品各环节全流程日常监管，对 62 家农贸市场，4437 家食用农产品经营者进行了检查，责令整改 123 家。二是在全市开展食用农产品“治违禁、控药残、促提升”三年行动，全力推进食用农产品市场销售追溯系统建设。

2021 年 8 月，青县院陆续对 6 件“瘦肉精”刑事附带民事公益诉讼案件提起诉讼。截至目前，法院已判决生效 4 件，判令 16 名被告共同承担惩罚性赔偿金 54 万余元、“瘦肉精”羊肉无害化处置费用 10 万余元。

【典型意义】

检察机关充分发挥公益诉讼职能，综合运用行政公益诉讼、刑事附带民事公益诉讼等多种方式加强监督。既充分调动各职能部门协同履职，堵塞执法漏洞，又通过惩罚性赔偿对违法侵权人和潜在违法者进行震慑与警示。双管齐下切实守护百姓美好生活，保护群众“舌尖上的安全”。

重庆市大足区人民检察院督促保护养老机构食堂食品安全行政公益诉讼案

【关键词】

行政公益诉讼诉前程序　食品安全　养老机构食堂

【要　旨】

针对部分养老机构食堂存在的食品安全隐患问题，检察机关可以督促相关行政机关协同履职，切实保障老年人群体“舌尖上的安全”。

【基本案情】

2021年，重庆市大足区内12家养老机构食堂不同程度存在未按照法律法规要求和食品安全标准进行管理的情况，如未办理食品经营许可证、使用过期食品、调味品、食堂操作间卫生脏乱差、未配置消毒设备或消毒设备不能正常运转和使用等情况，给养老机构入住老年人的身体健康带来安全隐患。

【调查和督促履职】

2021年7月，重庆市大足区人民检察院（以下简称大足区院）在履职过程中发现案件线索后对本案立案调查，与问题较为突出的养老机构所在镇街人民政府进行磋商，并送达《行政公益诉讼事实确认书》，要求其依法履行辖区养老机构食品安全的监督管理属地责任，支持、协助相关职能部门开展对养老机构食品安全的监督管理工作。2021年8月13日，大足区院分别向养老机构行业主管部门区民政局和食品安全监管部门区市场监管局提出检察建议，建议各行政机关加强协作，依法履行对养老机构食品安全的监管职责。

收到检察建议后，区民政局、区市场监管局和相关镇街对存在问题的养老机构逐一进行检查，一是督促养老机构食堂落实主体责任，建立食品安全责任制，实现“网络厨房全覆盖”，并保证正常使用，安装防蚊虫设施，定期对食堂进行清理，及时对餐具进行消毒；二是要求食堂负责人、食品安全管理员等餐饮从业人员注册阳光餐饮APP及时上传健康证、商品信息等，工作期间穿戴整洁，定期进行食品安全培训，增强食品安全意识和防范措施；三是加强库存食品质量安全管理，严格执行食品和食用农产品进货查验要求，规范每餐次食品留样、记录，对过期食品进行处理。

2021年9月至10月，大足区院对整改结果进行了“回头看”，存在问题的养老机构已按要求整改完毕。

【典型意义】

随着我国逐渐步入老龄化社会，加强对社区养老机构食堂的食品安全监管显得十分重要。检察机关积极采用磋商和检察建议相结合的方式，推动属地政府和民政、市场监管部门共同强化行业整治，以系统观念推动养老机构综合治理，努力让老年人老有所养、老有所安。

浙江省绍兴市柯桥区人民检察院诉吕某某等销售非法添加药品成分的保健品刑事附带民事公益诉讼案

【关键词】

刑事附带民事公益诉讼　保健品　非法添加　虚假宣传　惩罚性赔偿

【要　旨】

针对采用欺骗手段销售含有非法添加药品成分的保健品的，检察机关可以提起刑事附带民事公益诉讼，诉请违法者承担惩罚性赔偿责任，让其“痛到不敢再犯”。

【基本案情】

2016 年，吕某某等人合伙成立陕西某商贸公司，通过购入来源不明、含有西药成分盐酸二甲双胍的“三无”保健品，自行包装后，组织人员假冒厂家推广中心向客户寄送体验品、冒充“指导老师”跟进回访并推销等方式，虚假宣称该产品为纯中药且具有化糖疗效，诱骗众多高血糖患者购买，销售金额共计 98 万元。

【调查和诉讼】

2021 年 3 月，浙江省绍兴市柯桥区人民检察院（以下简称柯桥区院）在办理吕某某等人涉嫌销售有毒有害食品罪刑事案件过程中，认为案涉行为可能侵犯了众多不特定高血糖病患的身体健康权，遂于 3 月 29 日以民事公益诉讼立案。柯桥区院在调查过程中发现违法销售数额在卷证据不足，通过引导公安机关侦查和自行调查，补充调取了网上交易记录、转账记录等电子数据、业绩表、作案工具等客观性证据，查明了违法销售数额。此外，柯桥区院通过自行补充侦查，查明吕某某等人通过网络等途径非法获取众多高血糖病患个人信息的违法事实。

柯桥区院在发布公告且公告期满后没有法律规定的机关和社会组织提起诉讼的情况下，于 2021 年 6 月 28 日向柯桥区人民法院依法提起刑事附带民事公益诉讼，诉请判令吕某某等人共同支付有毒有害食品销售价款十倍的惩罚性赔偿金共计 980 万元，并就销售有毒、有害食品和侵犯公民个人信息的行为在国家级媒体上公开赔礼道歉。2021 年 12 月 6 日，柯桥区人民法院作出一审判决，支持检察机关的全部诉讼请求。吕某某不服提起上诉后，2022 年 1 月 28 日，绍兴市中级人民法院裁定驳回上诉，维持原判。

【典型意义】

将非法添加药品成分的"三无"保健品向患者群体推销并进行虚假宣传，侵害了消费者的合法权益，损害了社会公共利益。检察机关在办案中注重全面调查，依法补充调查查明违法销售数额和食药安全领域违法犯罪背后病患个人信息遭受侵害的事实，对此类违法行为依法追究刑事责任的同时，通过提起附带民事公益诉讼，提出惩罚性赔偿诉讼请求，有效加大违法者违法成本，对其他潜在违法者形成震慑。

河南省商城县人民检察院督促整治餐饮具集中消毒行政公益诉讼案

【关键词】

行政公益诉讼　食品安全　餐饮具集中消毒

【要　旨】

针对餐饮具集中消毒不符合消毒标准和卫生标准等违法违规问题，检察机关可以通过提出检察建议、提起诉讼的方式，督促行政机关履行监管职责，切实保障人民群众身体健康安全。

【基本案情】

2020年，河南省商城县内11家餐饮具集中消毒服务单位存在生产区卫生不达标、生产工艺存在缺陷、卫生质量管理不到位等问题，所生产的消毒餐饮具没有消毒合格凭证，多次检测不合格，存在较大食品安全隐患。

【调查和诉讼】

2020年5月，河南省商城县人民检察院（以下简称商城县院）在开展"公益诉讼守护美好生活"专项监督活动中发现该案线索，遂于2020年6月1日立案，经调查，向商城县卫生健康委员会（以下简称县卫健委）发出检察建议，督促其依法履行对辖区内餐饮具集中消毒服务单位的卫生监督管理职责，依法查处相关违法行为，从源头上消除食品安全隐患。

县卫健委收到检察建议后，未在规定期限内作出书面回复，也未按检察建议要求依法履职。2021年3月10日，商城县院向县卫健委发出督促函，督促其依法履职。当月29日，县卫健委书面回复称，已于2020年7

月至8月期间对在经营的餐饮具集中消毒服务企业进行检查，对违法企业作出了行政处罚，并开展了专项监督检查活动。商城县院跟进调查发现，辖区内11家餐饮具集中消毒服务企业的餐饮具不合格现象仍然存在，县卫健委并未进一步采取措施进行有效监管，食品安全隐患并未消除，社会公共利益持续处于受侵害的状态。

2021年6月29日，商城县院依法向商城县人民法院提起行政公益诉讼，请求判令县卫健委依法履行对辖区内餐饮具集中消毒服务单位监督管理职责。2021年9月2日，商城县人民法院依法作出判决，支持了检察机关的诉讼请求。判决生效后，商城县院及时跟进监督判决执行情况。2021年10月，县卫健委制定了《关于进一步加强一次性餐饮具消毒服务单位监管工作实施方案》，在全县范围内开展餐饮具集中消毒专项整治工作。目前，商城县11家餐饮具集中消毒服务单位中，有5家因无法整改到位而关停，剩余6家已全部整改到位。

【典型意义】

集中消毒餐饮具行业发展过程中存在消毒违法违规不符合标准等问题，存在较大食品安全隐患。对于行政机关收到检察建议后仍未采取有效措施进行监管的，检察机关以诉的形式强化监督效果，并对判决执行情况跟进监督，运用法治思维和法治方式遏制餐饮具集中消毒行业违法违规行为，从源头把好餐饮市场第一道安全关。

四、最高人民检察院、中国残联联合发布残疾人权益保障检察公益诉讼典型案例

（2022 年 5 月 13 日）

以检察公益诉讼助力残疾人权益保障共建共享幸福美好生活

——最高检、中国残联有关部门负责人就残疾人权益保障检察公益诉讼典型案例答记者问

党的十八大以来，以习近平同志为核心的党中央对残疾人事业“格外关心、格外关注”。习近平总书记强调，残疾人事业是春天的事业，需要广泛动员社会各界和各方面力量开展扶残助残活动。近年来，检察机关在残联组织和相关职能部门的支持配合下，坚持以习近平法治思想为引领，充分履行公益诉讼检察职能，积极稳妥探索残疾人权益保障公益诉讼，依法保障残疾人平等权利，促进残疾人事业高质量发展，不断满足残疾人美好生活需要。

第 32 个全国助残日来临之际，最高人民检察院联合中国残疾人联合会发布 10 件残疾人权益保障检察公益诉讼典型案例，共同为维护残疾人平等权利、促进残疾人全面发展提供有力法治保障。残疾人权益司法保护取得了哪些成绩？还存在哪些困难和问题？最高检第八检察厅厅长胡卫列、中国残联维权部主任周建、中国残联教育就业部一级巡视员解宏德回答了记者提问。

问：在办理涉残疾人权益保障案件中，检察公益诉讼制度在推动社会治理方面发挥了哪些优势？目前还存在哪些问题？下一步，如何巩固办案成果，建立常态化机制？

胡卫列：残疾人权益保障是特定群体权益保障的一个重要组成部分，也是公益诉讼新领域探索的一个重点领域。在办案中，检察公益诉讼制度在推动社会治理方面的优势主要体现在以下几个方面：

一是独特的制度优势。检察公益诉讼制度作为党中央和习近平总书记

亲自决策部署推进的一项重要改革举措，在习近平法治思想孕育和引领下产生，在不断发展的过程中形成了诉前实现维护公益的最佳司法状态、双赢多赢共赢、注重预防和溯源治理等独特的治理效能和制度价值，为公益诉讼发挥治理效能奠定了制度基础。

二是坚持以人民为中心。维护人民利益是我国检察公益诉讼制度的目标追求和方向指针，人民群众的支持和参与是制度发展的基本途径和强劲动力。检察公益诉讼的法定领域逐步从“4”到“4+5”，再到残疾人权益保障等新领域的探索拓展，始终紧紧围绕着人民群众反映强烈的、社会治理和国家治理中的公益损害多发领域开展。检察机关在办理残疾人权益保障公益诉讼案件过程中，得到残疾人群体的大力支持和深度参与。他们不仅提供案件线索、评估整改成效，还帮助检察官解决办案中遇到的专业问题。

三是坚持能动司法，以“我管”促“都管”。残疾人等特定群体的权益保护，很难通过单个机关或部门的职责履行得以实现，需要全社会多方位的关注。检察公益诉讼不是“单打独斗”，离不开与相关职能部门的协调配合。检察机关在办案中综合采取磋商、听证、检察建议、圆桌会议等多种形式，督促行政机关依法行政、严格执法、自我纠错，推动形成多元主体协同保护残疾人权益的治理格局。

当前存在的主要问题：一是制度供给和理论支撑不足。残疾人权益保障作为公益诉讼探索的一个新领域，缺乏明确的法律授权，相关法律法规中可依据的强制性规定较少，目前主要依托法定领域进行监督办案，存在个案研究论证和审批程序复杂、提起诉讼难度大等问题。二是巩固办案成效难。一些问题监督纠正后容易“反弹回潮”，需要检察机关持续跟进监督，久久为功，常抓不懈。三是检察人员监督办案能力有待提升。涉及残疾人权益保障的法律法规种类繁多，侵害残疾人权益的问题也复杂多样，线索研判、调查核实、督促整改都需要跨领域多专业的知识储备。

下一步，我们将持续推动残疾人权益保障相关立法完善。围绕全国人大常委会的立法规划、立法工作计划，加强与中国残联等相关部门的沟通联系，推动在残疾人保障法等相关法律修订时增设检察公益诉讼条款。不断加大办案指导力度，适时出台加强残疾人权益保障领域公益诉讼的指导意见，逐步提升公益诉讼检察官专业化水平。坚持持续跟进监督理念，常态化开展“回头看”，邀请专业人士和残障人士作为公益观察员，现场查看并实地体验整改效果，注重残障人士的参与感和获得感，做深做实后半篇文章。

问：目前我国残疾人权益司法保护取得了哪些成绩？还存在哪些困难和问题？中国残联如何发挥自身职能进一步推进？

周建：我国非常重视对残疾人的立法保障，目前直接涉及残疾人权益保障的法律有90多部、行政法规有50多部，我国已经形成以宪法为依据，以民法典、刑法等法律为基础，以残疾人保障法为主干，以《残疾预防和残疾人康复条例》《中华人民共和国残疾人教育条例》《残疾人就业条例》《无障碍环境建设条例》等行政法规和地方法规为支撑的残疾人权益保障法律法规体系。国家司法机关采取多种措施加强对残疾人的司法保护，以确保这些法律法规中保障残疾人权益的规定得到落实。2015年，最高人民检察院、中国残联印发《关于在检察工作中切实维护残疾人合法权益的意见》，加大对侵害残疾人权益的各种刑事犯罪的打击力度，切实维护残疾人的各项合法权益。2018年，最高人民法院、中国残联印发《关于在审判执行工作中切实维护残疾人合法权益的意见》，切实保障残疾人合法权益，方便残疾人参加诉讼活动。2022年2月，最高人民法院、最高人民检察院、公安部、司法部、中国残联联合印发《关于深入学习贯彻习近平法治思想切实加强残疾人司法保护的意见》，进一步明确各自职责，形成加强残疾人司法保护的合力。特别是最高人民检察院，从2020年开始全面总结推广无障碍环境建设公益诉讼经验；2021年立案办理无障碍环境建设公益诉讼3272件，是2020年的6.2倍；通过今天的典型案例发布，又将无障碍公益诉讼延伸至残疾人就业、教育、社会保障等领域，加强对残疾人的全方位司法保护，必将对残疾人人权保障和残疾人事业高质量发展产生深远影响。

但是，残疾人司法保护还面临许多困难和问题。首先，残疾人作为社会弱势群体的状况并未得到根本改变，侵害残疾人权益的情况还时有发生，有些案件的性质很恶劣，严重冲击人类社会的道德底线，需要司法机关依法严肃追究。其次，大多数残疾人自我维权意识和维权能力较弱，需要司法机关更加主动、积极地维护残疾人权益。最后，在具体案件办理过程中，办案人员可能会存在对残疾人的个体差异了解不全面、对残疾人的特殊需求了解不充分，需要办案人员更加耐心、细致地给予残疾人更多帮助。

中国残联已经建成包含3800多万名残疾人在内的实名制数据库，每年进行动态更新，及时掌握残疾人的基本需求，为各项涉及残疾人的法律政策制定和项目实施奠定了扎实基础。中国残联作为全国各类残疾人的统一代表组织，将积极履行代表、服务、管理职能，依法维护残疾人的各项权益。当前推进的残疾人维权主要工作有：一是积极配合全国人大开展无障碍环境建设立法，为残疾人参与社会生活提供更好的立法保障。二是配合国家各有关部门，做好残疾人医疗康复、教育就业、社会保障、文化生活等领域的工作，切实保障残疾人各项权益的实现。三是积极配合国家司法机关，严厉打击侵害残疾人权益的各项违法犯罪行为，坚定站在残疾人立场，及时为残疾人发声，努力为残疾人维权。四是配合国家司法行政机关和普法机构，开展针对性的普法活动，提高残疾人的法律意识和自我维权能力，促进残疾人公平享受各项法律服务。五是通过多种途径扩大社会宣传，消除针对残疾人的各种歧视，形成更加关心、尊重、理解、支持、帮助残疾人的良好社会氛围。

问：一些残疾人的合法权益受到侵害，但可能因为各种原因，不愿或无法去捍卫自身权益。检察机关为此做了哪些努力，有没有典型案例？

胡卫列：习近平总书记强调："残疾人是一个特殊困难的群体，需要格外关心、格外关注。"以习近平同志为核心的党中央始终坚持以人民为中心的发展思想，将残疾人事业作为中国特色社会主义事业的重要组成部分，更加充分地纳入党和国家工作大局。公益诉讼既是一项民心工程，又是一项人权保障的司法职能，既要聚力解决人民群众急难愁盼的领域事项，又要在一些残疾人、妇女儿童等特定群体的权益不能得到有效保障的情况下发挥人权保障的救济作用。在司法实践中，对于一些涉及不特定残疾人合法权益的具有普遍性的公益受损问题，检察机关坚持积极稳妥的办案原则，用足用好现有政策和法律依据，积极争取各级党委政府支持和地方立法授权，因地制宜开展专项监督，充分发挥公益诉讼制度治理效能，办理了一批残疾人权益保障检察公益诉讼典型案例。比如，2021年5月14日，最高检与中国残联共同举办新闻发布会并联合发布10起无障碍环境建设检察公益诉讼典型案例。同年7月28日，在第十六届中国信息无障碍论坛上又发布20件检察机关无障碍公益诉讼成果展示，指导各地持续深化无障碍环境建设公益诉讼。还有今天最高检和中国残联联合发布的 10 起残疾人权益保障典型案例，涉及残疾人劳动就业、无障碍环境、教育、康复、社会保障、文化生活、信息安全等方面的权益保障，更加注重对残疾人权益的全方位司法保护。

问：国家对于保障残疾人就业有哪些政策？比如一些单位有按比例安排残疾人就业的责任和义务，如何保证这些政策落实到位？

解宏德：习近平总书记指出，就业是最大的民生工程、民心工程、根基工程，是社会稳定的重要保障，必须抓紧抓实抓好。就业对于残疾人民生保障更为重要。我国《中华人民共和国就业促进法》《中华人民共和国残疾人保障法》《残疾人就业条例》等法律法规有一系列保障残疾人就业的规定，采取优惠政策和扶持保护措施，通过多渠道、多层次、多种形式，使残疾人劳动就业逐步普及、稳定、合理。《中华人民共和国残疾人保障法》明确规定了按比例安排残疾人就业制度。《残疾人就业条例》进一步规定："用人单位安排残疾人就业的比例不得低于本单位在职职工总数的 1.5%。""用人单位安排残疾人就业达不到其所在地省、自治区、直辖市人民政府规定比例的，应当缴纳残疾人就业保障金。"截至 2021 年底，全国城乡持证残疾人就业人数为 881.6 万人，其中按比例就业 81.8 万人，集中就业 26.8 万人，个体就业 63.5 万人，公益性岗位就业 14.8 万人，辅助性就业 14.3 万人，灵活就业（含社区、居家就业）250.3 万人，从事农业种养加 430.1 万人。

但是，部分用人单位对于残疾人就业还存在一些不正确的认知，找各种理由不愿意安排残疾人就业，产生了非常不好的社会影响，也损害了法律尊严。为了促进机关、事业单位、国有企业带头安排残疾人就业，2021 年 10 月，中组部、中央编办、人力资源和社会保障部、国资委、中国残联联合印发《机关、事业单位、国有企业带头安排残疾人就业办法》，要求机关、事业单位、国有企业积极采取措施，按比例安排残疾人就业。办法规定，到 2025 年，安排残疾人就业未达到规定比例的省级、地市级编制 50 人（含）以上的党政机关至少安排 1 名残疾人，编制 67 人（含）以上的事业单位（中小学、幼儿园除外）至少安排 1 名残疾人就业。县级及以上残联机关干部队伍中要有 15% 以上的残疾人。还规定，在坚持具有正常履行职责的身体条件的前提下，对残疾人能够胜任的职位、岗位，在同等条件下优先录（聘）用残疾人。2022年3月，国务院办公厅印发《促进残疾人就业三年行动方案（2022—2024年）》，通过实施机关事业单位带头安排残疾人就业行动、国有企业安排残疾人就业行动、民营企业安排残疾人就业行动、残疾人组织助残就业行动、就业困难残疾人就业帮扶行动、农村残疾人就业帮扶行动、残疾人大学生就业帮扶行动、盲人按摩就业促进行动、残疾人就业服务提升行动、残疾人职业技能提升行动等十大行动，实现2022—2024年全国城乡新增残疾人就业100万人的目标。

就业是民生之本。在“十四五”开局，中央政府及有关部门推出几个重磅文件，旨在切实保障残疾人就业权益，促进残疾人较为充分、较高质量的就业。

问：就业是残障人士难以跨越的障碍之一。检察机关如何保障残障人士的劳动权益，消除这一群体遭遇到的就业歧视？

胡卫列：《国家人权行动计划（2021—2025年）》明确要求“全面贯彻就业优先政策，消除就业和职业歧视”。《“十四五”就业促进规划》要求“努力消除就业歧视。建立劳动者平等参与市场竞争的就业机制，营造公平的市场环境，逐步消除民族、种族、性别、户籍、身份、残疾、宗教信仰等各类影响平等就业的不合理限制或就业歧视，增强劳动力市场包容性”。2022年全国助残日的主题是“促进残疾人就业，保障残疾人权益”。残疾人就业相对困难，就业歧视使得残疾人就业难上加难，影响和制约残疾人融入社会、全面发展、共同富裕。检察机关立足公益诉讼检察职能，监督残疾人权益保障相关法律统一正确实施，努力消除残疾人就业歧视。此次发布的10件典型案例中，就有3件直接涉及残疾人就业权益保障。其中，福建省晋江市检察院以保障盲人医疗按摩人员合法权益、规范盲人医疗按摩行业发展为切入点，依法能动履职，将盲人按摩就业促进行动拓展为“就业帮扶·平等共享”公益诉讼专项活动，督促协同相关职能部门主动作为，拓宽残疾人文化艺术、心理卫生等领域就业渠道，多措并举促进残疾人就业创业。广东省广州市黄埔区检察院针对用人单位通过互联网招聘平台发布存在歧视残疾人的招聘广告的问题，借助与残联组织建立的协作机制，精准督促相关职能部门及时纠正用人单位违法招聘行为，共同维护残疾人群体的平等就业权。《“十四五”残疾人保障和发展规划》强调，要完善残疾人驾驶机动车政策。浙江省杭州市检察院通过“益心为公”检察云平台从残疾人群体精准获取案件线索，依托道路交通安全领域拓展残疾人权益保障检察公益诉讼，督促有关部门落实定点医疗机构为残疾人办理驾照提供体检服务，对于保障残疾人安全驾驶、促进残疾人生活就业具有借鉴意义。

福建省晋江市人民检察院督促保障残疾人就业行政公益诉讼案

【关键词】

行政公益诉讼诉前程序　促进残疾人就业　盲人医疗按摩　亲清护企

【要　旨】

盲人医疗按摩是残疾人就业创业的典范之一。检察机关以保障盲人医疗按摩人员的合法权益、规范盲人医疗按摩活动作为积极稳妥开展残疾人权益保障领域公益诉讼的切入点和着力点，依法能动履职，督促协同相关职能部门主动作为，调动社会各界扶残助残积极性，多渠道、多形式促进残疾人就业创业。

【基本案情】

近年来，晋江市盲人医疗按摩行业蓬勃发展，但行业管理不规范问题突出，存在假借盲人名义进行虚假宣传、违规开展诊疗活动、盲人按摩师劳动权益保障不到位、部分盲人按摩机构未登记注册、经营场所存在安全隐患等情况，侵犯了合规从业盲人的正当权益，损害盲人医疗按摩行业的健康有序发展，侵害社会公共利益。

【调查和督促履职】

福建省晋江市人民检察院（以下简称晋江市院）在开展无障碍环境建设公益诉讼“回头看”中发现上述线索，遂于2022年4月6日启动行政公益诉讼立案程序。经调查核实，辖区内盲人按摩行业存在以下问题：一是假借盲人名义开办按摩机构问题突出，78家挂“盲人按摩”招牌的机构中，有16家机构没有盲人按摩师，9成以上的盲人非医疗按摩机构违规开展诊疗活动；二是盲人按摩师劳动权益保障缺失，部分机构未与盲人按摩师签订劳动合同，未办理养老保险、医疗保险，未组织进行职业技能培训；三是盲人按摩就业经营场所存在卫生、消防等安全隐患。根据《中华人民共和国劳动法》《盲人医疗按摩管理办法》《医疗机构管理条例实施细则》等相关规定，相关职能部门在就业保障、卫生消防安全、注册登记等方面存在监管缺位。为此，晋江市院向市场监管、卫生健康等部门发出诉前检察建议，督促规范盲人医疗按摩行业，维护从业盲人合法权益。

为了以“我管”促进“都管”，晋江市院联合市残疾人工作委员会，召集相关行政机关、人大代表、政协委员、人民监督员、盲人代表召开诉前圆桌会议，共同研究盲人医疗按摩行业规范化建设方案。会后，相关部门积极履职尽责，残疾人联合会、人力资源社会保障部门为盲人按摩师培训共60人次，新颁盲人按摩师证件19人次，签订或补签劳动合同31份；市场监管、民政部门为20家符合条件的盲人医疗按摩机构进行登记注册；卫生健康、消防部门监督15家营业场所改造设施，消除安全隐患。在检察机关的推动下，晋江市正在积极发挥区域示范作用，带动影响周边地区规范建设盲人医疗按摩机构，为泉州市乃至福建省推进相关医疗、康复、培训等基础设施建设，组建相应医疗管理团队，规范开展培训和继续教育，加快行业标准建设，多渠道开发盲人就业新形态，探索和积累经验。晋江市院还结合监督办案，主动向市人大提出完善盲人医疗按摩管理地方立法的建议，促进盲人医疗按摩行业规范化、品牌化、法治化发展。

在此基础上，晋江市院深化全国检察机关“亲清护企”十佳文化品牌，将盲人按摩就业促进行动拓展为“就业帮扶·平等共享”公益诉讼专项活动。目前已促成“爱心企业”开发504个公益性岗位定向招聘残疾人；搭建晋江市疗养院为辅助性就业平台，已吸纳8名精神残疾人就地就业，12名提交就业意向；助力税务部门年征收残疾人就业保障金7000余万元；与全国首批本科职业学校泉州职业技术大学等职业院校共建，计划每年组织特教学生、残疾人群体学习非遗技艺200人次，免费培训残疾人300名，促进非遗传承、就业创业同步发展，以共商共建共享之举取得双赢多赢共赢之效。

【典型意义】

就业是最大的民生。促进残疾人就业，是残疾人保障和发展的重中之重。检察机关坚持“小切口，大作为”，通过依法扶持和规范盲人医疗按摩行业发展，进而激活政府、企业、社会等各方力量，增设公益性岗位，加大资金投入和保障，为残疾人参加职业技能培训、就业创业提供无障碍支持服务，拓宽残疾人文化艺术、心理卫生等领域就业渠道，促进残疾人就近就便参加生产劳动、进行职业康复、实现社会融合，为残疾人依法享有广泛充分、真实具体、有效管用的人权，让残疾人的获得感、幸福感、安全感更加充实、更有保障、更可持续，贡献了检察力量。

广东省广州市黄埔区人民检察院督促消除残疾人就业歧视行政公益诉讼案

【关键词】

行政公益诉讼诉前程序　残疾人就业歧视　互联网招聘广告

【要　旨】

用人单位通过互联网招聘平台发布存在歧视残疾人的招聘广告，损害了残疾人享受平等参与社会生活的合法权益。检察机关充分发挥公益诉讼检察职能，借助与残联组织建立的协作机制，精准督促相关职能部门及时纠正用人单位违法招聘行为，共同维护残疾人群体的平等就业权。

【基本案情】

广州市多家用人单位通过互联网招聘平台发布注明“不录用残疾人”的招聘广告，侵犯了残疾人平等参与社会生活的基本权利，相关职能部门未依法履职，损害了社会公共利益。

【调查和督促履职】

2021年12月2日，广州市黄埔区人民检察院（以下简称黄埔区院）与区残疾人联合会会签《关于残疾人权益保护公益诉讼检察的实施意见（试行）》，协同推进辖区残疾人权益保障工作。2022年以来，双方结合当地作为工业发展大区、用工需求量大的实际，联合开展残疾人就业专项调查，经检索各类人才市场招聘信息，发现多家用人单位侵犯残疾人平等就业权的线索。2022年4月19日，黄埔区院立案调查。经调查查明，注册地在黄埔区的广州盈某人力资源服务有限公司等用人单位在某大型互联网招聘网站上发布关于黄埔区内用工的招聘广告，招聘要求中明确注明“无残疾”；注册地不在黄埔区，但发布包括在黄埔区内用工的招聘广告的广州某某斯电子科技有限公司、广州某兴人力资源有限公司、广州某信人力资源有限公司、广州市团某人力资源有限公司、佳某（广州）电子科技有限公司、广州晨某网络科技有限公司、广东迈某企业管理有限公司等用人单位，在某大型互联网招聘网站上发布的招聘要求中亦明确注明“无残疾”。而上述招聘岗位多为维修、装配、包装等普通工种，且为无学历限制、无经验要求。

黄埔区院审查认为，国家法律明确保障残疾人劳动权利，为残疾人创造就业条件。根据《就业服务与就业管理规定》第二十条关于“用人单位发布的招用人员简章或招聘广告，不得包含歧视性内容”和《广东省残疾人就业办法》第二条关于“残疾人依法享有平等就业、自主择业和平等获得劳动报酬的权利。禁止在就业中歧视残疾人”等规定，上述招聘广告中所招用的均为一般简单工种，并没有要求掌握特殊技能或者是对身体协调性较强的岗位，应当被认定为就业歧视，损害了残疾人平等就业的合法权益。作为监管部门，黄埔区劳动保障行政部门应当将残疾人就业纳入公共就业服务范围，依法维护残疾人劳动就业权利。2022 年 4 月 21 日，黄埔区院及时与区劳动保障行政部门进行磋商，督促其积极依法履行法定职责，并采取开展专项整治行动、加大普法宣传力度、推动形成保护合力等措施推进整改。目前，相关用人单位已删除平台广告中含有残疾人歧视的相关内容。区残疾人联合会还联合相关部门对 150 余名残疾人开展就业培训，为 90 余名残疾人提供就业帮扶服务。同时，黄埔区院还主动将注册地在同市其他区的用人单位发布招聘广告中存在歧视残疾人的 8 条案件线索移送 5 个基层检察院跟进调查。

【典型意义】

残疾人就业相对困难，就业歧视使得残疾人就业难上加难，影响和制约残疾人融入社会、全面发展、共同富裕。检察机关立足公益保护能动履职，为贯彻落实《“十四五”就业促进规划》《促进残疾人就业三年行动方案（2022—2024 年）》保驾护航，督促协同相关职能部门增强残疾人就业法律保障的刚性，努力消除就业歧视，有利于促进残疾人实现较为充分较高质量的就业，共建共享经济社会发展成果。

浙江省杭州市人民检察院督促落实残疾人驾照体检服务行政公益诉讼系列案

【关键词】

行政公益诉讼诉前程序　残疾人驾照体检　道路交通安全　益心为公检察云

【要　旨】

残疾人通过体检获得医疗机构出具有关身体条件的证明，是依法申请或者更换机动车驾驶证的法定条件。检察机关可以依托道路交通安全领域拓展残疾人权益保障公益诉讼，督促卫生健康行政部门落实定点医疗机构为残疾人办理驾照提供体检服务，既保障残疾人参与社会生活和就业的平等权利，也促进防控残疾人无证驾驶等道路交通安全隐患，平衡保护公共利益。

【基本案情】

近年来，为保障残疾人驾车权益，国家相关部委相继印发关于做好残疾人驾驶汽车工作的部门规章，规定右下肢残疾人、双下肢残疾人、单眼视力障碍人士、上肢残疾人驾驶汽车的身体条件，并明确由卫生健康行政部门认定的专门医疗机构为残疾人办理驾照进行体检、出具证明。部分医疗机构未依法依规开展残疾人驾照体检服务，相关职能部门未严格依法履职，致使残疾人难以进行驾照体检，侵害残疾人合法权益，损害社会公共利益。

【调查和督促履职】

2022年2月，“益心为公检察云”平台志愿者、杭州市肢残人汽车专业委员会负责人向浙江省杭州市人民检察院（以下简称杭州市院）反映杭州市某家残疾人驾照体检定点医疗机构长期未开展相关服务。经查，为贯彻执行《机动车驾驶证申领和使用规定》和《右下肢、双下肢残疾人驾驶机动车身体条件规定》《单眼视力障碍、部分上肢残疾人驾驶机动车身体条件规定》，浙江省相关职能部门发布全省残疾人驾照体检定点医疗机构名单，杭州辖区内共计9家医疗机构被确定为定点体检医院，负责对残疾人的视力、坐立能力、徒手握力、手指功能等基本驾车能力进行重点评估并出具身体条件证明。杭州市院充分发挥一体化办案优势，组织全市各区、县（市）检察机关对辖区定点体检医疗机构进行调查核实，并邀请部分公益志愿者参与现场勘查。针对查明的萧山区、临平区、临安区、建德市、桐庐县、淳安县6家定点医疗机构或因不知晓政策而从未开展体检业务，或在开设体检业务后因体检人数较少予以取消，导致有需要的残疾人因体检渠道不畅影响后续驾照申领、换证等权利的公益受损情形，杭州检察机关依据属地管辖分别向辖区卫生健康行政部门发出行政公益诉讼诉前检察建议，督促其依法全面履行监管职责，及时整改违法情形，切实保障残疾人合法权益。

相关职能部门在收到检察建议书后第一时间约谈定点驾照体检医疗机构负责人，6家定点医疗机构及时落实残疾人驾照体检业务，并对外公布通知或通报辖区残疾人联合会。其中，萧山区、临平区、桐庐县、淳安县在医院体检中心增设服务，临安区、建德市定点医疗机构分别在驾驶培训机构和车管所内增设服务，方便残疾人体检。截至2022年4月，已有10余名残疾人在上述定点医疗机构完成驾照体检，依法取得驾驶人身份条件证明。此外，萧山区定点医疗机构还进一步完善体检场所无障碍设施，邀请残疾人现场体验；临安区职能部门组织定点医疗机构开展相关业务培训；淳安县职能部门开通残疾人驾照体检报告网上传递渠道，实现与交警部门办事窗口的实时信息交互，方便残疾人驾照申领、换证。在此基础上，浙江省人民检察院组织全省检察机关开展专项排查，推动残疾人驾照体检工作进一步落实落地。

【典型意义】

保障符合法定条件的残疾人通过体检、办理驾照，体现了对残疾人平等权利和尊严的保护，对于促进残疾人社会融合、促进残疾人就业具有重要意义，也是保障社会公众对残疾人驾驶汽车放心的“安全阀”。检察机关通过“益心为公检察云”平台，从残疾人群体精准获取案件线索，以专项办案推进系统监督，督促相关职能部门依法履行监管职责，打通有关法律政策落地落实“最后一公里”，促进全域范围内残疾人驾照体检服务无障碍、全覆盖，共同营造为残疾人驾驶汽车提供便利的良好社会氛围。

贵州省罗甸县人民检察院督促保护残疾人盲道安全行政公益诉讼案

【关键词】

行政公益诉讼　残疾人盲道安全　公开听证　溯源治理

【要　旨】

针对盲道安全监管不力，残疾人交通安全未得到有效保护的问题，检察机关加强与残疾人联合会的协作配合，向行政机关发出诉前检察建议，全程跟进监督，对整改不到位的依法提起行政公益诉讼，以公开听证协同推进问题整改，推动建立多部门齐抓共管长效工作机制。

【基本案情】

2021 年 4 月，贵州省罗甸县人民检察院（以下简称罗甸县院）在履职中发现，罗甸县城区内东环路、解放中路、河滨路、斛兴路等多个路段上的多处盲道缺失、毁损；拐弯及尽头处未按要求铺设提示砖、盲道与路口衔接处未设置缓坡；部分盲道建设未避开树木、电线杆等障碍物；其中两处盲道上还压有配电箱、消防栓等危险物品。盲道建设问题影响了残疾人交通安全，侵害了残疾人合法权益，损害了社会公共利益。

【调查和督促履职】

2021 年 5 月 10 日，罗甸县院对上述线索依法立案办理，针对辖区内盲道铺设不连续、未避开障碍物、不同砖块混用、被违法占用的问题，全面排查固定证据、查找相关法律法规、厘清盲道监管责任部门职责。罗甸县院认为，根据《中华人民共和国道路交通安全法》《中华人民共和国残疾人保障法》《无障碍环境建设条例》《贵州省残疾人保障条例》等法律法规规定，罗甸县住房和城乡建设局（以下简称罗甸县住建局）对城区内道路无障碍设施（盲道）负有管理和维护的职责，并于2021年5月20日向罗甸县住建局发出诉前检察建议，建议该局及时对城区的盲道等无障碍设施建设情况进行全面排查，对存在问题积极进行整改，保障残障人士出行安全。2021年7月19日，罗甸县住建局回复称部分路段已整改完毕，部分路段因客观原因暂不能整改，另有部分路段陆续安排整改中，预计2021年8月10日前整改完毕。罗甸县院分别于8月3日、8月11日实地跟进监督，发现东环路、河滨路、商业街等路段均未全面整改。8月13日，罗甸县院发函致罗甸县住建局，要求该局于8月16日前回复最新整改情况。8月25日，罗甸县住建局复函称已对县城内河滨南路、湖滨大道、兴华路等路段盲道进行全面整改，现已整改完毕。2021年9月6日，罗甸县院再次派员到现场勘查，发现东环路、河滨路、斛兴路等路段盲道仍然存在不连续、未避开障碍物、不同砖块混用等问题。同年9月14日，罗甸县院到罗甸县残疾人联合委员会（以下简称罗甸县残联）了解县域内盲人有关情况及盲道设施建设情况，罗甸县残联向罗甸县院提交了《关于县城区盲道建设使用中存在有关问题的建议》。9月15日—16日，罗甸县院联合罗甸县残联走访了县城区部分盲人，他们反映盲道上有许多障碍物、许多该铺设提示砖的地方没有铺设和一些地方盲道只铺了部分。9月17日、10月12日，办案单位又先后派员到上述路段进行现场勘查，发现盲道存在的问题依然没有整改，社会公共利益仍持续受到侵害。

【诉讼过程】

2021年10月13日，经层报贵州省人民检察院审批同意，罗甸县院按照行政诉讼集中管辖规定，向龙里县人民法院提起行政公益诉讼。

2021年11月29日，罗甸县住建局申请延期开庭，表示现已完成5条主干道无障碍通道改造，还剩8条路段盲道还未整改，已制定整改计划逐步推进整改，并致函罗甸县院要求撤回起诉。12月3日，罗甸县院联合县残联就罗甸县住建局履职情况、问题盲道整改效果、是否符合撤回起诉条件等问题进行公开听证，并邀请县人大代表、政协委员、律师代表、行政机关代表、盲人代表参加，听证员及盲人代表对罗甸县住建局采取有效措施对5条主干道盲道进行整改予以认可，但认为县城区内仍有8条问题盲道仍未能得到全面整改，残疾人出行交通安全隐患仍然存在，检察机关诉讼请求未能全部实现，不符合撤回起诉条件。

2022年3月31日，龙里县人民法院公开开庭审理本案，庭审围绕罗甸县住建局是否已依法全面履职展开辩论。罗甸县住建局辩称，已对主干道盲道问题进行整改，其余路段问题盲道在持续整改中。检察机关认为罗甸县住建局已部分履职，但未全面履职到位。法院完全采纳检察机关意见，于2022年5月9日依法判决：责令被告罗甸县住房和城乡建设局对审理查明的罗甸县城区内仍未整改的8条道路盲道35处问题自本判决生效之日起两个月内整改完毕。罗甸县住建局表示不上诉，正积极整改中。

同时，罗甸县院结合个案办理，与罗甸县残联、罗甸县住建局、罗甸县综合执法局联合会签《关于在残疾人权益保障公益诉讼中加强协作配合实施办法》，从信息共享、线索移送、联席会议、协同协作等方面作了具体规定，形成了对残疾人权益保护合力，从源头上筑牢残疾人权益保护机制。

【典型意义】

盲道建设是城市无障碍建设的重要组成部分，事关残疾人交通出行安全，进而影响残疾人其他权益保障。本案中，检察机关针对行政机关对盲道安全监管不到位的情形，在发出检察建议的同时，加强与当地残联协作配合，持续跟进监督。因行政机关未全面履职整改，依法提起行政公益诉讼，针对诉讼过程中行政机关申请延期开庭、要求撤回起诉的问题，检察机关通过公开听证让第三方参与评价整改效果，对诉讼请求未能全部实现的拒绝撤诉，继续通过诉讼判决督促问题盲道全面整改，建立完善工作机制，以公益诉讼职能作用助力溯源治理。

上海市徐汇区人民检察院督促履行人行天桥无障碍设施建设监管职责行政公益诉讼案

【关键词】

行政公益诉讼诉前程序　无障碍环境建设　公开听证　类案监督

【要　旨】

检察机关以改善人行天桥无障碍环境作为服务特定群体的切入点和着力点，充分发挥检察机关与政府部门之间的桥梁纽带作用，以公益诉讼督促、协同的特有功能，搭建公开听证、诉前磋商的平台，以“我管”促“都管”，合力推动无障碍设施建设。

【基本案情】

2021 年初，上海市人民检察院在听取人大代表意见建议时，有代表提出了关于开展对人行天桥进行适应特定群体改造的建议。其中，徐汇区肇嘉浜路宛平路人行天桥未设置电梯，现有无障碍环境无法满足老、幼、病、残、孕等特定群体的出行需求。

【调查和督促履职】

上海市人民检察院在听取人大代表意见建议时了解到该线索，遂交办徐汇区人民检察院（以下简称徐汇区院），徐汇区院于 2021 年 4 月立案审查，通过实地勘察对全区 18 座人行天桥中 7 座应改未改的天桥进行了逐项分析，查摆原因，并向相关行政机关了解改建工程进展情况。其中，肇嘉浜路宛平路天桥地处徐家汇，南侧居民区密集，西北侧有徐家汇公园等城市公共设施，人流量较高。该天桥桥身高达十多米，仅设有步行上下楼梯，无法满足老、幼、病、残、孕等特定群体的出行需求。经查，虽然肇嘉浜路宛平路天桥已列入该区无障碍设施改造计划，但因天桥所在范围内市政管线错综复杂，周边地下有地铁、22 万伏高压线及其他各类公用管线，若增设无障碍电梯必须对管线、绿化进行大规模改迁，施工难度大，故该天桥的改建工程迟迟没有进展。

根据《上海市无障碍环境建设与管理办法》第六条规定，住房城乡建设部门负责公共建筑、居住建筑、居住区无障碍设施工程建设活动的监督管理。因此徐汇区院在全面排查人行天桥的环境、交通和人流现状，系统梳理、研究无障碍环境建设相关法律规定后，与徐汇区建设和管理委员会开展多次诉前磋商，督促多部门协同履职，推动天桥无障碍设施改造进展。2021 年 6 月 2 日，徐汇区院会同区建设和管理委员会召开全市首例无障碍设施检察公益诉讼公开听证会，邀请 3 名市人大代表担任听证员，同时邀请徐汇区市政管理中心和承担天桥设计工作的工程设计研究院参会，共商解决方案。徐汇区民政部门、残疾人联合会代表分别发表了意见。听证员围绕是否存在比加装电梯更优的无障碍通行方案、施工技术难点、推进改造工程需协调解决问题、设施运维的可持续性等问题开展评议。通过与会各方的动态论证，一致认可给人行天桥加装电梯是平衡兼顾桥下市区主干路快速通行与天桥附近人群便捷安全出行两类社会公共利益的最优选择，并最终形成了较为科学合理的“斜挂式升降平台 + 上下行自动扶梯”改造方案作为磋商结论。同时会议邀请市人大、市残联等 10 余家单位，以及 18 家检察机关公益诉讼部门参与旁听，积极推动全市一类问题的解决。

2021 年 9 月 6 日，肇嘉浜路宛平路人行天桥改造工程取得了初步设计及概算批复，计划于 2022 年竣工。目前，区域绿化和南侧管线基本搬迁，天桥装饰部件和北侧旧楼梯段基本拆除，两侧钢楼梯基础施工均已完成。下一阶段，徐汇区院将针对辖区内 3 座符合改造条件但存在跨行政区划难点的人行天桥，积极探索与相邻检察机关开展跨行政区划办案，协同两区相关职能部门、企事业单位、社会组织共同推动区域无障碍环境建设。

【典型意义】

探索开展无障碍环境建设公益诉讼，是坚持检察为民办实事的生动实践。规范的人行天桥无障碍设施建设，是保障特定群体平等参与社会生活、满足应急需求的标准配置，更是城市形象、品质的亮丽名片。本案中，检察机关认真落实人大代表提出的人行天桥无障碍改造建议，通过诉前磋商和检察听证，在释法说理的基础上，推动各方协同履职，以科学论证的方式共同研究人行天桥改造的可行性方案，并以个案办理为契机，探索跨行政区划治理，推动当地行政部门激活创新“试验场”，将无障碍环境建设公益诉讼监督从“散点”到“条线”、从“局部”向“领域”推进，让检察公益诉讼和协同治理的成果更广泛惠及特定群体。

浙江省建德市人民检察院督促健全 120 急救调度系统文字报警功能行政公益诉讼案

【关键词】

行政公益诉讼诉前程序　特定群体权益　120 急救调度系统　文字报警功能　公开听证

【要　旨】

120 急救调度系统因欠缺文字报警功能，听力障碍、言语障碍人士的自主呼救权益难以保障。检察机关积极履行公益诉讼职能，通过公开听证广泛听取意见，协同督促 120 急救调度系统功能优化，打通特定群体 120 急救报警渠道，助力信息无障碍环境共建共治共享。

【基本案情】

浙江省建德市医疗急救指挥中心是建德市域内负责医疗急救指挥调度的唯一机构，其使用的指挥调度系统仅具备普通来电、110 联动、122 联动等电话呼救功能，不具备文字信息报送和文字呼叫功能，无法满足听力障碍、言语障碍人士在紧急情况下的自主呼救需求，损害了社会公共利益。

【调查和督促履职】

2021 年 1 月，浙江省建德市人民检察院（以下简称建德市院）收到群众反映线索，称辖区 120 急救调度系统仅能够接收电话呼救，对听力障碍、言语障碍群体自主报警造成客观障碍，生命健康安全难以有效保障，遂立案审查。建德市院赴建德市医疗急救指挥中心进行调查核实，查明该中心负责建德市域医疗急救指挥的统一调度工作，日常使用的急救调度系统“安克 120 院前调度系统 V7.0 标准版”仅具备普通来电、110 联动、

122 联动等电话呼救功能，不具备文字报警功能，违反了《无障碍环境建设条例》第二十四条、《浙江省实施〈无障碍环境建设条例〉办法》第十七条第四款等规定。建德市卫生健康局（以下简称建德市卫健局）作为辖区医疗服务行业监督管理部门，存在未依法履职情形，致使社会公共利益受到侵害。

2021 年 1 月 27 日，建德市院针对医疗急救系统增设文字信息报送和文字呼叫功能的必要性与完善路径问题，组织召开公开听证会，邀请残疾人联合会、老年人协会等社会组织代表，卫生、财政等有关职能部门以及人大代表、政协委员、人民监督员、无障碍环境建设专家等参会，各方充分发表意见建议，一致认为，120 急救调度系统文字报警功能的建设是保障听力障碍、言语障碍群体及其家属生命健康权益的重要举措，完善医疗急救文字报警系统建设确有必要。听证会结束后，建德市院向建德市卫健局送达诉前检察建议，建议其督促建德市医疗急救指挥中心尽快完善呼救系统相关功能，切实保护特定群体合法权益。

2021 年 3 月 20 日，建德市卫健局向检察机关作出书面回复，表示已积极联系调度系统设计研发公司完善软件开发，文字报警功能即将上线。同年 4 月 1 日，“互联急救”平台正式启动，建德市院邀请人大代表、医疗行业专家、特定群体代表等参与平台运行调试。经验收，“互联急救”目前已具备“一键呼救”的便捷操作功能，并能实时定位注册患者，有效提升调度救援效率，市民亦可通过发送文字内容至指定号码实现文字报警。

在本案办理基础上，浙江省杭州市人民检察院（以下简称杭州市院）指导区县检察机关对辖区其他八个医疗急救指挥中心进行排查，发现指挥调度系统不具备文字报警功能的情形具有普遍性。2021 年 5 月 18 日，杭州市院与杭州市无障碍环境建设领导小组办公室联合召开协调会，邀请卫健、残联等相关职能部门参加，形成《杭州市一键急救及文字报警系统建设推进会议纪要》，明确由市卫健部门牵头制定全市医疗急救文字报警系统建设完善方案并组织实施。2021 年 7 月 9 日，杭州市卫生健康委员会下发《关于做好杭州市推进一键急救及文字报警系统建设的通知》，要求各相关区、县（市）卫健部门切实推进医疗急救文字报警系统建设、投入使用及长效管理。截至 2021 年 12 月底，全市 120 急救调度系统均已具备文字报警功能。

【典型意义】

医疗急救等紧急呼叫系统文字报警功能是听力障碍、言语障碍等特定群体的应急保障。检察机关运用“公开听证 + 检察建议 + 评估验收”等方式，督促协同有关职能部门推动医疗急救调度系统完善文字报警功能。立足个案开展类案监督，推动全市 120 急救调度系统实现文字报警功能全覆盖，取得“办理一案、治理一片”的社会实效。

重庆市綦江区人民检察院督促保护
残疾未成年人受教育权行政公益诉讼案

【关键词】

行政公益诉讼诉前程序　残疾未成年人受教育权　义务教育　控辍保学

【要　旨】

针对残疾儿童少年入学难、休学到期未复学、送教上门不规范等问题，检察机关制发诉前检察建议督促教育部门依法全面履行控辍保学职责，通过开展专项整治行动，建立长效机制，充分保障残疾未成年人平等接受义务教育的权利。

【基本案情】

重庆市綦江区存在部分残疾未成年人失学辍学，如重庆市綦江区的未成年人罗某某原就读于綦江区某小学，2017年因意外事故致使下肢瘫痪申请休学治疗，至2019年休学期满罗某某病情已稳定在家疗养，其家长未向学校申请延长休学，原就读学校也未积极组织劝返复学，亦未根据实际情况开展送教上门，致使罗某某长期未接受义务教育。

【调查和督促履职】

2021年4月，重庆市綦江区人民检察院（以下简称綦江区院）在开展残疾人权益保护专项行动过程中发现本案线索，遂统筹公益诉讼检察部门、未成年人检察部门成立联合办案组立案调查。检察机关从綦江区残疾人联合会（以下简称区残联）调取基础数据，通过分工协作对全区600余名适龄残疾未成年人入学情况逐一核实摸底，再对筛选对比出的10余名疑似受教育权被侵害的重点对象开展入户调查，同时走访残联、民政、特殊学校等多家单位听取意见。通过全面调查，綦江区院查明辖区内存在多名适龄残疾未成年人未入学或未按期复学接受义务教育的情况，部分学校未按要求对不宜到学校随班就读的残疾学生提供送教上门。根据《中华人民共和国义务教育法》《中华人民共和国残疾人教育条例》等规定，教育行政部门应当组织和督促适龄儿童、少年入学，因残疾不适宜到校入读的，对其提供送教上门或远程教育等方式实施义务教育，并纳入学籍管理。

2021年5月21日，重庆市人民检察院和重庆市人民检察院第五分院（以下简称五分院）在听取綦江区院对该案的汇报请示时，对监督方向、调查措施、司法救助等重点问题介入指导。据此，綦江区院进一步与綦江区教育委员会（以下简称区教委）磋商沟通，明确教育行政主管部门具有保障残疾未成年人接受义务教育的法定职责，并在此基础上进一步研究解决辖区内相关特殊教育问题。

2021年7月5日，依据《中华人民共和国未成年人保护法》等相关规定，綦江区院向区教委发出残疾人受教育权保护行政公益诉讼诉前检察建议，针对调查发现的部分适龄残疾未成年人未纳入学籍管理、送教上门不规范以及盲人儿童就近入学难等问题，建议区教委依法全面履职，保障相关残疾未成年人受教育的权利，完善特殊教育保障体系，以点带面推动辖区内残疾未成年人受教育权相关问题的全面整治。检察建议发出后，区教委高度重视，成立以区教委主任为组长的整改领导小组，详细制定整改方案，在全区范围内开展控辍保学工作专项督查整治行动，以未实际入学、休学到期未复学、区外就读返綦治疗等为分类，建立工作台账、摸清情况底数。整改过程中，綦江区院全程动态跟进监督，对教育部门收集掌握残疾人信息不全面等困难，主动协调公安机关、残联部门支持配合。

2021年8月30日，区教委书面回复检察建议，在秋季开学时已对清理出未入学的79名适龄残疾儿童全部完成安置，以“全覆盖、零拒绝”要求，多方协调解决4名返綦康复治疗的学生和2名盲人儿童就近入学难问题，率先在全市探索因地制宜、因人施策解决送教上门质效问题。

2021年11月18日，五分院、綦江区院和区残联一同对本案开展“回头看”，并对家庭经济困难对象启动帮扶救助，对行动不便的开展“莎姐送法上门”等活动。2021年12月，在綦江区院、区教委和区残联共同推动下，綦江区未成年人保护工作领导小组出台关于加强残疾儿童少年送教上门、随班就读工作机制，进一步压实教委、民政、团委等相关部门及村社、学校等单位的责任，推动残疾未成年人接受义务教育问题长效治理。2022 年 1 月，綦江区院联合区妇联对部分监护职责履行不到位的家庭，进行家庭教育指导；联合民政部门引入社工帮扶和慈善资金，形成多方社会力量协同关爱残疾人的工作局面。

【典型意义】

党的十九大报告明确指出“办好特殊教育，努力让每个孩子都能享有公平而有质量的教育”。国家保障残疾人享有平等接受教育的权利，检察机关以残疾未成年人受教育权问题为切入点，及时提出针对性检察建议，督促职能部门依法履职，推动建立“动态预测、齐抓共管、精准帮扶”的控辍保学监管体系，制度化解决适龄残疾未成年人受教育权问题，坚持监督与救助同步推进，实现司法救助和社会救助无缝衔接、相互补充，积极维护残疾人合法权益，进一步营造了平等保护残疾人权益的良好社会环境。

四川省彭州市人民检察院督促保障残疾人康复训练权益行政公益诉讼系列案

【关键词】

行政公益诉讼诉前程序　孤独症及脑瘫患者康复训练　医疗保障

【要　旨】

康复训练对提升孤独症、脑瘫等残疾人自理能力和生活质量至关重要。针对影响和制约康复训练的突出问题，检察机关会同残疾人联合会开展公益诉讼专项监督，督促协同卫生健康、医疗保障、民政等职能部门依法贯彻执行残疾人康复训练费用纳入基本医疗保险支付规定，规范康复训练机构管理，切实保障孤独症、脑瘫患者康复训练合法权益。

【基本案情】

由于康复训练费用纳入基本医疗保险支付政策的实际落实效果欠佳，一些孤独症、脑瘫患者因高昂的康复训练费用给家庭增加经济负担，被迫减少甚至放弃康复训练，错失干预治疗黄金期，不利于改善自理能力，影响自身及其家庭的生活质量。一些康复训练机构在设施设备、师资力量配备和康复方案针对性等方面缺乏规范，影响康复训练效果。一些社会福利中心监护脑瘫患者未按规定安排康复训练。对此，行政监管存在漏洞和盲区。

【调查和督促履职】

2022 年 4 月 11 日，四川省彭州市人民检察院（以下简称彭州市院）根据市残疾人联合会（以下简称市残联）移送的辖区内孤独症及脑瘫患者康复训练情况，决定联合开展专项监督行动。

经查，对于依据《残疾预防和残疾人康复条例》《成都市残疾儿童康复救助工作实施办法》《成都市医疗保障局关于部分医疗康复项目纳入基本医疗保障范围相关事宜的通知》等相关规定，已经将孤独症诊断访谈量表（ADI）测评、言语能力筛查、日常生活动作训练等明确纳入基本医疗保障范围的康复训练项目，有关职能部门普法宣传和政策解读不到位，造成一些孤独症患者家属不知情，未能依法享受救助和保障。同时，一些康复救助服务定点机构不属于医保部门核定的定点医疗康复机构，导致脑瘫患者不住院的医疗康复费用无法纳入医保支付。2022 年 4 月 21 日，彭州市院以行政公益诉讼立案，于 4 月 23 日会同市残联与市医疗保障局进行诉前磋商，建议加大相关政策的宣传力度；建立适合孤独症、脑瘫患者实际情况的康复训练费用医保支付方式的配套机制。市医疗保障局表示将进一步加大医保政策的宣传力度，在规定的条件和程序下落实医疗康复训练项目纳入医保支付政策。4 月 28 日，彭州市院向市妇幼保健院送达社会治理检察建议，建议其及时对接医保部门，争取纳入定点康复医疗机构，保障残疾人在康复训练中的合法权益。市妇幼保健院已专题研究申报方案。

另查明，辖区内三家定点康复训练机构未严格执行《四川省孤独症儿童定点康复机构准入标准（试行）》中“有条件的定点机构可配置 VR 训练设施”“康复教师需具备中专以上学历，取得相应执业资质；康复教师与孤独症儿童的比例不低于 1∶5”“康复机构应制定和实施个别化康复服务计划”等规定，影响患者康复训练效果。4 月 26 日，彭州市院组织召开公益诉讼听证会，公开听取人大代表、政协委员和政府法制部门意见。会议明确，对公立医疗康复训练机构存在的问题，由市卫生健康局加强管理和指导，确保严格执行相关规定，提升患者康复训练效果；对民营康复训练机构存在的问题，由市残联牵头，市卫生健康局配合，责令整改。截至目前，定点康复机构通过公开招聘和送教师外出培训等方式解决师资配备不足的问题，并就训练课时、训练方式等问题听取患者家属意见建议，严格按标准改进训练方案。

同时，针对福利中心存在的部分脑瘫患者未送往康复训练机构进行康复训练的问题，彭州市院于 4 月 26 日向市民政局制发诉前检察建议，建议督促福利中心履行监护职责，定期将脑瘫患者送往康复训练机构开展康复训练，并落实好康复训练补贴的资料收集报送工作。福利中心现已联系定点评估机构对脑瘫患者进行评估，诊断是否具有相应康复适应指征，明确康复需求，采取康复训练机构通过送教上门等方式，对脑瘫患者进行康复训练。

【典型意义】

《“十四五”残疾人保障和发展规划》明确要求提升残疾人康复服务质量。检察机关找准困扰孤独症、脑瘫患者及其家庭的突出问题能动履职，督促协同相关职能部门落实康复救助制度，推动完善康复医疗保障项目，加强和规范康复训练机构建设，为实施残疾预防和残疾人康复强化法律监督、做实公益保护，体现对残疾人的格外关心、格外关注。

广东省肇庆市高要区人民检察院督促发放严重精神障碍患者监护人补助行政公益诉讼案

【关键词】

行政公益诉讼诉前程序　残疾人权益　严重精神障碍患者监护人补助

【要　旨】

对精神卫生的重视程度是衡量社会文明程度的重要标志之一。严重精神障碍患者监护人补助的依法发放，有利于提高精神障碍患者监护人的积极性，促进监护责任落实，为生活困难的患者家庭有效减轻负担，促进部门、社会、家庭、个人协同到位，提升精神疾病防治能力，完善患者救治救助保障体系。针对行政机关未及时依法发放严重精神障碍患者监护人补助的情形，检察机关通过磋商方式促使其积极履职，推动及时拨付到位。

【基本案情】

广东省肇庆市高要区2020年度严重精神障碍患者监护人补助未按时发放，其中部分严重精神障碍患者家庭经济困难，又未能按时取得相应补助，一定程度上影响了患者定期复诊、生活照料和居家康复，可能带来严重精神障碍患者发生危害自身和社会安全的潜在风险，社会公共利益存在受损风险。

【调查和督促履职】

2021年初，广东省肇庆市高要区人民检察院（以下简称高要区院）收到严重精神障碍患者家属的举报反映，2019年以前银行账户会定期有政府发放的补贴转入，2020年后未收到该项补贴。高要区院立即开展初步核查，及时与举报人取得联系，调取其银行账户交易流水清单，向相关部门调取严重精神障碍患者清单、补贴发放情况等，核查到该项补贴实为严重精神障碍患者监护人补助。举报人银行账户在2018年、2019年期间均有收到该项补助，但2020年未收到。针对可能存在补助使用不规范或不及时发放造成社会公共利益受损情形，高要区院迅速启动立案调查。

经查，依据《中华人民共和国精神卫生法》、广东省社会治安综合治理委员会办公室等11部门印发的《关于加强严重精神障碍患者救治救助工作的实施意见》及《肇庆市实施“以奖代补”政策落实严重精神障碍患者监护责任办法》（以下简称《肇庆办法》）等相关规定，高要区严重精神障碍患者监护人补助每年底由监护人和村（居委）填写申报审批表并签署意见后，送镇（街）综治部门受理，由镇（街）综治部门送辖区公安派出所、卫生计生、残联等部门审核，经区综治部门审批，最后由财政部门发放。每年中根据在册的严重精神障碍患者监护人发放一半补助，另一半在年底患者未发生肇事肇祸行为，且监护责任落实经评估合格再发放至监护人。高要区依据《肇庆办法》从2016年起开展严重精神障碍患者监护人补助发放工作。2020年度该项补助发放的前期审核审批工作基本完备，但因各部门之间衔接不畅，截至2021年4月仍未发放。高要区院遂向区财政部门发出《磋商函》，商请依法履行辖区内严重精神障碍患者监护人补助发放和资金管理监控职责。2021年4月19日，高要区财政部门根据相关部门审核资料情况，将2020年度经申请批准的严重精神障碍患者监护人补助经费共计人民币484.915万元全额拨付至全区4000余名患者监护人账户中。各相关职能部门表示，今后将加强沟通协调，依规及时发放补助，切实维护特定群体合法权益。高要区院收到回复后，走访线索举报人家庭，核实补助到账情况并释明行政部门已及时向全区发放该项补助。

【典型意义】

精神卫生是全球性的重大公共卫生问题和突出的社会问题，党中央、国务院高度重视严重精神障碍防治和救助工作，出台一系列法律政策。检察机关主动履行公益诉讼检察职能，督促相关行政部门积极履职，推动严重精神障碍患者监护人补助按程序及时拨付到位，促进国家惠民政策的落实落地，有利于防止严重精神障碍患者及其家庭因病致贫、因病返贫，鼓励和督促监护人认真履行监护责任，推动从源头上预防和减少严重精神障碍患者肇事肇祸事件发生，消除影响社会安全稳定的潜在风险，营造理解、关爱严重精神障碍患者的社会氛围，促进扶残助残社会支持体系建设。

浙江省桐庐县人民检察院督促保护残疾人个人信息权益行政公益诉讼案

【关键词】

行政公益诉讼诉前程序　残疾人权益　政府信息公开　个人信息安全

【要　旨】

针对政府信息公开过程中不当泄露残疾人个人信息，可能导致电信诈骗等人身、财产侵害的行为，检察机关积极履行公益诉讼职能，督促行政机关规范政府信息公开工作，完善信息公开审查制度，切实维护残疾人合法权益。

【基本案情】

桐庐县财政局在县政府信息公开平台上公示的残疾人困难生活补贴、重度护理补贴信息中，含有未经去标识化处理的残疾人身份证号码、银行卡号、残疾类型等个人信息上万余条，导致大量残疾人的个人信息被泄露，存在被电信诈骗利用的风险。

【调查和督促履职】

2021年8月，浙江省桐庐县人民检察院（以下简称桐庐县院）开展个人信息保护公益诉讼检察专项监督行动中发现本案线索并立案办理。通过走访调查、提取电子数据、截屏固证等方式，查明桐庐县财政局在县政府信息公开平台公示的信息中包含残疾人的身份证号码、银行卡号、残疾类型等个人信息1.2万余条，且未经过去标识化处理。桐庐县院审查认为，根据《中华人民共和国民法典》《中华人民共和国残疾人保障法》《中华人民共和国政府信息公开条例》等相关法律法规规定，残疾人的合法权益包括个人信息受法律保护，涉及残疾人身份证号码、银行卡号等个人信息的政府信息属于依法不予公开的内容。《中华人民共和国个人信息保护法》明确特定身份、医疗健康、金融账户等信息属于敏感个人信息，只有在具有特定的目的和充分的必要性，并采取严格保护措施的情形下，个人信息处理者方可处理敏感个人信息。国家机关为履行法定职责处理个人信息，应当依照法律、行政法规规定的权限、程序进行，不得超出履行法定职责所必需的范围和限度。桐庐县财政局作为政府信息的制发单位，未依法履行对拟公开的政府信息的审查职责，致使大量残疾人的个人信息处于泄露状态，损害了残疾人的合法权益。

为推动问题快速有效解决，桐庐县院及时与县财政局进行磋商，向其阐明了个人信息保护的相关规定和查证的相关事实，提示了相关个人信息泄露可能导致残疾人群体遭受电信网络诈骗等风险。2021 年 9 月 17 日，桐庐县院向县财政局制发诉前检察建议，督促其依法履行法定职责，消除残疾人个人信息安全隐患，依法规范政府信息公开工作，切实保障残疾人个人信息权益。

桐庐县财政局收到检察建议书后高度重视，积极落实整改，于一周时间内对案涉 1.2 万余条个人信息进行去标识化处理。同时，桐庐县院结合办案，推动县财政局对 2020 年以来的财政专项扶贫资金公示情况开展自查，另行排查发现 1.8 万余条残疾人困难生活补贴、重度护理补贴的公示信息存在不当公开的情况。该局立即对相关个人信息进行去标识化处理，并完善信息公开审查制度，对相关工作人员进行工作提醒，强化信息公开法治教育，切实加大公民个人信息特别是残疾人个人信息保护力度，有效规范政府信息公开。

【典型意义】

残疾人个人信息安全是残疾人合法权益的一项重要内容。残疾人个人信息特别是敏感个人信息的泄露，容易导致违法行为人以“残疾补助”等为诱饵对残疾人实施电信诈骗，侵害其人身、财产权益。本案中，检察机关聚焦残疾人个人信息安全，督促行政机关依法履行政府信息公开职责，及时消除残疾人个人信息安全隐患。结合个案办理，推动行政机关开展专项排查，在助力政府信息公开规范化、推动完善法治政府建设的同时，不断织密残疾人个人信息安全保护网，保障残疾人的人格尊严和财产安全。

五、最高人民检察院、水利部联合发布涉水领域检察公益诉讼典型案例

（2022 年 6 月 9 日）

加强水行政执法与检察公益诉讼协作 依法维护国家水安全

——最高检、水利部有关部门负责人就涉水领域检察公益诉讼典型案例答记者问

最高人民检察院、水利部召开“加强水行政执法与检察公益诉讼协作，依法维护国家水安全”新闻发布会，此次新闻发布会发布最高人民检察院、水利部联合出台的《关于建立健全水行政执法与检察公益诉讼协作机制的意见》，通报加强水行政执法、推动水法治建设情况，发布 10 件涉水领域检察公益诉讼典型案例。最高人民检察院副检察长张雪樵，水利部副部长魏山忠，最高人民检察院检委会委员、第八检察厅厅长胡卫列，水利部政策法规司副司长陈东明出席发布会，并回答记者提问。

问：发布这批典型案例的主要考虑是什么？

胡卫列：检察公益诉讼是保护国家利益和社会公共利益的重要法治手段。近年来，检察机关在与水利部门的协同配合下，在社会各界的关心支持下，以服务保障长江经济带发展战略、黄河流域生态保护和高质量发展战略为抓手，以“双赢多赢共赢”的公益诉讼司法理念为核心，协力提升水安全保障能力，共同推进水利高质量发展大局。

本次最高人民检察院、水利部共同发布的 10 件典型案例，凝聚了多年来检察公益诉讼在涉水领域的实践积累。其中水资源保护领域案件 4 件，行洪安全领域案件 2 件，水生态保护领域案件 2 件，河道岸线保护领域案件 2 件。它们是：河南省荥阳市人民检察院督促整治古柏渡某旅游区违法建设行政公益诉讼案；重庆市江津区人民检察院督促整治米邦沱码头侵占岸线行政公益诉讼案；江苏省扬州市检察机关督促整治某公司占用廖家沟河道公益诉讼案；山西省阳泉市人民检察院督促推动盂县龙华口水库

建设行政公益诉讼案；湖南省安仁县人民检察院督促保护龙海镇万田村地热水资源行政公益诉讼案；四川省成都市龙泉驿区人民检察院督促整治违法抽取地下水行政公益诉讼案；海南省三亚市人民检察院督促保护地下水资源行政公益诉讼案；浙江省绍兴市越城区人民检察院诉王某甲等七人危害钱塘江海塘防洪安全刑事附带民事公益诉讼案；江苏省建湖县人民检察院诉张某某等人长江非法采砂刑事附带民事公益诉讼案；广东省佛山市顺德区人民检察院诉林某泉等九人非法采砂刑事附带民事公益诉讼案。

（一）聚焦大江大河保护治理，协力提升水安全保障能力

大江大河生态保护和系统治理关乎国家发展全局。检察机关同水利部门始终高度关注大江大河，特别是长江、黄河在生态保护和系统治理中存在的突出问题。

一是始终关注并着力解决行洪安全问题。黄河安澜是中华儿女的千年期盼。河南省古柏渡某旅游区蹦极塔位于黄河河道中心，严重影响河道行洪安全。河南省人民检察院充分发挥一体化办案优势，会同省河长办、河南黄河河务局共同发力，依法督促行政机关全面履职，彻底消除长期存在的黄河行洪安全问题隐患，有效保障黄河安澜。

二是始终关注并着力解决岸线保护问题。重庆市江津区人民检察院针对某码头长期侵占长江岸线问题，秉持“共抓大保护，不搞大开发”治理理念，实现长江岸线保护、环境生态修复、居民生活保障的良好办案效果。

三是始终关注并着力解决水生态破坏问题。长江江砂不仅是宝贵的自然资源，也是长江鱼类和底栖动植物赖以生存的生态栖息地。江苏省建湖县人民检察院突出对长江水域生态系统功能损害的全面评估，在坚持传统诉讼请求基础上，适用惩罚性赔偿制度，最大限度实现长江水生态保护。

（二）立足监督职能定位，保障新阶段水利高质量发展

水是生产之要、生态之基、生命之源，水利的安全和可持续发展备受瞩目。检察机关充分履行公益诉讼检察职能，刚柔并济，服务水利事业高质量发展。

一是发挥公益诉讼检察法治保障作用，服务地区经济社会发展大局。山西省盂县龙华口水库是阳泉最大的水库和唯一后备水源地。阳泉市人

民检察院服务经济社会发展大局，推动搬迁“老大难”问题彻底解决，助力党委政府重点工作部署落地落实，为当地饮用水水源现状彻底改变奠定基础。

二是展现公益诉讼检察“刚性”，震慑犯罪提升行政机关依法行政能力。针对长期有组织盗采河砂行为，广东省佛山市顺德区人民检察院在追究刑事责任的同时，通过提起附带民事公益诉讼，追究生态环境修复等各项费用共计29.6亿余元，形成强大警示震慑。鉴于检察机关同当地水务部门在取用地下水执法标准上的不同认识，海南省三亚市检察机关依法提起行政公益诉讼，通过法庭上的释法析理明确法律适用标准，推动取水许可和水资源有偿使用制度严格实施。

三是体现公益诉讼检察“柔性”，助力企业依法良性经营。四川省成都市龙泉驿区人民检察院在办理某洗涤企业违法抽取地下水行政公益诉讼案中，兼顾民营企业合理诉求，通过合法合规方式解决企业因自来水管网尚未铺设到位所造成的取水困境，推动企业绿色健康发展。

（三）发挥协同治理优势，打好公益保护“组合拳”

针对涉水领域责任主体多、职责交叉等情形，检察机关发挥机制作用，积极凝聚共识。

一是通过“河长＋检察长”协作机制形成保护合力。浙江省绍兴市越城区人民检察院与水利部门发挥“河长＋检察长”协作机制优势，在办案中相互提供专业支持，在严厉惩办违法犯罪的同时挽回公益损失，维护社会公共利益。

二是通过行政诉前监督促进齐抓共管。湖南省安仁县人民检察院针对当地常年无序取用地热水问题，督促水利、自然资源、市场监管、属地政府等行政机关协同履职，有力打击和震慑非法取用地热水行为，增强当地群众对地热水资源的共同保护意识。

三是通过公益检察职能综合运用引导主动整改。面对河道保护难以单方推进等难题，江苏省扬州市检察机关综合运用民事、行政公益诉讼手段，主动听取涉案企业诉求，共同制定科学方案，赢得企业理解配合，多年侵占河道问题得到有效解决。

问：水利部与最高检建立水行政执法与检察公益诉讼协作机制，主要考虑是什么？建立协作机制后对提升水行政执法效能将有什么帮助？

魏山忠：先从水治理体制说起，水治理体制是一个世界性的话题，世界各国有很多不同体制。中国这样一个特殊的地理气候的国家，到底用一个什么样的水治理体制至关重要。党的十八大以来，习近平总书记站在中华民族永续发展的战略高度，高度重视水治理体制建设：2014 年 3 月 14 日专门就保障国家水安全发表重要讲话，强调要坚持系统治理，建立完善适应新的治水形势的水治理体制；研究部署长江经济带发展、黄河流域生态保护和高质量发展等重大国家战略时，反复强调要共同抓好大保护，协同推进大治理；亲自谋划、部署，在全国建立了河湖长制。党的十九届四中全会明确要求拓展公益诉讼案件范围，完善生态环境公益诉讼制度。民事诉讼法和行政诉讼法对检察公益诉讼都作了明确规定，而且把生态环境和资源保护作为一个重点领域。

水灾害、水资源、水生态、水环境等新老水问题与公共利益密切相关，其治理管理工作具有很强的公益性特征，因此，在涉水领域开展公益诉讼既有法理基础，又有实践需要。

近年来，各级水利部门和检察机关深入贯彻落实习近平法治思想和习近平总书记关于治水重要讲话指示批示精神，把水利作为生态环境和资源保护领域的重要内容，在涉水领域积极开展检察公益诉讼探索，取得了良好成效。水利部联合最高人民检察院开展了“携手清四乱 保护母亲河”专项行动，推动解决黄河流域乱占、乱采、乱堆、乱建等“四乱”问题。

水利部淮河水利委员会积极配合最高人民检察院办理南四湖生态环境受损公益诉讼案件。水利部珠江水利委员会和云南、广西、贵州三地水利部门配合最高人民检察院办理万峰湖生态环境保护公益诉讼案件。水利部长江水利委员会与湖北省人民检察院等部门为贯彻实施长江保护法，构建了长江流域（湖北段）生态环境保护行政执法与司法协调联动机制。水利部黄河水利委员会山东河务局、河南河务局，辽宁、江苏、浙江、湖南、重庆等省级水利部门会同同级人民检察院印发有关水利与检察协作的文件。

我们这些年的积极实践探索都取得了非常好的成效，解决了过去很多没有解决的涉水问题。在这个基础上，水利部和最高人民检察院联合出台建立健全水行政执法与检察公益诉讼协作机制的意见，就是在深入总结已有工作经验的基础上，全面部署推进这项工作，提升河湖保护治理水平。建立健全水行政执法与检察公益诉讼协作机制，有利于及时制止违法行为人的涉水违法行为，追究涉水领域违法行为人的损害赔偿责任，特别是对涉及多个行政机关职责、协调难度大、执法后仍不足以弥补国家利益和社会公共利益损失，以及情节严重、影响恶劣、拒不整改的违法案件，通过提起民事或行政公益诉讼，更好地维护涉水领域国家利益和社会公共利益。

问：近年来，检察机关办理涉水领域公益诉讼案件的总体情况怎样，成效如何，能否介绍一下相关典型案例及经验？

胡卫列：治水兴水是生态文明建设的重要组成部分。自 2017 年 7 月 1 日公益诉讼检察制度全面实施以来，我们始终把涉水领域作为生态环境和资源保护检察公益诉讼的重要方面来抓，作为践行习近平生态文明思想的重要举措来抓，服务保障河湖治理。2018 年至今，全国检察机关共办理涉水行政公益诉讼案件 1.7 万余件，有力促进行政机关依法履职；坚持环境有价、损害担责，依法起诉一批有影响、有实效的民事公益诉讼案件。

一是坚持全局思维，加强统筹部署。我们连续召开三届长江检察论坛，正在筹备首届黄河检察论坛，致力研究检察机关服务保障长江、黄河国家战略实施的理论和实践问题。深化长江经济带检察协同履职，制定服务保障黄河流域生态保护和高质量发展 18 项举措，携手保护母亲河。持续把长江经济带生态环境警示片、黄河流域生态环境警示片所涉问题线索作为检察监督重点，部署地方检察机关积极主动履职，协力推动问题整改。

二是坚持问题导向，加大办案力度。最高检会同水利部开展“携手清四乱　保护母亲河”专项行动，依法集中整治一批黄河流域乱占、乱采、乱堆、乱建等“四乱”突出问题；直接立案办理万峰湖生态环境治理专案、南四湖生态环境治理专案，助力地方政府携手治理。各地检察机关聚焦水灾害防治、水资源节约、水生态保护修复、水环境治理中的重点难点问题，持续保持办案力度，促进相关行政机关依法履职，追究违法主体生态环境损害责任。今天即将发布的 10 件涉水公益诉讼典型案件就是代表。

三是坚持系统观念，强化流域治理。河湖治理涉及的部门多、领域广、原因复杂，工作难度大。我们坚持从山水林田湖草沙是生命共同体的理念出发，运用系统思维推进涉水检察公益诉讼。最高检出台《检察公益诉讼跨行政区划管辖指导意见》，推动解决跨区域、流域办案协同性不足问题。推动建立长江流域省界断面跨行政区划管辖行政公益诉讼协作机制，长江流域19个省级检察机关及相关地市级检察机关陆续形成共21个协作机制，实现省界断面全覆盖。深入推行“河（湖）长＋检察长”等依法治河新模式，落实好信息共享、线索移送、办案情况反馈、联合专项行动等协作机制，形成全流域、跨区域治理合力。

问：近年来水行政执法工作及成效如何，下一步执法工作有何考虑？

魏山忠：近年来，水利部门以解决损害国家利益和社会公共利益的突出问题为重点，不断强化水行政执法，严厉打击各类水事违法行为，取得积极成效。

一是全面加强常态化执法。强化水事案件源头防控、动态治理，从防洪、水资源、河湖、水土保持各领域，源头、过程和结果各环节，开展全覆盖、全过程日常巡查和执法检查，及时发现和处置水事违法行为。2019年至2021年，全国各级水利部门累计巡查河道4457.2万公里，立案查处违法案件6.6万件，现场制止违法行为36.3万次。

二是以点带面强化专项执法。对重点领域、重要流域和特定区域，集中执法力量，开展专项行动，强化执法威慑。开展河湖执法三年行动，4267件陈年积案全部清零，推动解决一大批“老大难”问题，河湖面貌发生历史性改变。围绕非法采砂、京津冀地区非法取水、珠江流域侵占河湖水域岸线等问题，先后多次开展专项执法，有力维护了河湖水事秩序。

三是深入开展执法监督。针对执法不作为、乱作为等问题，对全国31个省份、7个流域管理机构所属水行政执法机构，全面开展执法监督。联合司法部，开展长江流域、黄河流域水行政执法监督，发现问题及时督促整改。加强水行政执法动态监测，采取线上清查和线下整治相结合的方式，对水利部“12314”监督举报服务平台、信访反映、媒体监督、遥感监测、视频监控等发现的违法线索进行实地核查，及时督促执法部门纠偏补短、查漏补缺。

下一步，我们将以提高水行政执法效能为目标，把保障国家水安全摆在首位，压实执法责任，完善执法体制机制，规范执法行为，提高执法队伍素质能力，加强监督考核，确保水事违法行为“及时发现、依法打击、精准防控”，用法治力量守护好河湖，不断增强人民群众的获得感、幸福感、安全感。重点抓好以下几项工作：

一是创新执法监管方式。积极推行非现场监管方式，加强遥感监测、大数据分析以及重点河段、敏感水域视频监控、无人机巡查等科技手段应用，精准锁定违法问题。对日常监管、检查巡查、监督举报、遥感监测、视频监控、无人机巡查等渠道发现的违法线索，加强综合研判和实地核查，坚持打早打小。

二是强化检察公益诉讼协作。深入落实最高人民检察院、水利部《关于建立健全水行政执法与检察公益诉讼协作机制的意见》，将意见明确的水利系统规定动作做到位，善用、会用、用好协作机制，推动构建上下协同、横向协作、完整配套的工作体系，聚焦涉水领域侵害国家利益或者社会公共利益特别是情节严重、影响恶劣、拒不整改的违法行为，加大协作力度，提升河湖保护治理水平。

三是加强行政执法与刑事司法衔接。积极联合公安机关加强河湖保护和安全监管，建立健全联合执法、协作联动响应等机制，开展联合执法行动。建立完善与公安机关、检察机关、审判机关的信息共享、案情通报、证据衔接、案件移送、工作协助等程序和机制。

四是加快推进“智慧执法”。加强智能视频监控自动取证、无人机智能巡查等应用，大力推行水行政执法 APP“掌上执法”。加强执法大数据分析，强化违法风险监测预警。开发“智慧执法”信息系统，推行案件办理自动化、标准化，精准把控执法程序和自由裁量，提高水行政执法数字化、网络化、智能化水平。

问：实践中，如何处理水利领域检察公益诉讼与行政执法的关系？下一步，检察机关如何更好发挥公益诉讼力量来实现“共护美丽河湖、绿水青山”这个目标？

张雪樵：关于水行政执法和检察公益诉讼的关系，首先我们要认识到水利领域的水资源、水生态、水环境、水安全等都属于公共利益。而水行政部门和检察机关都是公共利益的代表，两家在维护、保护公共利益的目标是高度一致的。但是，从履职的顺位上看，水行政执法是第一位的，承担的责任是主体责任，而检察公益诉讼是督促之诉。从文字结构看，“督”字下面是一个“目”，重在观察、职在督促，在顺位上是第二位。

具体在工作中应该注意以下几点：一是司法不越位。就是检察公益诉讼不代替行政执法。检察公益诉讼是督促行政执法部门依法履职，我们在具体开展的履职方式当中，是分阶段、分梯次，以主动磋商、诉前建议和提起诉讼等方式督促行政机关依法履职或者纠正违法行为。能够磋商解决的就不用发检察建议，能够发检察建议解决的就不用提起诉讼。

二是监督不缺位。检察机关是法律监督机关，检察公益诉讼作为监督的一种方式，它的目标是促进水行政执法部门来依法履职。

三是职责不混同。检察公益诉讼的目标是和行政执法部门一起破解水行政执法中存在的难点、堵点。比如跨区划的执法问题，发言人提到的上下游、左右岸、干支流存在的执法难题，包括最高检前几年办理的万峰湖专案、南四湖专案，解决的就是这类问题。还有“九龙治水”等方面出现的多头管理，都管又都不管的治理难点，检察公益诉讼也可以发挥作用。

习近平总书记反复强调，只有实行最严格的制度、最严密的法治，才能为生态文明建设提供可靠保障。下一步，重点做好以下几项工作：

一是保持办案力度不减。围绕长江黄河国家战略、乡村振兴战略等，开展专项监督，深入打好蓝天碧水净土保卫战。围绕人民群众反映强烈的突出生态环境问题，接续攻坚、久久为功，办理一批“硬骨头”案件，推动解决一批“老大难”问题。

二是深化源头治理。加大最高检、省级院自办案件力度。最高检办理的案件往往能够解决几个省、一个流域或跨流域的治理难题。省级院办理的案件往往是解决一个省的治理难点，达到“打一针疼一片”的效果。

三是凝聚治理合力。积极加强与法院、公安、生态环境等部门的协作配合，畅通检察公益诉讼与行政执法信息共享渠道，形成齐抓共管的工作格局，特别是用好大数据，赋能检察工作。全面推广“益心为公”志愿者平台，探索建立公益志愿者、观察员线上线索举报与评估、专业建言等机制，依靠社会力量促进办案。

四是完善制度机制。健全公益诉讼一体化办案机制，推进省级、地市级公益诉讼检察指挥中心建设，上下联动办理生态环境公益诉讼重大案件。以长江、黄河为突破口，探索全国重要江河湖泊跨区划行政公益诉讼管辖协作机制。强化与中央环保督察等衔接，完善检察公益诉讼与生态损害赔偿衔接机制。贯彻民法典精神，探索生态环境领域惩罚性赔偿条款适用。

问：《关于建立健全水行政执法与检察公益诉讼协作机制的意见》出台后，水利部门将采取哪些措施，保障协作机制有效落实？

陈东明：最高人民检察院、水利部《关于建立健全水行政执法与检察公益诉讼协作机制的意见》出台，标志着水行政执法与检察公益诉讼协作机制正式建立。下一步，我们将采取多方面措施，推动协作机制落实落地。

一是做好协作机制宣介工作。各级水行政主管部门和流域管理机构要采取有力措施，面向全社会各方面做好协作机制宣介工作，利用传统媒体和新媒体广泛宣传水行政执法与检察公益诉讼协作机制运行情况和案件办理成效，不断巩固协作成果，扩大协作影响。水利部将把协作机制纳入司局级、处级领导干部法治专题培训以及水行政执法业务培训。

二是推动协作机制细化实化。《关于建立健全水行政执法与检察公益诉讼协作机制的意见》对水利系统应担职责作出了明确规定，水利系统要将这些规定动作做到位，善用此机制、会用此机制、用好此机制，真正让此机制发挥效用。省级水行政主管部门、流域管理机构要结合本区域、本流域实际，会同检察机关研究制定落实协作机制的实施细则，对会商研判、专项行动、线索移送、调查取证、案情通报等方面协作内容进一步细化实化，使双方协作更务实、更具可操作性。

三是推进信息共享和技术协作。各级水行政主管部门和流域管理机构要主动对接检察机关，共同建立水行政执法与检察公益诉讼相衔接的信息交流平台，实现相关数据、执法线索和专业技术联通。根据办案需要，水利部门为检察机关提供职责范围内有关监测数据、卫星遥感影像资料及行政管理、行政处罚等信息。双方还可以探索共建实验室，开展涉水司法鉴定、检测和评估等工作。

四是建立流域检察公益诉讼协作平台。流域性是江河湖泊最根本、最鲜明的特性，这种特性决定了治水管水的思维和行为必须以流域为基础单元，坚持流域系统观念，坚持全流域“一盘棋”。适应强化流域治理管理的要求，《关于建立健全水行政执法与检察公益诉讼协作机制的意见》明确，建立流域检察公益诉讼协作平台，依托协作平台协调流域内跨省级行政区重大案件办理。水利部将配合最高人民检察院积极推进这项重要工作。

五是共同发布典型案例。各级水行政主管部门和流域管理机构在推进水行政执法与检察公益诉讼协作中，要注重发挥案例引导作用，与检察机关共同筛选发布水利领域检察公益诉讼典型案例，形成示范效应，为流域和地方办理涉水公益诉讼案件树立标杆、提供借鉴，有效发挥典型案例办理一件、影响一片、规范一类的法律效果和社会效果。

河南省荥阳市人民检察院督促整治古柏渡某旅游区违法建设行政公益诉讼案

【关键词】

行政公益诉讼诉前程序　黄河行洪安全　“河长+检察长”协作机制

【要　旨】

针对黄河流域“四乱”突出问题，检察机关充分发挥“河长+检察长”协作机制作用，与河长办密切协作，依法督促行政机关全面履职，拆除黄河河道大型违建旅游设施，彻底消除长期存在的黄河行洪安全隐患，有效保障黄河安澜。

【基本案情】

古柏渡是有2000多年历史的九曲黄河著名渡口，位于河南郑州黄河湿地省级自然保护区实验区。某旅游区位于荥阳市王村镇黄河岸边，于2013年11月获批开建。建设期间，超规模建设、非法建设等问题突出，其中部分建设项目涉及荥阳市黄河王村地表水饮用水水源保护区，蹦极塔位于黄河河道中心，严重破坏黄河流域生态环境，影响河道行洪安全，侵害社会公共利益。

【调查和督促履职】

河南省荥阳市人民检察院（以下简称荥阳市院）在“携手清四乱 保护母亲河”专项行动中发现该问题线索，于2020年8月28日立案展开调查，发现2016年、2017年，荥阳黄河河务局曾两度下达《责令停止水事违法行为通知书》和《责令改正通知书》，但开发企业一直未落实整改。

2020年9月，根据“河长+检察长”协作机制工作要求，河南省河长制办公室（以下简称省河长办）向河南省人民检察院（以下简称河南省院）移送该问题线索。因该旅游区是当地招商引资项目，建设投资多、存续时间长、整治难度大，河南省院研判决定，由河南省院和郑州市人民检察院（以下简称郑州市院）共同督办，荥阳市院具体办理，通过一体化办案推动问题解决。经现场走访，查阅行政执法资料，与省河长办组织召开省、市、县相关行政机关联席会议，检察机关依法厘清并确认了旅游开发企业违法建设的事实。根据《中华人民共和国防洪法》《中华人民共和国河道管理条例》《河南省黄河河道管理办法》等相关规定，当地政府及河务管理部门对黄河河道管理、保护与治理负有监管职责。

2020年9月21日，在河南省院和郑州市院指导下，荥阳市院分别向荥阳市王村镇人民政府、荥阳黄河河务局发出诉前检察建议，督促荥阳市王村镇人民政府尽快清理整治违建设施，消除黄河河道行洪隐患；建议荥阳黄河河务局积极协助开展整治工作，及时了解把握进展情况，加强督导检查，合力推动违建全面清除。

检察建议发出后，河南省院会同省河长办、河南黄河河务局以及相关单位，定期实地查看整治工作进展情况，研究解决河道内违建设施的拆除难题，指导施工单位架设栈桥，加快施工进度，督促企业在确保施工安全的前提下按期完成拆除工作。荥阳市委、市政府高度重视，由市长牵头组织相关部门成立问题整改工作专班，每日向检察机关和河长办通报违建项目清理工作情况。经各方共同努力，2020年11月，施工难度最大的蹦极塔及横跨黄河两岸的附属设施全部拆除；同年12月底，位于水源保护区范围的违建设施全部拆除，并完成现场清理工作。2021年1月12日，荥阳市河长办和荥阳市院组织市生态环境局、林业局、河务局等单位到现场实地查看、验收整改情况，确认某旅游区违建问题全部整改到位。

【典型意义】

本案中，检察机关立足公益诉讼监督职能，充分发挥一体化办案优势，依托“河长+检察长”协作机制，与三级河长办密切协作，督促行政机关依法积极履职，凝聚合力，帮助旅游开发企业制定整改方案，采取有效措施，按期完成拆除清理工作。本案的成功办理，是检察机关助力解决黄河“四乱”问题、服务保障黄河流域生态保护和高质量发展国家战略的典型代表。

重庆市江津区人民检察院督促整治米邦沱码头侵占岸线行政公益诉讼案

【关键词】

行政公益诉讼诉前程序　长江岸线保护　“河长＋检察长”协作机制

【要　旨】

针对长江经济带生态环境警示片披露侵占长江岸线问题，检察机关全面调查岸线侵占情形，发挥三级院联动优势，充分运用“河长＋检察长”协作机制，推动历史遗留问题妥善解决。

【基本案情】

2010年10月，何某某租赁江津米邦沱码头1900平方米场地开展生产经营活动，期限至2030年。2011年起，何某某在米邦沱码头修建某便民菜市场，并改扩建某修车厂及附属设施1000余平方米，侵占长江岸线。2020年12月，生态环境部、中央广播电视总台联合发布《2020年长江经济带生态环境警示片》（以下简称警示片）指出，某便民菜市场等设施侵占长江自然岸线，影响长江河道行洪安全，侵犯社会公共利益。

【调查和督促履职】

2021年1月，重庆市江津区人民检察院（以下简称江津区院）在走访江津区生态环境局时获悉本案线索，依法立案开展现场勘查。重庆市人民检察院于同年1月28日将该案列为挂牌督办重点案件。

江津区院调查查明，警示片所指某便民菜市场侵占岸线情况属实，且行政机关已着手组织整改。但与菜市场相邻的由何某某所扩建的汽修厂、洗车场存在同类岸线侵占问题，却未被纳入整改范围。为此，江津区院会同区水利局（区河长办）等开展巡查，并联合上级检察机关实地走访勘查，查明：何某某未经河道管理部门同意且未办理相关手续，采用彩钢、砖混结构私自改扩建汽修厂、洗车场，相关固定设施侵入长江河道岸线10余米，存在妨害行洪风险。根据《中华人民共和国长江保护法》《重庆市河道管理条例》等规定，江津区水利局对辖区河道实施统一管理，对此负有监督管理职责。

2021年4月12日，江津区院向区水利局发出诉前检察建议，督促其依法履行河道管理职责，对某汽修厂在长江河道内建设妨碍行洪建筑物的行为进行查处，消除河道行洪隐患。同时，建议加大对辖区内河道巡查力度，加强整治破坏河道的违法行为。

诉前检察建议发出后，江津区院持续跟踪督促，并掌握行政机关反馈的整改困难：一是警示片所指“某便民菜市场等设施”是否包括汽修厂、洗车场存在争议；二是某汽修厂建设项目系由原江津区市政园林局报区政府批复同意建设，改、扩建情况有其历史渊源；三是汽修厂、洗车厂系民营企业，涉及民生利益，存在一定整改难度。

针对以上认识分歧，江津区院依托全市“河长+检察长”协作机制与区水利局加强沟通，多次召开工作联席会，对整改难点逐条会商，共同确定统一整改思路和措施。双方牵头召开由城管、环保、住建等多个职能部门参与的联合推进会，对重点难点问题进行任务分解，共同上门听取某汽修厂当事人意见，耐心对其释法说理，在法律范围内帮助解决其合理诉求，打消拆迁顾虑，并及时主动向上级部门汇报，促成江津区政府2次组织召开汽修厂拆除专题会议，协调开展协议搬迁。同时，检察机关针对涉案便民菜市场系老城区居民主要生活物资采购地的现实问题，提出设置、规范管理临时蔬菜市场、给予搬迁企业补偿等务实建议。

本案经重庆市人民检察院、重庆市河长办公室、江津区委多方协调，重庆市水利局现场指导，江津区政府出台整改工作方案，责成区水利、城管、商委等多部门联动整治，限期依法拆除某汽修厂等侵占河道、岸线的违规固定构建筑物。2021年5月17日，区水利局向何某某下发责令限期整改通知，并就拆除搬迁合规补偿与其磋商达成一致意见。截至同年10月31日，本案已完成全部整改工作，共拆除影响行洪永久性固定建筑物1300余平方米（汽修厂1132平方米，菜市场170平方米），改造临时摊位约700平方米，整形恢复岸线120米，妨害行洪安全隐患彻底解除。2022年1月5日，涉案侵占长江岸线问题经核查验收，现已完成长江经济带生态环境警示片披露问题整改销号工作。

【典型意义】

习近平总书记视察重庆时强调，要把修复长江生态环境摆在压倒性位置，共抓大保护，不搞大开发。检察机关针对长江经济带生态环境警示片反馈问题，以点带面全面调查，依托协作机制加强与水利主管部门沟通，主动向当地党委政府汇报，协调做好保障企业生产经营和群众正常生活等有关工作，提出妥善处理民生问题工作建议，确保整改后社会秩序平稳安定，实现长江岸线保护、环境生态修复、居民生活得到保障的良好办案效果。

江苏省扬州市检察机关督促整治某公司占用廖家沟河道公益诉讼案

【关键词】

行政公益诉讼诉前程序　岸线保护　一体化办案

【要　旨】

检察机关履行公益诉讼职能，督促水利部门加强河湖岸线保护，拆除占用河道违章建筑，保障城市饮用水水源地安全。依据《中华人民共和国水法》《中华人民共和国防洪法》等规定，促成多方联动履职，引入涉案公司参与诉前磋商，形成保护合力；以办案促进公司合规经营，实现生态公益和企业效益共赢；依法完善机制建设，系统化打造涉水领域长效治理方案。

【基本案情】

廖家沟是淮河入江泄洪主要河道之一，北接邵伯湖，南连长江，是江苏省扬州市的饮用水水源地保护区。2012 年 7 月，扬州某建材公司未经水利等行政部门许可，在廖家沟非法占地 26 亩，建设搅拌站、办公用房等设施。2013 年至 2019 年，扬州市广陵区水利局多次对该公司作出罚款、拆除违章建筑物等行政处罚决定。该公司在限期内未予拆除，仍长期占用河道，损害社会公益。

【调查和督促履职】

2019 年 10 月，扬州市广陵区人民检察院（以下简称广陵区院）在履职过程中发现扬州某建材公司占用廖家沟建设违章建筑，问题持续多年，严重危害饮用水水源地水质与河道行洪安全。同年 10 月底，广陵区院启动公益诉讼程序，走访水利、属地镇政府等多个部门，调取执法材料、查明基本案情，发现扬州市广陵区水利局针对该案问题多次作出行政处罚决定，但在某公司未自行清理的情况下，该局未能依据《中华人民共和国水法》第六十五条之规定予以拆除，致使社会公益持续遭受损害。同年11月11日，广陵区院依法对水利、属地镇政府等行政机关分别进行行政公益诉讼立案，发出诉前检察建议，督促各方全面履职，合力整治。

鉴于该建材公司存在侵占河道危害公益的违法行为，广陵区院向扬州市人民检察院（以下简称扬州市院）移送线索。扬州市院于同年11月6日进行民事公益诉讼立案，之后多次对公司负责人开展询问谈话，分析法律风险，提供合理建议；协调统筹民事、行政公益诉讼检察办案程序，为企业参与沟通营造良好条件。

之后，扬州市院指导广陵区院组织水利、属地镇政府等多个部门开展行政磋商，引入涉案公司，召开司法、行政、民事三方圆桌会议，共同制定整改方案；水利部门在企业确保拆除的同时，允许一定宽限期，赢得企业理解配合。2020年初，该建材公司按时拆除全部违章建筑，多年问题终被解决。

扬州检察机关和水利部门在加强个案协作基础上注重普遍预防，完善水域治理。扬州市院与扬州市河长制工作办公室联合建立市“河（湖）长＋检察长”协作机制；扬州市江都区人民检察院与江都区水务局等12家单位成立“南水北调东线源头生态保护联盟”；扬州市院与江苏省高宝邵伯湖渔业管理委员会办公室、扬州市中级人民法院共建高邮湖生态环境司法修复基地，推动形成齐抓共管格局。

【典型意义】

本案以检察公益诉讼推动行政共管，体现“水行政执法＋检察公益诉讼”的协同作用，为解决执法难题提供检察助力，实现诉前公益保护的最佳司法状态。综合运用民事公益诉讼、行政公益诉讼，促成多个职能部门共同治理企业长期占用水源地保护区、危害行洪安全等多因素违法行为；强调兼顾发展与保护，注重释法说理和风险提示，达到不诉而解决问题的效果。

山西省阳泉市人民检察院督促推动
盂县龙华口水库建设行政公益诉讼案

【关键词】

行政公益诉讼诉前程序　水资源保护　民生工程

【要　旨】

针对盂县龙华口水库项目因移民搬迁遇阻，无法按计划蓄水验收问题，检察机关督促行政机关依法全面履职，推动搬迁难题短期内彻底解决，当地单一水源现状得以改变，有力地保障了重大民生工程落地见效和人民群众饮水安全。

【基本案情】

山西地处黄河中游，水资源匮乏，阳泉市位于山西东部，是全省唯一长期无后备饮用水水源地的城市，用水问题是当地党委政府和广大人民群众的重要关切。盂县龙华口水库位于盂县龙华河流域下游下社乡下庄村与会里村交界处，水域面积 3 平方千米，总库容 3001 万立方米，总投资 4.86 亿元，是山西省政府“兴水战略”应急工程之一，建成后将作为当地居民主要饮用水水源和重要生态屏障。该水库工程于 2008 年 5 月开工建设，大坝主体于 2012 年 12 月封顶。按照《盂县龙华口水电站库区移民搬迁安置实施细则》，位于水库淹没影响范围的盂县下社乡下庄村应于 2013 年 12 月 31 日前安置完毕，但部分村民因不满意安置补偿条件等原因迟迟未能搬迁，工程难以推进，无法蓄水验收。同时，已拆迁房屋遗留垃圾和未搬迁村民产生的生活垃圾及污水对库区环境造成严重破坏，饮用水水源地污染持续累积叠加，龙华口水库的经济、生态和社会效益难以发挥。盂县人民政府作为库区移民搬迁工作责任主体，存在不依法履职的情形，国家利益和社会公共利益受到较大侵害。

【调查和督促履职】

2020 年 6 月 22 日，阳泉市人民检察院（以下简称阳泉市院）调研发现，盂县龙华口水库因移民搬迁等问题，对当地生态环境和人民群众饮用水安全造成影响。同年 6 月 29 日，阳泉市院决定对该线索进行行政公益诉讼立案，将本案办理作为“河长 + 检察长”协作机制的探索实践。同年 7 月 6 日，阳泉市院向盂县人民政府公开宣告送达诉前检察建议书，建议其对盂县龙华口水库移民搬迁安置依法履行法定职责，全面完成搬迁安置任务，修复库区生态环境，实现龙华口水库足量蓄水，保障市民饮用水安全。公开宣告送达过程中，县政府承诺 7 月底前全部完成库区移民搬迁安置，8 月底前完成库底清理工作。诉前检察建议书发出后，阳泉市院密切跟进，了解移民搬迁安置的困难阻力，有针对性地提供法律政策指引，多次会同行政机关入户开展释法说理。县政府统筹协调解决问题，于同年 7 月 24 日完成最后一户搬迁工作。

2020 年 9 月 1 日，盂县人民政府书面回复表明，库区内因历史原因久未搬迁的剩余村民已全部搬迁，房屋全部拆除，清理库底各类生活、建筑垃圾 10 万余吨，库区环境大为改善，为水库足量蓄水和有力推进阳泉饮用水后备水源调水工程奠定了基础。阳泉市院赴整改现场实地查看、跟进监督，证实涉案问题已整改到位。盂县龙华口水库被列入《2021 年山西省重点工程和新开工重大基础设施项目名单》，预计总投资 20.3 亿元。龙华口水库将取代娘子关成为阳泉市主要供水源，彻底改变当地单一水源现状，保障了 140 万居民饮水安全。

【典型意义】

本案所涉龙华口水库是阳泉唯一后备水源工程，与人民群众切身利益、当地生态涵养及经济社会发展息息相关。检察机关能动履职，通过公开宣告送达诉前检察建议，在跟进监督中协同推进治理，破解多年僵局，为改变当地饮用水水源现状奠定基础，丰富了“河长 + 检察长”协作机制的司法实践，检察公益诉讼制度优势得以充分彰显，是双赢多赢共赢司法理念的生动体现。

湖南省安仁县人民检察院督促保护龙海镇万田村地热水资源行政公益诉讼案

【关键词】

行政公益诉讼诉前程序　地下水资源保护　系统治理

【要　旨】

针对地热水、永久基本农田等多种自然资源遭到破坏的情形，检察机关依法督促负有不同监管职责的水利、自然资源、农业农村、市场监管、属地政府等行政机关依法全面履职、联动执法，推动对违法取水、非法经营、乱占耕地等问题开展系统治理。

【基本案情】

2010年以来，湖南省安仁县龙海镇万田村31家温泉经营场所未申领取水许可证、未办理采矿许可证、未缴纳水资源费、未办理营业执照，违法占用永久基本农田钻井取用地热水，开展温泉经营活动。附近部分永久基本农田出现塌陷沉降问题，存在地质灾害安全隐患，严重破坏地热水资源。

【调查和督促履职】

2021年4月初，湖南省安仁县人民检察院（以下简称安仁县院）接到群众举报后，查明该县龙海镇万田村有村民非法取水用于温泉经营活动，侵害自然资源，遂依法立案调查。安仁县院通过现场走访勘验、调取执法材料、询问相关人员，查明：2016年至2020年，龙海镇人民政府多次联合职能部门对涉案温泉店进行整治但效果甚微；涉案行为违反了《中华人民共和国水法》《取水许可和水资源费征收管理条例》《中华人民共和国矿产资源法实施细则》《矿产资源补偿费征收管理规定》等有关地下水资源开发、利用、保护和管理的规定，破坏了地质生态环境，危及群众生命财产安全，损害了国家利益和社会公共利益。

2021 年 4 月 29 日，安仁县院向安仁县水利局发出诉前检察建议，建议其采取有效措施依法制止龙海镇万田村 31 家温泉店非法取水破坏地热水资源的违法行为，并对辖区内非法取水现象进行全面排查、严厉打击，加大对依法取水用水政策和观念的宣传引导。针对部分温泉店存在的占用永久基本农田取水、无营业执照违法经营等问题，安仁县院同步向该县自然资源、农业农村、市场监管、属地乡镇政府等发出诉前检察建议，督促履职整改。针对部分温泉店为抽取地热水资源在基本农田里搭建大量电线杆、电线影响群众安全等问题，安仁县院向安仁县发展和改革局发出综合治理检察建议，督促加强电力行政执法力度，监督电力企业完善供电制度，防止发生安全事故。

收到检察建议后，安仁县水利局等行政机关主动向政府汇报，在县政府的主导下制定专项整治行动工作方案，成立工作领导小组，责令有关部门联合对 31 家温泉店进行全面整治，督促修复被破坏的水渠、机耕路、农田。目前涉案 31 家非法取水温泉店已经关闭，非法取水设施已全部拆除，被破坏的永久基本农田已经全部恢复种植条件，相关问题得到全面系统治理。之后，安仁县政府就龙海镇万田村地热水资源的合理开发利用进一步作出部署，引进具备资质的企业进行开发经营，促进就业，带动当地旅游、餐饮、特色农产品交易等行业的发展。

【典型意义】

地热水资源属于国家所有，具有显著的社会、经济、环境效益，应当依法、合理、有序开发利用。检察机关充分发挥公益诉讼检察职能，能动履职、精准监督，促进水利、自然资源、市场监管、属地政府等行政机关协同履职、系统整治，有力打击和震慑非法取用地热水行为，增强社会共同保护自然资源的法治意识。检察机关延伸办案触角、强化综合治理，针对发现的公共安全、无序经营等问题，发出综合治理检察建议，助力地热水资源依法集中开发，努力实现政府依法行政、群众依法办事、乡村依法振兴、检察公益保障的双赢多赢共赢局面。

四川省成都市龙泉驿区人民检察院督促整治违法抽取地下水行政公益诉讼案

【关键词】

行政公益诉讼诉前程序　地下水资源保护　系统治理　护航民营企业发展

【要　旨】

检察机关发现乡镇民营企业违法抽取地下水的行为后，通过公益诉讼检察职能督促相关部门联合整治，推动成都全市地下水超采问题的系统治理、源头治理、综合治理；同时深挖问题根源，协调相关部门解决民营企业生产经营取水难题。

【基本案情】

成都市龙泉驿区人民检察院（以下简称龙泉驿区院）走访发现，四川某洗涤公司成立于 2017 年 5 月 23 日，主要从事耗水量较大的酒店用品洗涤业务，年营业额 300 余万元。该公司未办理地下水取水许可，擅自在厂区钻井抽取地下水用于生产经营，破坏、污染水资源，违反了《中华人民共和国水法》等法律法规。相关部门未依法履行地下水资源保护监管职责，未及时查处该公司违法行为，导致地下水资源长期受损，侵害公共利益。

【调查和督促履职】

龙泉驿区院于 2020 年 2 月 26 日立案，通过询问公司负责人、现场勘验、向案涉地村民小组了解情况、向成都市龙泉驿区水务局调取行政许可手续等调查取证工作，证实四川某洗涤公司在未取得取水许可的情况下违法抽取地下水用于生产经营，相关职能部门未依法查处，违反了《中华人民共和国水法》第四十八条、第六十九条之规定。据此，龙泉驿区院于2020年4月22日向该区水务局发出行政公益诉讼诉前检察建议，建议其履行地下水资源保护职责，依法查处四川某洗涤公司违法抽取地下水的行为。成都市龙泉驿区水务局于2020年4月23日向涉案公司下达责令限期整改通知书，责令该公司在7日内停止违法行为，又于同年5月3日作出罚款2万元的行政处罚决定。之后，该公司停止了违法行为并全额缴纳罚款。

为确保四川某洗涤公司能继续正常生产经营，龙泉驿区院与该公司所在的西河街道办事处、成都市龙泉驿区自来水公司等单位沟通协商，推动乡镇自来水管网铺设规划工作。在多方努力下，2020年6月，四川某洗涤公司接入自来水管网，其生产经营用水难问题得以彻底解决。

结合本案办理，成都市人民检察院（以下简称成都市院）于2020年5月在全市检察机关开展为期一年的违法抽取地下水问题整治专项监督活动，两级院共发出诉前检察建议45件。2021年6月2日，成都市院向成都市水务局提出社会治理检察建议，建议对违法抽取地下水问题开展行业整顿。成都市水务局收到检察建议后，部署开展了违法抽取地下水专项整治行动，印发《成都市取用水管理监督检查工作方案》，重点对城乡接合部、农村、工业园区及用水量较大的行业开展专项监督检查，共发现无取水许可证取水272户。截至目前，相关问题已全部完成整改，水务部门对案涉企业罚款共计69.7万元。同时，全市水务部门与市场监管、属地街道乡镇等单位建立违法取水问题整治联动工作机制。一是全面排查全市所有地下水取水口取水计量设施的安装情况，对全市1918个地下水取水口全部安装取水计量设施，所有地下水纸质取水许可证全部转换成电子证照。二是开展全市水资源监测体系总体方案编制工作，加快建立覆盖地下水、地表水取水口的监测计量体系，依托成都市水务局的“智慧水务”平台建立水资源信息化管理系统，提升取用水管理的精细化水平。三是在“世界水日”“中国水周”开展法治宣传20余次，发放宣传资料6000余份，宣传水资源相关法律法规及管理制度，切实提高全社会节约保护水资源的意识。

【典型意义】

成都地层为第四纪沉淀物，含沙量较重，地下水超采会导致地下水位持续下降，从而引发地层结构变化，影响成都的高质量发展。检察机关聚焦乡镇民营企业违法抽取地下水问题，以个案办理带动职能部门、检察系统开展专项监督，推动解决违法抽取地下水行为发现难、查处难、常态化监管难等问题。同时，注重保护民营企业合法权益，协调多单位帮助企业解决经营取水困难，助力企业绿色健康发展。

海南省三亚市人民检察院督促保护地下水资源行政公益诉讼案

【关键词】

行政公益诉讼　地下水资源保护　源头治理

【要　旨】

针对混凝土搅拌企业大量违法使用地下水危害水资源的行为，检察机关制发行政公益诉讼诉前检察建议督促行政机关履职；因行政机关未依法全面运用监管手段制止违法行为，检察机关提起行政公益诉讼、推动源头治理，促进依法行政、严格执法，确保地下水资源得到有效保护。

【基本案情】

2010 年 10 月，三亚金某混凝土有限公司（以下简称金某混凝土公司）未经批准开凿两口新井，每口井的设计出水量为每小时 20 立方米。该公司 2017 年、2018 年、2019 年 1 月至 8 月混凝土生产量分别为 288529.32 立方米、368183.1 立方米、121707.06 立方米，自来水用水量分别为 3707 立方米、18323 立方米、12640 立方米。根据混凝土生产用水配比，扣减其自来水用量，该公司违法取用地下水量明显超出法律规定应当办理取水许可证和缴纳水资源费的最低标准，即年取水量 1000 立方米的限定。

2016 年 9 月、2018 年 8 月，三亚市水务局先后 2 次督促三亚市海棠区海洋水务局（以下简称海棠区海洋水务局）对金某混凝土公司涉嫌违法取用地下水资源的行为进行查处，该局均未依法采取相应措施，国家利益和社会公共利益持续遭受损害。

【调查和督促履职】

2019年5月，三亚市城郊人民检察院（以下简称三亚城郊院）在调查金某混凝土公司扬尘污染问题时，发现该公司存在违法取用地下水的行为，多次走访三亚市水务局沟通取证，全面了解前期行政履职情况。2019年7月23日，三亚城郊院决定进行行政公益诉讼立案，通过勘验拍照、询问证人等方式固定现场证据，调取水务部门巡查履职等材料；同年7月26日，向海棠区海洋水务局发出诉前检察建议，建议依法履行水资源保护职责，查处金某混凝土公司等主体的违法行为。海棠区海洋水务局未能在法定期限内回复，经多次督促后于2019年10月31日回函称，金某混凝土公司等6家混凝土生产企业年取水量均未超过1000立方米，无需办理取水许可证及缴纳水资源费，已对上述违规取水企业作出《限期拆除（封闭）通知书》。三亚城郊院对此跟进发现，海棠区海洋水务局虽然封闭了地下取水井口，但未依法履行罚款和追缴水资源费等职责。

【诉讼过程】

根据海南省高级人民法院关于集中管辖的规定，三亚城郊院将该案提请三亚市人民检察院（以下简称三亚市院）审查起诉。2019年12月23日，三亚市院向三亚市中级人民法院提起行政公益诉讼，请求判令海棠区海洋水务局继续履行职责，依法查处金某混凝土公司取用地下水的违法行为、追缴水资源费，并作出相应的行政处罚，督促落实到位。

针对金某混凝土公司违法取用地下水的年取水量是否超过1000立方米的焦点问题，三亚市院提供了该公司2017年至2019年的混凝土生产量、供水记录，并根据该公司的混凝土基准配水比进一步论证其年用水量已经远超1000立方米。三亚市中级人民法院经过审理，采信检察机关意见，认定海棠区海洋水务局回函中“该6家混凝土企业（含金某混凝土公司）年度地下水取水量很少或未取用地下水”的结论是在未经认真调查核实的情况下做出的，海棠区海洋水务局应依法对涉案公司违规取用地下水的行为进行处罚。诉讼过程中，海棠区海洋水务局对金某混凝土公司追缴水资源费44396元、处罚金30000元，并全部履行到位。三亚市院依法变更诉讼请求为确认行政行为违法。2020年5月23日，三亚市中级人民法院判决支持检察机关诉讼请求。

三亚市检察机关以此案为契机，联合三亚市水务系统，对辖区混凝土搅拌企业未经批准擅自取用地下水的行为开展专项整治，共查处混凝土搅拌企业12家，封闭地下取水井14口，追缴水资源费75.67万元，罚款14万元。同时，针对《三亚市水资源管理办法》缩小了《取水许可和水资源费征收管理条例》设定的取水许可事项范围，与《中华人民共和国水法》等上位法相抵触的问题，向三亚市水务局和三亚市司法局反馈，推动三亚市政府依法废止该规范性文件。

【典型意义】

地下水是水资源的重要组成部分，针对混凝土搅拌企业大量违法使用地下水危害水资源的问题，检察机关依法开展行政公益诉讼办案，有力促进行政机关严格落实水资源管理制度，有效履职查处违法取用水行为。同时，加强与行政机关的协同，推动源头治理，延伸办案效果，开展系统整治，规范取用水行为，确保水资源集约节约安全利用。

浙江省绍兴市越城区人民检察院诉王某甲等七人危害钱塘江海塘防洪安全刑事附带民事公益诉讼案

【关键词】

刑事附带民事公益诉讼　水灾害防治　犯罪线索移送　“河长 + 检察长”协作机制

【要　旨】

检察机关与水利部门充分发挥“河长 + 检察长”协作机制作用，针对挖掘一线海塘用于倾倒工程渣土，严重危害海塘防洪安全的违法行为，在追究违法行为人公益损害责任的同时，深挖刑事犯罪线索，依法提起刑事附带民事公益诉讼，形成保护海塘合力，有效防治水灾害发生。

【基本案情】

2020年7月汛期期间，王某甲、俞某等人经过预谋，利用挖掘机在绍兴市越城区钱塘江与曹娥江交汇处的钱塘江海塘开挖深坑，其中在护塘地共计开挖4处面积达1716平方米的深沟，为非法倾倒工程渣土准备场地；在背水坡开挖1处长7米、宽4米、深2.5米的深坑作“中转站”，为转运渣土提供便利。经王某乙介绍，周某管理的渣土车队在此区域偷倒工程渣土43车，渣土均被堆弃在护塘地上。上述行为既破坏海塘堤身原始断面和坡面植被，影响海塘防渗和稳定安全，又影响了护塘河河岸稳定，缩窄河道过流断面，妨碍行洪安全。

【调查和诉讼】

浙江省绍兴市越城区水利局（以下简称区水利局）按照《浙江省人民检察院、浙江省水利厅关于加强水利领域公益诉讼工作协作的意见》要求，根据“河长+检察长”协作机制，将本案公益诉讼线索移送浙江省绍兴市越城区人民检察院（以下简称越城区院）。检察机关立案后，于2020年7月31日联合区水利局进行现场勘察，调查认为上述行为违反了《中华人民共和国水法》《中华人民共和国防洪法》《浙江省水利工程安全管理条例》《浙江省海塘建设管理条例》等规定，在损害社会公益的同时涉嫌刑事犯罪，遂将案件线索移送公安机关。

2020年8月8日，公安机关以故意毁坏财物罪立案。为查明案件事实，精准打击犯罪，越城区院介入引导公安侦查。针对办案中涉及水利专业问题，越城区院商请区水利局委托浙江省水利水电勘测设计院开展安全影响评估和修复设计。经评估，相关人员在钱塘江海塘开挖深坑、弃置渣土的行为，严重影响海塘防渗和行洪安全。越城区院综合全案证据，根据安全影响评估意见、修复方案等，最终以以危险方法危害公共安全罪进行批捕、起诉，并提起附带民事公益诉讼。2021年1月，区水利局委托有资质的机构对涉案海塘进行应急修复，于主汛期前完工并经验收合格。

2021年4月13日，越城区院向浙江省绍兴市越城区人民法院提起刑事附带民事公益诉讼，在依法追究王某甲、俞某等5名被告人刑事责任的同时，诉请判令5名被告连带承担受损海塘的全部修复费用23.8万余元；王某乙、周某2人的行为虽不构成犯罪，但其非法倾倒工程渣土的行为构成共同侵权，亦应承担渣土清运等4万余元费用的民事赔偿责任。

2021年5月28日，浙江省绍兴市越城区人民法院经审理当庭作出判决，5名被告人因犯以危险方法危害公共安全罪分别被判处一年六个月至三年不等的有期徒刑，对检察机关提出的民事公益诉讼请求全部予以支持。涉案全部被告（人）均认罪服判，主动缴纳了赔偿款。案后，越城区院、区水利局在案发现场设立海塘安全警示教育点，联合开展警示教育，提升公众共同守护钱塘江堤坝安全的意识。

【典型意义】

钱塘江一线海塘经历过钱塘江大潮、特大台风考验，维系着数百万人的生命财产安全，是一道重要的安全屏障。检察机关与水利部门建立水利领域公益诉讼工作协作机制，加强公益诉讼案件线索移送，在办案中相互提供专业支持，形成工作合力，为案件准确办理提供有力支撑。检察机关通过依法能动履职，准确惩办违法犯罪，挽回公益损失，有效维护了国家和社会公共利益。

江苏省建湖县人民检察院诉张某某等人长江非法采砂刑事附带民事公益诉讼案

【关键词】

刑事附带民事公益诉讼　长江水生态保护　惩罚性赔偿

【要　旨】

检察机关在办理非法采砂等涉水领域公益诉讼案件时，坚持内外协作，争取水利部门专业人员的“外脑”支持，邀请参与调查核实，并根据专业指导意见，对水生态功能损害进行全面评估量化。以水生态功能损害造成的损失为基数，综合考虑侵权人恶意程度、行为后果等因素，依法适用《中华人民共和国民法典》环境侵权惩罚性赔偿条款，诉请承担相应的惩罚性赔偿。

【基本案情】

2021年3月至7月，张某某、章某某等32人相互通谋结伙，利用非法改装的隐形吸砂泵船，在安徽省铜陵淡水豚国家级自然保护区河段上下断面之间的禁采区非法采砂，直接输送至运砂船进行销售。犯罪团伙改装、盗采、过驳、运输、销售全链条作业，至案发时累计作案10起，盗采江砂46765吨、价值289.31万元，造成长江江砂资源和生态环境严重破坏。马某某明知江砂系盗采，仍收购1700吨并出售。

【调查和诉讼】

该案系2021年3月1日《中华人民共和国长江保护法》实施后，发生在长江上的一起特大非法采砂案，系公安部“长江大保护”专案，由最高检跨省指定管辖并与公安部联合挂牌督办。2021年9月，江苏省建湖县人民检察院（以下简称建湖县院）在提前介入张某某、章某某等人涉嫌非法采矿罪一案时发现，涉案非法采矿行为可能破坏生态环境、损害社会公共利益，遂于 2021 年 9 月 23 日决定进行刑事附带民事公益诉讼立案，并依法发布公告、开展调查。

调查过程中，建湖县院商请特邀检察官助理、县水利局专业人员参与办案、提供指导，并于同年 10 月 21 日共同赴安徽江段实地调查。经过联合走访相关单位，了解采砂地点生态环境和生物资源特殊性，确认采砂地点位于安徽省铜陵淡水豚国家级自然保护区河段上下断面之间的禁采区。该保护区是世界上首座利用半自然条件，对江豚等野生动物进行异地养护的场所，有着特殊、丰富的动植物资源。安徽省长江河道采砂管理局、铜陵市水利局依据商请，分别出具情况说明，证明铜陵市长江干流水域未设置规划采区，且在 2020 年 1 月以后长江安徽段未发放采砂许可证，进一步确认涉案采砂行为的违法性。

水利局专业人员参与调查后提出，鉴于采砂水域的特殊性，应当对河床结构、水生生物、生态服务功能等进行全面量化评估。经委托南京大学环境规划设计研究院技术评估，非法采矿行为造成江砂资源损失估算体积 23382.52 立方米，矿产资源和生态环境损害评估数额 5157476.86 元，其中江砂资源和河床结构损失 4910329.2 元，鱼类资源损失 96146.02 元，底栖生物恢复费用 14884.62 元，生态服务功能损害 101557.02 元，监测费用 34560 元。另查明，张某某曾因犯非法采矿罪被判处刑罚，鲍某某因涉嫌非法采矿罪被取保候审期间再次实施非法采矿行为。

2021 年 12 月 29 日，江苏省建湖县公安局以张某某、章某某等 32 人涉嫌非法采矿罪，马某某涉嫌掩饰、隐瞒犯罪所得罪移送审查起诉。2022 年 1 月 28 日，建湖县院向江苏省东台市人民法院提起公诉。2022 年 2 月 11 日，根据涉案人员的具体分工、作用不同，对 33 名被告人中的采砂船船主、运砂船船主等 14 人提起附带民事公益诉讼，诉其在各自参与采砂数量范围内连带赔偿生态环境损害 5157476.86 元、技术评估费用 280000 元，在国家级媒体公开赔礼道歉。同时对有前科劣迹的张某某、鲍某某二人，依据《中华人民共和国民法典》第一千二百三十二条规定，诉请对其参与部分另行承担一倍生态环境损害惩罚性赔偿责任 135445.02 元、12688.88 元。

2022 年 3 月 1 日，经江苏省东台市人民法院审理并当庭宣判，33 名被告人被依法判处一年至四年六个月不等有期徒刑，并处罚金；同时，法院支持检察机关的全部公益诉讼请求。目前判决已生效。

【典型意义】

长江江砂不仅是宝贵的自然资源，也是长江鱼类和底栖动植物赖以生存的生态栖息地，兼具经济资源属性和生态功能价值。本案中，建湖县院通过跨部门协作和跨区域配合，针对采砂水域的特殊性，借助水利部门支持，进行专业规范调查和系统全面评估。据此突破传统补偿性责任诉求，以水生态功能损害造成的损失为基数，适用《中华人民共和国民法典》《最高人民法院关于审理生态环境侵权纠纷案件适用惩罚性赔偿的解释》等规定，对有前科劣迹的 2 名被告单独诉请承担惩罚性赔偿，实现公益诉讼的惩戒功能和预防功能，放大警示效果。

广东省佛山市顺德区人民检察院诉林某泉等九人非法采砂刑事附带民事公益诉讼案

【关键词】

刑事附带民事公益诉讼　水生态保护　水利设施安全

【要　旨】

长期大量盗采河砂对河流水生态系统和水利设施安全造成破坏，损害社会公共利益。检察机关与水利部门加强协作，通过提起刑事附带民事公益诉讼，依法追究侵权人巨额民事赔偿责任，为修复水生态系统、保护水利工程，保障防洪、航运安全等贡献检察力量。

【基本案情】

2000 年至 2018 年，林某泉、林某明等 9 人在广东省佛山市三水区通过组织、领导黑社会性质组织，实施违法犯罪行为，长期在北江干流三水河段、北江支流芦苞涌等河段流域，非法盗采河砂 1238 万余立方米，导致河床下降、河岸边坡不稳甚至坍塌，部分河段堤围出现明显地质灾害隐患。北江大堤是国家一级堤防，也是广州、佛山等粤港澳大湾区防御北江洪水的重要屏障，林某泉等 9 人的非法采砂行为导致北江大堤多处出现安全隐患，危害堤防稳固安全。

【调查和诉讼】

林某泉等人涉嫌组织、领导黑社会性质组织罪，行贿罪，非法采矿罪等罪名的刑事案件经依法指定由广东省佛山市顺德区人民检察院（以下简称顺德区院）审查起诉。2020 年 8 月 5 日，顺德区院决定对非法采砂部分进行刑事附带民事公益诉讼立案，指定专门办案组开展诉前审查。广东省人民检察院、佛山市人民检察院明确专人跟进指导。顺德区院派员多次开展实地调查，前往佛山市三水区住房城乡建设和水利局等单位调查取证。生态环境部华南环境科学研究所接受委托，指派专家对本案生态环境损害结果进行评估，依据“恢复原状、价值替代”的原则，采取价值等值分析方法，通过计算实施修复的费用作为生态损失量化的重要组成，评估核算损失合计 29.6 亿余元。

诉前公告期满后，经报请批准，顺德区院依法提起刑事附带民事公益诉讼。佛山市顺德区人民法院一审判决支持检察机关全部诉讼请求，判处林某泉等人三年至二十四年六个月不等有期徒刑，剥夺政治权利，没收个人全部财产或并处罚金等刑罚，同时判令被告林某泉等 9 人限期连带赔偿生态环境修复等各项费用共计 29.6 亿余元，连带支付环境损害评估费用 96 万元，并在佛山市市级以上新闻媒体向社会公开赔礼道歉。判决同时写明上述费用支付至佛山市公益诉讼专项资金账户，并在随案财物处理意见中注明优先履行公益诉讼判项。一审判决后林某泉等人提起上诉，2021 年 3 月 12 日，佛山市中级人民法院裁定驳回上诉，维持原判。判决生效后，佛山市财政局已完成对案涉被查扣财物“实物入库”工作，相关款项已被划入佛山市公益诉讼专项资金账户。

【典型意义】

检察机关在办理涉水公益诉讼案件时，与水利部门密切协作，充分发挥水利部门专业特长和熟悉当地水利工作实情的优势，为有效查明案情和准确适用法律打下坚实基础，也为后续水生态修复、水利设施保护等相关工作的高效有序开展奠定良好基础，实现了案件办理的政治效果、社会效果和法律效果相统一。

六、检察机关服务保障长江经济带发展典型案例（第四批）

（2022年7月19日）（节选）

检察机关服务保障长江经济带发展典型案例（第四批）发布说明

最高人民检察院发布检察机关服务保障长江经济带发展典型案例（第四批）12 件，涉及危险废物污染治理、非法采矿治理、跨区划污染治理等问题。其中刑事案件 4 件、行政公益诉讼案件 8 件。

一、聚焦绿色发展，以司法硬约束，严厉惩治生态环境违法犯罪行为

习近平总书记强调，要用最严格制度最严密法治保护生态环境。检察机关坚持“共抓大保护、不搞大开发”的战略导向，对长江流域环境资源违法犯罪厉行司法约束，助力生态优先、绿色发展。云南省昆明市西山区检察院在办理马某昆等人非法采矿案件时，及时发现非法采矿案件伴生的黑恶势力犯罪线索，推动落实“打伞”“打财”工作，对马某昆等 17 人恶势力集团提起公诉，指控金额 2700 余万元。同时，深挖出为恶势力集团充当“保护伞”、构成包庇罪的 5 名公职人员。重庆市郑某强等 5 人向长江干支流非法倾倒废燃料油约 34 吨。检察机关针对污染范围确定难、主观过错查证难、犯罪后果认定难的复杂案情，探索出以法定义务为导向查证行为人主观过错、以生态环境损害量化数额巨大和长江水体污染无法修复作为“犯罪后果特别严重”参考标准的工作思路，精准认定犯罪事实和刑事责任，严惩环境犯罪行为。

二、践行生态优先，以检察职能衔接融合保障生态环境及时得到治理修复

检察机关坚持把保护修复长江生态环境摆在压倒性位置，刑事检察、公益诉讼检察协同发力，加强与生态环境损害赔偿制度衔接，积极推进污染问题治理。江西省新干县检察院办理张某某等人倾倒危险废物污染沂江

案中，督促支持当地生态环境局、农业农村局等部门开展生态环境损害赔偿磋商工作，做好生态环境损害赔偿与认罪认罚从宽制度的有效衔接。经磋商，张某某自愿承担生态环境损害赔偿费用等2600余万元。浙江省嘉兴市南湖区检察院在办理嘉某化工原料有限公司、包某华等14人污染环境刑事案中，将认罪认罚与追赃挽损有机结合，包某华等人主动缴纳环境损害赔偿保证金3200万元。安徽省滁州市检察机关在环境损害责任人无法及时处理危险废物污染的情况下，为遏制污染持续扩大，及时提起行政公益诉讼，督促当地相关行政部门先行规范处置涉案危险废物。四川省宜宾市翠屏区检察院在办理长江河道非法采砂刑事案件中，针对非法采挖形成的两个大坑凼边坡有垮塌风险问题，推动相关行政机关先予修复，及时保护了长江生态和河道安全。

三、坚持系统思维，注重标本兼治，推动全流域、全行业系统化治理

检察机关坚持从生态系统的整体性和长江流域的系统性着眼，以个案办理延伸至全流域协作、全行业治理，达到“办理一案、治理一片、规范一域”的效果。江苏省苏州市检察机关在办理督促整治大运河、太浦河流域生态环境行政公益诉讼系列案时，坚持追根溯源，把4条水环境问题线索细化至50多个具体问题，推动生态环境、交通运输等部门对河道沿岸55家企业逐一开展执法检查，关停取缔散乱污企业26家，拆除21家企业违法建筑，补办企业环评手续和涉水许可证17家，改造提升标准化码头10个，从源头上阻断污染的再次发生。根据环太湖流域、大运河流域、长三角生态环境公益诉讼协作机制，苏州市检察机关将相关水污染问题线索移送浙、沪属地检察院，上下游联合进行水质检测，共享数据，统一监管标准，联动一体化实施综合治理。贵州省贵阳市白云区检察院在办理督促治理麦架河污染行政公益诉讼案中，坚持以个案推动全行业治理，督促贵阳市生态环境局白云分局、白云区自然资源局对辖区8家矿石矿山企业开展全面排查，依法督促7家企业对未采取防尘、降尘等防护措施，露天开采打砂，扬尘污染等问题进行全面整改，有效保护了麦架河生态环境安全。

四、加强协作联动，以“我管”促“都管”，构建共抓长江大保护格局

习近平总书记指出，推动长江经济带发展是全社会的共同事业。检察机关深化内外协作配合，动员凝聚各方力量，促进实现流域生态环境协同共治。四川省遂宁市安居区检察院办理督促治理琼江水体污染行政公益诉讼案后，与涪江、琼江流域两省（市）四院共建协作模式，共同开展专项监督活动。五院联合巡江 11 次，发出检察建议 32 件，督促相关主管部门投入资金 2900 余万元进行污染整治，有效改善了琼江、涪江跨界河湖及岸线生态环境。湖北省沙洋县检察院在叶家大港水环境保护行政公益诉讼案中，全流程得到兄弟检察院的协助，全部诉讼请求得到法院判决支持，推动将叶家大港水环境治理纳入该县生态环境补短板工程。湖南省检察院收到临湘市生活垃圾填埋场污染案线索后，指定长沙铁路运输检察院办理，在省院和属地检察机关的大力支持下，协同推进垃圾处理基础设施系统化建设，并以公开听证引进公众监督，将“问题场”蝶变为有效治理的“标杆示范场”。上海市崇明区检察院督促保护北长江口水域生态资源行政公益诉讼案中，沪苏两地检察机关联合海事、水利、公安等相关行政部门共建北长江口生态资源保护协作机制，实现对北长江口非法采砂行为闭环监管，以“我管”促“都管”，为长江流域非法采砂治理提供了实践样本。

上海市崇明区人民检察院督促保护北长江口水域生态资源行政公益诉讼案

【关键词】

行政公益诉讼诉前程序　非法采砂　跨区域多部门协作

【要　旨】

检察机关针对长江入海口两省（市）交界位置非法采砂破坏环境资源行为涉及多个监管部门问题，向承担主要监管职责部门发出检察建议，同步推动其他相关部门加强执法衔接和协作，形成监管闭环和长效机制，保护长江生态资源安全。

【基本案情】

长江B7浮位于上海市与江苏省交界的入海口水域，砂石资源丰富，且水情复杂、港汊较多，便于非法采砂船舶藏匿。多年来，该水域已成为非法采砂行为人在长江水域盗采砂石的主要据点，非法采砂问题突出。

【调查和督促履职】

2021年9月，江苏省如皋市人民法院办理长江B7浮非法采砂刑事案件时，发现公益诉讼线索移送至上海市人民检察院（以下简称上海市院），上海市院指定上海市崇明区人民检察院（以下简称崇明区院）管辖。

崇明区院通过现场调查、调取卷宗、询问证人等方式查明了相关违法事实。调查发现，该案违法行为发生地水域长江B7浮位于沪苏交界处的长江入海口，既涉及跨省监管问题又涉及跨河流和海洋监管部门的确定问题。为查明该案具有法定监管职责的行政机关，崇明区院走访了崇明海事局、水务局、规划和自然资源局、民政局等相关行政机关，明确了长江B7浮水域非法采砂行为的主要监管部门是崇明区水务局，多个相关行政部门负有部分监管职责。崇明区院对该水域的行政监管情况进行调查，发现崇明区水务局未能依法履行监管职责，执法设备薄弱，未与江苏省在该水域形成有效执法衔接，导致长江 B7 浮水域非法采砂活动屡禁不止。

10 月 21 日，崇明区院向崇明区水务局发出检察建议，建议其加大查处长江 B7 浮及附近水域非法采砂行为力度，形成长效监管机制并加强与江苏省相关部门的联动协作。崇明区水务局在收到检察建议后，立即加强巡查执法，加大对“三无”采砂船、运砂船的打击力度，并申请资金在长江 B7 浮水域建设远程视频监控设备，以对该水域全天候持续监控。同时，强化对沪苏交界重点河段、敏感水域的日常监管和联合执法，预防长江水域非法采砂行为。11 月 26 日，崇明区院联合相关行政机关对长江 B7 浮及附近水域开展“回头看”和执法巡查，现场未发现可疑船只，水域情况正常。

在个案办理取得成效的基础上，崇明区院依托北长江口检察协作办公室，联合崇明区水务局、江苏省南通市海门区人民检察院、海门区水利局、长航公安上海分局、崇明海事局等六部门，共同会签了北长江口生态资源保护工作备忘录，实现对长江 B7 浮及附近水域“行政执法 + 刑事司法 + 公益诉讼”闭环监管，推动两地行政执法机关、公安机关、检察机关对北长江口水域同步同频保护。

【典型意义】

长江 B7 浮位于沪苏交界处的长江入海口，属于长江水产种质资源保护区，紧邻东风西沙水源地。针对该水域非法采砂行为长期多发的问题，检察机关厘清各相关部门的监管职责，找准监管不力的主要症结，针对性地开展公益诉讼监督。一方面督促具有监管职责的行政机关积极履职，另一方面推动北长江口左右岸检察、水务、海事多方跨区划、跨部门协作，实现对长江 B7 浮水域非法采砂行为闭环监管，为长江流域非法采砂治理提供了有益样本。

江苏省苏州市检察机关督促保护大运河、太浦河流域生态环境行政公益诉讼系列案

【关键词】

行政公益诉讼诉前程序　水污染综合治理　一体化办案　跨区划协作

【要　旨】

针对流域水污染治理问题，检察机关可通过一体化办案机制，在线索移送、调查取证、督促整治等方面加强跨区划协作，形成协同共治合力，促进水污染综合治理。

【基本案情】

京杭大运河、太浦河、頔塘河、苏申外港线等是流经长三角一体化示范区的主要河道，是江浙沪区域重要水线。该区域航运发达、码头密布，存在不同程度的废水直排、泥浆偷倒、扬尘污染、违法建设等问题。卫星遥感监测显示，位于江苏省苏州市吴江区的平望镇梅堰工业集中区、同里镇邱舍工业区、汾湖湾318国道南、京杭大运河北段水体悬浮物浓度偏高。

【调查和督促履职】

2021年6月，最高人民检察院将卫星遥感监测发现大运河、太浦河流域4条水环境问题线索交办江苏省人民检察院，后转至苏州市人民检察院（以下简称苏州市院）办理。由于问题线索跨区域多、涉及面广、成因复杂，苏州市院整合全市检察精干力量组建工作专班，下辖4个办案组分别制定工作方案，统筹跨区划线索管理，协同推进案件办理。

办案组与行政职能部门加强联动，通过共同巡河、现场走访，运用公益诉讼快速检测技术，无人机（船）、水下机器人等发现码头散乱污、渣

土偷倒、违法建筑等 50 多个问题。调查中还发现，吴江区内一处“飞地”长期权属不清，企业违法乱建、违规排污严重。经综合分析认定，通航扰动底泥释放颗粒物、沿岸码头泥浆水入河、沿岸生产或生活废水直排等是造成涉案水域浊度偏高的共性原因。

2021 年 7 月，苏州市院经研判后，指导下属检察机关针对不同线索分别启动行政或民事公益诉讼程序，同时将辖区外相关问题线索根据协作机制移送属地检察机关协同治理，共同推动问题整改和流域综合治理：

1. 由苏州市吴江区人民检察院（以下简称吴江区院）向具有重点问题的乡镇政府制发检察建议 8 份。发挥“河（湖）长 + 检察长”协作机制作用，促使政府高度重视，推动生态环境、交通运输、水务、自然资源等部门对河道沿岸 55 家企业逐一开展执法检查，关停取缔散乱污企业 26 家，拆除 21 家企业违法建筑 136400 平方米，补办企业环评手续和涉水许可证 17 家，改造提升标准化码头 10 个，修复市政管网 10 处。针对问题企业，吴江区院立案民事公益诉讼 4 起，经公开听证督促 3 家环境违法企业支付损害赔偿金 3 万余元，1 家环境违法企业通过增殖放流放生鱼苗 6000 余尾，对环境实施了替代性修复。

2. 指定苏州市吴中区人民检察院（以下简称吴中区院）对吴江区“飞地”问题线索开展监督。吴中区院向属地街道和交通运输、生态环境、水务等职能部门制发检察建议 4 份，督促其责令“飞地”上违建排污企业全部停产整改，并推动以上部门启动地块确权以及规划利用事项，推动大运河码头规范治理。

3. 由吴江区院根据环太湖流域、大运河流域、长三角生态环境公益诉讼协作机制，将相关水污染问题线索移送浙、沪属地检察机关，上下游联合水质检测，共享数据，统一监管标准，联动一体化综合治理。浙江嘉善、上海青浦等地检察机关发出检察建议 14 份，推动涉饮用水水源保护、偷排污水、岸线堆放垃圾等问题整改。

截至 2021 年 11 月，4 个问题线索区域水体悬浮物浓度日均值整体呈下降趋势，均已达到Ⅲ类水质标准。

【典型意义】

长三角生态环境保护事关长江经济带高质量发展。针对水体污染，检察机关实行上下联动一体化办案，整合办案力量；运用跨区划协作机制，坚持线索跨区划移送、调查跨区划协作、公开听证等调动多方力量。在具体的办案中，基层检察机关启动行政公益诉讼和民事公益诉讼，运用卫星遥感、无人机（船）等查明污染原因，实现多种手段并用、相联区域同行、河湖两岸同治，推动案件有效办理。

安徽省滁州市检察机关督促整治跨区域固体危险废物污染行政公益诉讼案

【关键词】

行政公益诉讼　危险废物污染　一体化办案　公开听证

【要　旨】

针对跨区域危险废物污染案件，污染责任人无法及时处理危险废物污染导致公共利益持续受损的情况下，检察机关采取一体化办案机制，启动行政公益诉讼程序，督促相关行政机关依法履职，及时遏制污染持续扩大，有效保护生态环境。

【基本案情】

自2020年5月起，安徽省滁州市邦某化工科技有限公司（以下简称邦某化工）无危险废物处置资质，未经环保审批，从安徽省铜陵市、淮北市等地接收硫膏4000余吨，在其位于滁州市南谯区、全椒县的厂房内外堆放。堆放地距离村庄两百米左右，且地面未硬化、部分硫膏无覆盖露天堆放，雨季来临致使硫膏产生淋溶液流出厂外，造成周边水塘、农田污染，对周边群众生产生活造成严重影响。经鉴定，涉案硫膏系危险废物。2020年8月10日，非法贮存硫膏行为人被刑事立案侦查，2021年5月被提起行政公益诉讼。

【调查和督促履职】

2020年9月30日，安徽省人民检察院对此案挂牌督办并于10月30日将线索交由滁州市人民检察院（以下简称滁州市院）办理，滁州市院接到线索经初步研判后，采取市院统筹指导，属地院分别立案的工作模式，指定污染所在地的全椒县人民检察院（以下简称全椒县院）、滁州市南谯区人民检察院（以下简称南谯区院）分别立案管辖。

经查，涉案硫膏贮存场所未设置危险废物识别标志，贮存厂房现状起不到防扬散、防流失、防渗透作用。非法贮存硫膏行为人已被刑事羁押，而滁州市生态环境局及滁州市全椒县生态环境局分局（以下简称全椒分局）未能依法处置涉案危险废物，导致硫膏逸散持续污染生态环境。

11 月 10 日，南谯区院、全椒县院分别向滁州市生态环境局、全椒分局发出检察建议，督促两家单位采取有效措施处置涉案危险废物，避免生态环境持续受损。11 月底及 12 月初，检察机关收到两家单位回复后进行“回头看”，发现涉案危险废物并未得到妥善处置，污染损害仍在持续。

【诉讼过程】

2021 年 2 月 8 日，全椒县院、南谯区院分别向全椒县人民法院、滁州市南谯区人民法院提起行政公益诉讼，以全椒分局、滁州市生态环境局为被告请求确认其对涉案危险废物怠于履行监督管理职责的行为违法；判令其依法履行监督管理职责，将涉案危险废物依法处置。

起诉后，滁州市生态环境局在检察机关、公安机关见证和公证部门公证下，将涉案硫膏全部规范、安全转移至危险固体废物仓库予以暂存，设置警示标识，消除了露天堆放进一步污染可能；启动生态环境损害评估；与有危险废物处置资质单位签订委托处置合同，进行规范处置；同时走访淮北市、铜陵市生产危废源头企业，落实企业的相关责任。

5 月 8 日，全椒县院召开全椒分局对涉案硫膏依法履职情况审查听证会，县人大代表、专家等听证员在考量硫膏已妥善处置，且涉案企业在全椒分局的监管下已支付 150 余万元生态修复费、约 30 万元周边群众损失赔偿费等因素后，同意对全椒分局终结行政公益诉讼。县法院于 2021 年 5 月 18 日裁定终结诉讼。

南谯区院在确定硫膏已全部规范贮存处置、邦某化工已与生态环境部门就生态修复费达成协议并支付危废处置资金 480 万元，公益目的已经实现后，向滁州市南谯区人民法院提出终结行政公益诉讼。区法院于 2021 年 10 月 28 日裁定终结诉讼。

【典型意义】

危险废物污染环境公益诉讼案件中，检察机关践行恢复性司法理念，督促行政机关及时处置危险废物，防止污染问题的持续扩大，以实现最佳的办案效果。本案中，检察机关着眼最大限度降低对环境造成的损伤，发挥一体化办案优势，在行政机关未有效履职的情况，坚决提起行政公益诉讼，同时坚持内外协作联动，督促行政机关规范、科学、及时处置危险废物，最大限度实现公益保护目的。

湖北省沙洋县人民检察院督促保护叶家大港水环境行政公益诉讼案

【关键词】

行政公益诉讼　水体污染综合治理　跨区划协作

【要　旨】

检察机关办理跨流域、跨区域环境污染公益诉讼案件过程中，可以发挥跨区划协作机制作用，克服线索获取、调查取证、诉讼支持等方面的困难，凝聚办案合力，助推水体污染综合治理。

【基本案情】

湖北省荆门市沙洋县纪山镇砖桥渠上游为钱家湾水库，下游连接叶家大港，流入龙会桥河后经长湖汇入长江。叶家大港位于湖北省两市交界处，分上下两部，上部位于荆门市沙洋县境内，下部位于荆州市荆州区境内。自 2018 年 9 月起，叶家大港流入荆州市断面水体呈泡沫状，散发恶臭，水质长期处于劣Ⅴ类。

【调查和督促履职】

2020 年 3 月 17 日，湖北省荆州市人民检察院（以下简称荆州市院）根据长湖流域公益诉讼协作机制，将沙洋县纪山镇郭店村工业园非法排污污染叶家大港上部水体案件线索移送至湖北省荆门市人民检察院（以下简称荆门市院），后转至湖北省沙洋县人民检察院（以下简称沙洋县院）办理。沙洋县院立案后开展调查，检测砖桥渠至叶家大港上部水质确为劣Ⅴ类，但不是由纪山镇郭店村工业园内企业排放所致，而是由砖桥渠岸边之前企业长期排污及两岸村民生活污水直排导致。

6 月 10 日，沙洋县院向沙洋县纪山镇人民政府（以下简称纪山镇政府）发出检察建议，督促该政府采取有效措施对叶家大港的劣质水体予以治理，提升水环境质量。8月初，纪山镇政府回复称已对叶家大港上部采取多项监管治理措施。8月17日，沙洋县院对整改效果进行回访发现，叶家大港水体的水质达标规划尚未制定，整治方案亦未实施，水质仍为劣Ⅴ类，社会公共利益仍在持续受损。

【诉讼过程】

9月7日，沙洋县院依法向湖北省荆门市掇刀区人民法院（以下简称掇刀区法院）提起行政公益诉讼，请求判令纪山镇政府继续履行农村环境综合整治职责，制定砖桥渠和叶家大港上部限期水质达标规划，采取有效措施对砖桥渠和叶家大港上部劣Ⅴ类水质进行整治。

诉讼过程中，纪山镇政府辩称涉案水域污染源并非本镇范围内，无相应监管职责。沙洋县院商请湖北省荆州市荆州区人民检察院（以下简称荆州区院）联系荆州市生态环境局荆州区分局对砖桥渠上游荆州辖区污染源进行调查，并出具《关于川店镇紫荆村太阳村水系分布情况的说明》，明确案涉污染源来自纪山镇。

12月29日，掇刀区法院作出判决，支持沙洋县院全部诉讼请求。判决生效后，纪山镇政府制定了砖桥渠至叶家大港上部环境综合整治方案，并向沙洋县委县政府汇报。沙洋县政府将叶家大港水环境治理纳入沙洋县生态环境补短板工程，总投资340万元。项目于2021年7月完工，共清理、固化被污染的河道4公里，挖走淤泥1000余吨，建设生态浮岛8处共1000平方米用于持续修复被污染的水体，搬迁沿线排污企业2家，沿线厕改1139户，沿线新增2处生活污水处理站、2处工业污水预处理站。

2021年11月，荆门市院、荆州市院、沙洋县院、荆州区院，两地两级检察机关到叶家大港上部对整改情况进行“回头看”。经现场查看及水质检测，叶家大港上部水环境得到明显改善，水质已由劣Ⅴ类提升至Ⅳ类。

【典型意义】

跨区域环境污染案因涉及多地，办理难度大，存在诸多难题。相关检察机关通过建立协作机制，实现案件线索移送、调查取证、判决执行监督等全流程合作，形成办案合力，有利于查明污染来源、明确损害结果、明晰监管责任，助推“老大难”问题解决和水体综合治理。

湖南省长沙铁路运输检察院督促整治生活垃圾填埋场污染行政公益诉讼案

【关键词】

行政公益诉讼诉前程序　垃圾填埋场污染　跨区划协作　公开听证

【要　旨】

探索铁路运输检察机关跨区划管辖，以突破重点难点案件，同时以公开听证提升检察监督的透明度和社会效应，协同推进长江经济带生态环境治理，守护人民群众美好生活。

【基本案情】

湖南省临湘市城乡生活垃圾填埋场自 2013 年建成运营以来，一直存在雨水导排沟外高内低、排水不畅问题。2019 年 8 月，为处理库尾积水坑污水，填埋场工作人员使用水泵将污水抽排至垃圾填埋场中部渗滤能力较强的垃圾堆体上，污水自然下渗后通过导排盲沟和渗滤液导排管排入调节池。作业过程中，因抽排时间过长、未控制好抽排量、现场作业疏忽等原因，导致污水从覆盖膜下垃圾堆体表面向外漫溢出至雨水导排沟和路面后流入下游长安河。

2019 年 8 月，生态环境部华南督察局通过垃圾填埋场雨水排口的污染残留发现并确认了污染事实。经检测，排洪沟化学需氧量浓度为 870 毫克 / 升、氨氮浓度为 248 毫克 / 升，分别超标 7.7 倍、8.92 倍。因该次污染的发生具有偶发性和突然性，影响范围未能得到及时确认，但也暴露出该垃圾填埋场存在较大生态环境污染安全隐患。

【调查和督促履职】

2020 年 2 月，湖南省人民检察院收到最高人民检察院转交的临湘市城乡生活垃圾填埋场污染下游河流案件线索后，指定长沙铁路运输检察院（以下简称长沙铁检院）办理并挂牌督办。

长沙铁检院经初步调查核实，于 2020 年 6 月 3 日以行政公益诉讼立案。在湖南省人民检察院和岳阳市检察机关的协调帮助下，长沙铁检院多次与湖南省发展改革委员会、岳阳市城市管理和综合执法局、岳阳市生态环境局等部门座谈沟通，调阅了有关行政机关监管工作台账、处罚台账和监管工作机制，还前往垃圾填埋场进行实地踏勘，逐一查看重点部位、调阅管理台账、询问有关人员等，查明了污染产生的原因和有关行政机关的履职情况。

2020 年 9 月 28 日，长沙铁检院向临湘市城市管理和综合执法局（以下简称临湘市城管局）公开送达检察建议，建议其高标准完成生活垃圾填埋场雨污分流系统应急改造，确保隐患整改到位；进一步健全监管工作机制，完善监管措施；积极向党委、政府专题汇报，探索市场化运营模式，提升运营管理专业水平。

临湘市城管局收到检察建议后积极履职，在岳阳市城市管理和综合执法局和临湘市委、市政府的支持下，投入资金 2300 万元对该生活垃圾填埋场渗滤液处理系统和雨污分流系统进行提质改造；建立常态化巡查、应急处理等长效监管机制；定期邀请专家培训监管人员；与专业公司合作启动渗滤液系统市场化运营。施工改造工程于 2020 年 7 月完工，共完成尾库垃圾整形及封场覆膜约 7000 平方米，一级坝抽排竖井 2 个及库区渗滤液导排盲管施工 1065 米，改造截洪沟 3287 米，库区雨污分流系统得到有效完善，渗滤液处理能力显著提高。行政机关以此为契机，对全市城乡垃圾填埋场进行了全面系统治理。

2020 年 11 月 27 日，长沙铁检院就本案举行公开听证会，邀请了人大代表、政协委员、人民监督员、法学专家等多名听证员参与听证。会上，临湘市城管局通报了污染整改和检察建议落实情况。听证员对行政机关敢于纠错的态度、积极整改的效果给予充分肯定。

经审查，长沙铁检院于 2020 年 12 月 17 日作出终结案件决定。

【典型意义】

城乡生活垃圾的治理关乎生态环境安全和民生福祉，是比较常见的治理难题。检察机关根据实际情况，指定铁路运输检察机关进行管辖，较好地发挥了跨区划管辖优势，增强聚合效应；在上级院和属地检察机关的大力支持下，协同推进垃圾处理基础设施系统化建设，并以公开听证引进公众监督，积极打造共建共治共享的社会治理格局。同时，推动当地生活垃圾填埋场污染源头系统性科学治理，共同打造良好的人居环境，使城乡生活垃圾填埋场成为湖南省生活垃圾填埋场整改工作的标杆，成为协同推进生态环境修复和保护的典范。

四川省遂宁市安居区人民检察院督促治理琼江水体污染行政公益诉讼案

【关键词】

行政公益诉讼诉前程序　生活污水治理　跨区划协作

【要　旨】

检察机关从个案协作中探索建立信息联享、办案联动、平台联建、人才联训等全方位协作机制，推动跨界河湖生态环境和资源保护共治。

【基本案情】

四川省遂宁市麻子滩水库位于长江二级支流琼江的上游，下游流经重庆市潼南区。2019 年 12 月，四川省遂宁市安居区中兴镇污水处理厂生物转盘发生故障，致使进入厂内管网的生活污水在未达到处理标准的情况下，直排入麻子滩水库。排污口水体呈灰白色，气味恶臭刺鼻，水库内水体富营养化、含氧量下降，水中生物缺氧死亡，污染已严重危及到琼江流域生态环境安全。

【调查和督促履职】

2019 年 12 月，四川省遂宁市人民检察院收到重庆市潼南区人民检察院（以下简称潼南区院）移送的琼江水域受污染案件线索后，交给四川省遂宁市安居区人民检察院（以下简称安居区院）办理。安居区院于 2020 年 1 月立案，通过现场调查、委托检测、走访群众、询问污水处理厂管理人员后查明污染事实。经检测，排污口水体化学需氧量为 64.9mg/L、氨氮为 21.8mg/L、总磷为 5.4mg/L，属超标排放，并查明遂宁市安居区住房和城乡建设局（以下简称区住建局）对区域内污水处理设施运行情况未及时履行监督管理职责。

2020年1月15日，安居区院向区住建局发出检察建议，督促其对中兴镇污水处理厂的污水处理设施运行情况进行有效监管，确保污水处理厂治污设施正常运行、达标排放。区住建局积极履职整改，及时向安居区院回复整改情况。4月，遂宁市人民检察院、安居区院会同区住建局、中兴镇政府回访，确认污水处理厂设备故障已排除、运转正常，出水水质达标并建立健全了相关管理制度。

安居区院、潼南区院、四川省遂宁市船山区人民检察院、四川省遂宁市蓬溪区人民检察院、四川省资阳市安岳县人民检察院签订《涪江、琼江流域生态环境保护公益诉讼检察工作协作意见》，两省（市）五院建立信息资源联享、司法办案联动、协作平台联建、人才培养联训"四联"协作模式，共同开展跨界河湖水污染治理、岸线乱占耕地林地清理、非法捕捞整治等专项监督活动。五院联合巡江11次，针对污水处理厂污水超标排放、岸线垃圾污染、非法捕捞、破坏岸线耕地林地等问题，向相关主管部门发出检察建议32件，督促相关主管部门投入资金2900余万元，进行污染整治，琼江涪江跨界河湖及岸线生态环境得到了有效改善。

【典型意义】

四川省遂宁市安居区与重庆市潼南区位于成渝地区双城经济圈且跨省域江河生态环境保护的重要接合部。两地检察机关围绕成渝地区双城经济圈建设及长江经济带发展等重大国家战略，立足公益诉讼检察职能开展跨界河湖生态环境治理协作，从个案办理延伸至人员交流、类案监督、专项监督，构建成渝地区双城经济圈界河界湖水污染治理监督共同体，提升了监督合力和成效。

贵州省贵阳市白云区人民检察院督促治理麦架河污染行政公益诉讼案

【关键词】

行政公益诉讼诉前程序　工业污染治理　系统治理　公开听证

【要　旨】

检察机关针对砂石企业在长江流域河道两岸露天开采打砂，导致大量矿石及扬尘掉入长江流域河道，造成河道污染的问题，在依法督促相关行政机关履职整改的同时，推动河道污染专项治理，切实保护水资源安全。

【基本案情】

麦架河系乌江二级支流，流经贵州省贵阳市白云区。河道边建有贵阳神某有限公司马堰石灰岩矿石厂（以下简称矿石厂）。该厂在露天开采打砂过程中，未采取任何防护措施，甚至直接使用大型机器跨河悬空操作，大量矿石及扬尘落入河中，污染了麦架河水体。

【调查和督促履职】

2019 年 9 月，因麦架河污染严重，被最高人民检察院挂牌督办，案件线索层转至贵州省贵阳市白云区人民检察院（以下简称白云区院）办理。白云区院经初查于 2020 年 4 月 1 日立案，经现场勘查、走访调查和无人机航拍取证，查明矿石厂污染行为及对麦架河造成的污染情况。

2021 年 4 月 10 日，白云区院向负有监督管理职责的贵阳市生态环境局白云区分局（以下简称白云分局）发出检察建议，督促其依法及时履职，并以点带面对矿山矿石行业系统排查治理。白云分局收到检察建议后高度重视，成立了由白云分局、区自然资源局、区农业农村局等相关行政部门组成的麦架河河道污染整改工作组，制定工作方案责令企业整改。矿石厂投资约1000万元，对厂区范围以外河岸约20亩土地进行生态修复；对河道内的散落砂石进行清理，修建约236米隔离设施（围墙），防止生产厂区砂石进入河道；对原生产场地内生产设备及跨河道生产设备进行拆除；安装企业办公区域一体化生活污水处理设施，对河道两边的道路进行硬化；修建约4000平方米扬尘大棚、喷淋等防尘配套设施。整改工作完成情况已通过专家验收，矿石厂露天开采污染麦架河河道水体问题得到有效解决。

为确保麦架河河道水体污染问题得到根治，白云分局、区自然资源局还对辖区内8家矿石矿山企业开展全面排查，依法督促7家企业对未采取防尘、降尘等防护措施，露天开采打砂，扬尘污染等问题进行全面整改，有效推进河道污染专项治理。

5月8日，白云区院召开矿石厂露天采矿污染麦架河河道水体案办案效果公开听证会，邀请区人大代表、区政协委员、人民监督员、白云分局以及相关行政部门代表到会听证。会上听证员充分肯定了此案的办案效果，一致认可麦架河水质得到明显改善。

为巩固办案成效，白云区院依托"河长+检察长"协作机制，与白云分局、区综合行政执法局、区农业农村局等相关行政部门建立定期巡河机制，持续跟进监督麦架河水域的保护和综合治理。

【典型意义】

河流水系旁矿石矿山企业造成的工业污染往往不是一个企业的问题，多是全行业共同的污染问题。检察机关在治理水系污染中以点带面，对整个行业进行督促整改，促进系统化治理；在案件整改后及时进行公开听证，提高社会公信力；依托"河长+检察长"协同职能部门建立长效巡河机制，巩固整改成效，保障河流水系得到持续长效综合保护。

江西省新干县人民检察院督促支持生态环境部门开展生态环境损害赔偿磋商案

【关键词】

生态环境损害赔偿磋商　危险废物污染　认罪认罚认赔

【要　旨】

针对跨省非法转移处置危险废物造成环境污染案件，检察机关在追究违法行为人刑事责任的同时，应当主动做好检察公益诉讼与生态环境损害赔偿的衔接，结合认罪认罚从宽制度，引导违法行为人自愿承担生态修复赔偿责任。

【基本案情】

2019年6月至12月，张某某等人为谋取非法利益，在不具备危险废物处置资质的情况下，将浙江海宁某能源有限公司、安徽省池州市某电子有限公司等产生的工业废酸5100余吨，交由未取得处置废酸资质的江西峡江某贸易有限公司（以下简称峡江某贸易公司）非法处置，该公司法定代表人陈某平伙同他人用石灰简单中和上述废酸后，直接排出厂区向赣江重要支流沂江和周边农田排放，造成农田土壤严重污染，并导致沂江河内的鱼和养殖的小龙虾大面积死亡。

【调查和督促履职】

2020年8月6日，江西省新干县人民检察院（以下简称新干县院）在履职中发现沂江河东湖桥污染线索，遂与县生态环境局和县农业农村局同步进行沟通协商。县生态环境局、县农业农村局依法开展调查，及时将留存在峡江某贸易公司内的污泥296.1吨、废液20.5吨就地集中封存，并将该线索移送至公安机关立案侦查。新干县院提前介入侦查，引导公安机关围绕违法行为造成的环境损害后果开展调查取证、委托鉴定等工作。经鉴定，该废液具有腐蚀性、危险性，其所含氟化物、铅、砷具有浸出毒性的危险特性。本案中造成生态环境损害价值 2423 万元、造成渔业直接经济损失 30.9 万元、受损河段环境修复费 29 万元、峡江某贸易公司内剩余的废渣和废液处置费 190.3 万元，合计 2673.4 万元。

因江西省吉安市辖区内涉赣江流域环境资源集中管辖法院为峡江县人民法院，新干县院将刑事案件移送江西省峡江县人民检察院（以下简称峡江县院）审查起诉。根据《吉安市生态环境损害赔偿制度改革实施方案》，新干县院主动联系并督促县生态环境局、县农业农村局等部门开展生态环境损害磋商工作，同时做好生态环境损害赔偿与认罪认罚从宽制度的有效衔接。经多次磋商，2021 年 8 月 17 日，张某某配偶作为赔偿义务人的代理人签订《生态环境损害赔偿协议》，同意承担渔业资源费、生态环境修复费、鉴定费等共计 2682.4 万元。10 月 26 日，张某某签署认罪认罚具结书。同日，峡江县院向峡江县人民法院提交量刑建议调整书，建议量刑调整为判处被告人张某某有期徒刑两年八个月，并处罚金十万元。目前生态环境修复款等费用已全部缴纳到位。

【典型意义】

本案是公益诉讼检察与生态环境损害赔偿制度衔接配合的有益探索。检察机关充分发挥了公益诉讼的监督、支持作用，及时将履职中发现的破坏生态环境线索通报相关行政机关，以督促支持磋商的方式履行公益诉讼监督职责。检察机关一方面为生态环境部门提供法律支持，及时帮助解决磋商过程中存在的难题，另一方面加强检察机关相互之间的协作配合，探索将涉刑违法行为人生态修复情况作为开展认罪认罚从宽的重要考量因素，实现打击犯罪与生态修复相统一。

七、检察机关督促整治非法采矿公益诉讼典型案例

（2022 年 9 月 14 日）

发挥公益诉讼职能作用
督促整治非法采矿

——最高检第八检察厅负责人就检察机关督促整治非法采矿公益诉讼典型案例答记者问

2022年9月14日，最高人民检察院发布检察机关督促整治非法采矿公益诉讼典型案例，引导各级检察机关办好此类案件，同时以案释法，让社会各界关注并做好矿产资源保护工作。结合相关工作情况，最高检检委会委员、第八检察厅厅长胡卫列接受记者采访。

问：最高检此次将督促整治非法采矿公益诉讼作为一个专题发布典型案例，出于何种考虑？

答：矿产资源作为重要的自然资源，是经济社会发展的重要物质和能源基础，是国家的宝贵财富，关系到国家资源安全和生态文明建设。习近平总书记指出，“要加强矿产资源勘查、保护、合理开发”，“资源开发利用既要支撑当代人过上幸福生活，也要为子孙后代留下生存根基”。

近年来，市场对矿产资源的需求日益增大，以牟取暴利为目的的非法采矿行为在一定区域内呈愈演愈烈之势。非法采矿行为往往导致开采区域的山体、土壤、河道和植被破坏，导致区域内生态服务功能丧失或脆弱化，既破坏了国家的矿产资源和矿业生产管理制度，又造成生态环境和资源的破坏，甚至引发地质灾害风险和安全生产隐患，危害群众生命健康安全，严重损害国家利益和社会公共利益。

全国检察机关深入贯彻落实习近平法治思想和习近平生态文明思想，依法能动履职，采取切实有效措施加大矿产资源保护公益诉讼办案力度。除强化公益诉讼检察部门与刑事检察部门的协同外，还注意加强与行政机关以及社会组织等的沟通合作，推动形成保护矿产资源的强大合力。最高检发布非法采矿公益诉讼典型案例，一方面是为了展现检察机关保护矿产资源的经验成效，引导各级检察机关持续深入发挥公益诉讼检察在资源保护领域的独特作用，另一方面也是以生动的法治案例进行宣传教育，引导社会各界更加关注并进一步做好矿产资源保护工作。

问：本批发布的非法采矿公益诉讼检察典型案例，有什么特点？

答：在本批发布的 8 个典型案例中，有 5 件行政公益诉讼案件、1 件民事公益诉讼案件、2 件刑事附带民事公益诉讼案件。这 8 个案例是从全国各地上报的 60 多个优秀案例中，按照严格的程序，经过多轮筛选最终确定下来的。这批案例有以下几个特点：

一是案件线索来源多样。既有检察机关在履行职责中自行发现的线索，也有群众举报的线索，还有中央环保督察移送的案件线索。

二是保护对象多样。8 个案例涉及煤炭、石灰岩、砂石、地热等多种矿产和资源种类。有多个整治非法采砂的案例保护的是江砂河砂等资源，而重庆市大足区院督促整治非法采矿行政公益诉讼案则涉及煤、石灰石、砂岩、锶等多种矿产资源。

三是履职方式多样。检察机关既有采取诉前检察建议和提起行政公益诉讼，提起单独民事公益诉讼、刑事附带民事公益诉讼等监督保护方式，也有推动行政机关开展生态损害赔偿磋商等形式，以多种途径和方式来维护矿产资源领域的国家利益和社会公共利益。

问：在督促整治非法采矿方面，公益诉讼检察是如何发挥职能作用的？

答：矿产资源保护属于“生态环境和资源保护”范畴，是检察公益诉讼的法定领域。检察机关通过发挥公益诉讼职能作用，督促行政机关依法履行职责，追究非法采矿者民事侵权责任，依法履行法律赋予的神圣职责。

一是发挥检察一体化办案优势。在履职过程中，检察机关运用跨区域协作机制，充分发挥一体化办案优势，有效破解办案压力阻力。如甘肃省检察机关督促整治非法开采石灰岩矿公益诉讼系列案，最高检对案件进行重点督办、全程指导，统筹指挥甘肃省三级检察机关明确办案思路，分级分类进行监督。最高检检察技术信息研究中心邀请生态环境部环境规划院、中国科学院生态环境研究中心等单位专家，对当地环科院鉴定评估报告进行实质性审查，并形成专家意见，破解地方技术力量不足瓶颈。

二是协同行政部门凝聚公益保护合力。检察机关在办案中秉持双赢多赢共赢的理念，紧紧依靠当地党委政府，依法协同督促各责任主体充分发挥作用，形成矿产资源保护合力。如广东省汕头市检察院督促整治保护莲花山地热资源行政公益诉讼案，检察机关推动自然资源局、区政府、镇政府等制定整治工作方案并认真落实整改，莲花山周边破坏地热资源和生态环境的“顽疾”得到根治。在此基础上，广东省院又开展了地热资源保护专项行动，在全省范围内督促推动相关部门依法履职，共同保护地热资源科学、有序、合法开发利用。

三是以点带面推动诉源治理。为贯彻落实习近平总书记“法治建设既要抓末端、治已病，更要抓前端、治未病”的重要指示，检察机关针对办案中发现的治理漏洞，向地方政府或相关行政机关发出类案建议，促进源头治理，助力法治政府建设。如江苏省镇江市检察机关督促整治长江非法采砂行政公益诉讼案，检察机关分别向镇江市水利局、扬中市水利局发出类案检察建议，督促相关行政机关完善执法机制、探索监管新模式，实现了“办理一案、治理一片、惠及一方”的良好效果。

四是善用外力提升办案质效。检察机关在办案过程中，充分发挥“外脑”“智库”作用，强化科技赋能意识，借助行政部门、研究机构专业人员力量参与调查、论证，通过大数据、卫星遥感、无人机等技术运用，提升重大案件办理质效。如山西省右玉县检察院督促整治非法采砂行政公益诉讼案，使用无人机发现案件线索、拍摄固定证据。河南省南乐县检察院诉吴某坤等人非法采矿刑事附带民事公益诉讼案，检察机关邀请自然资源、农业、水利等专家现场参与对案件专业问题的调查和论证。

问：本批发布的典型案例中，有5件是提起诉讼的案例，有3件是诉前程序案例，效果都很好，充分体现了检察机关围绕中心、服务大局的理念。请问公益诉讼检察是如何通过办理矿产资源案件，服务经济社会发展的？

答：作为法律监督机关和公益守护者，检察机关在办理矿产资源保护公益诉讼案件过程中，围绕中心服务大局，依法能动履职，更深层次融入国家治理，通过自身的高水平履职，服务保障经济社会高质量发展。

一是充分发挥公益诉讼检察的独特功能和作用。人民检察院通过办理行政公益诉讼案件，对于行政机关怠于履职、不充分履职等行为，精准监督并持续跟进，督促、协同行政机关全面充分履职，维护国家利益和社会公共利益，促进国家治理体系和治理能力现代化。如江苏省镇江市检察机关督促整治长江非法采砂行政公益诉讼案，通过行政公益诉讼诉前检察建议与提起诉讼相结合，督促、协同相关行政机关全面充分履职。对于违法行为人，检察机关在提起刑事公诉之外，再通过提起民事公益诉讼要求进行经济赔偿，从而大大增加违法行为的成本，可以对潜在的违法者形成震慑。如在湖南省益阳市检察院诉夏某某等人非法采砂破坏洞庭湖生态环境民事公益诉讼案中，在已对夏某某等人判处有期徒刑并追缴非法所得的基础上，检察机关再提起民事公益诉讼，要求夏某某承担非法采砂行为所造成的生态环境损害873万余元赔偿责任，其余被告按照比例分别承担连带责任。

二是结合办案自觉融入国家治理。检察机关在案件办理过程中通过督促履职和沟通协调，充分利用已有矿产资源保护制度机制，激活其功能效用，促进中央环保督察、检察公益诉讼以及生态环境损害赔偿制度有效衔接，发挥了独特的衔接润滑作用。针对办案中发现的治理漏洞，通过开展专项监督、提出社会治理检察建议等方式，推动地方政府治理非法开采乱象。如在山西省右玉县检察院督促整治非法采砂行政公益诉讼案中，右玉县检察院开展公益诉讼案件“回头看”时发现，案涉采砂厂虽已全部取缔，但部分河砂弃料随意堆积，采砂坑回填较浅，受损堤岸及破坏的土地未恢复原状，遂召开座谈会，督促相关行政机关完成整改，同时向县委县政府作专题汇报，推动成立了专门领导小组，统筹开展整改工作。右玉县政府以该案为契机，在全县开展非法采砂专项整治行动，取缔非法采砂厂、拆除违建房舍、恢复河道等。通过该案的办理，实现了“办理一案、治理一片”的效果。

安徽省东至县人民检察院诉安徽省某新材料科技有限责任公司非法采矿刑事附带民事公益诉讼案

【关键词】

刑事附带民事公益诉讼　非法采矿　长江保护　惩罚性赔偿　应急修复

【要　旨】

针对损害生态环境违法行为，检察机关应当及时督促责任主体进行生态修复，同时可以主张生态环境修复费用和惩罚性赔偿金，提高违法行为成本。

【基本案情】

大历山毗邻长江，是安徽省省级风景名胜区，是东至县的生态屏障，具有重要的生态价值。安徽省某新材料科技有限责任公司（以下简称 A 公司）开采的石灰石矿山位于大历山省级风景名胜区内，该公司长期超规模开采，造成大面积生态破坏，严重损害社会公共利益。

【调查和诉讼】

《2020 年长江经济带生态环境警示片》披露了 A 公司非法采矿问题，最高检将该线索逐级交至安徽省池州市东至县人民检察院办理，东至县检察院于 2021 年 3 月 5 日立案后，多次联合县自然资源和规划局、公安部门实地勘察，查明：第一轮中央生态环境保护督察整改要求 2017 年底前关闭该矿山并开展矿山地质环境治理，但 A 公司治理过程中仍然非法开采。

经安徽省地质矿产勘查局 324 地质队核算，A 公司超采矿石 93.27 万吨，东至县价格认证中心认定价格 2798.1 万元。安徽大学作出的生态现状调查报告指出，A公司非法采矿导致矿坑土地生态系统结构和功能失调，生物生产能力下降，易发生山体滑坡、泥石流等地质灾害。江苏省岩土工程公司等机构出具了《A公司地质环境恢复治理提升工程设计预算书》，对A公司非法采矿行为造成的生态环境修复、“景观提升”费用进行了评估。

东至县检察院审查认为，A公司非法采矿行为损害后果严重且行为人具有明显故意，可以按照民法典的规定提出惩罚性赔偿，遂以东至县价格认证中心认定的A公司超采矿石财产损失2798.1万元为基数，结合被告人认罪认罚情况、经济状况等因素，提出5%的惩罚性赔偿金共计139.91万元。

2021年5月11日，东至县检察院向东至县人民法院提起刑事附带民事公益诉讼，在依法追究A公司、邵某平非法采矿刑事责任的同时，诉请判令A公司及其实际控制人邵某平连带赔偿因非法采矿行为导致的生态修复、评估鉴定、惩罚性赔偿金等共计2872.6667万元。10月15日，东至县人民法院作出刑事判决，A公司、邵某平犯非法采矿罪追究刑事责任并处罚金，追缴A公司违法所得2798.1万元；同时作出刑事附带民事判决，支持了检察机关刑事附带民事公益诉讼请求。A公司不服一审判决，提出上诉，2022年2月7日，池州市中级人民法院裁定驳回上诉，维持原判。

在该案调查阶段，东至县检察院考虑诉讼时间长，如不及时进行修复，环境损害将进一步扩大，遂与有关职能部门通过圆桌会议的方式，督促A公司加快环境治理工程进度，促成政府垫资890万元用于应急修复治理，在本案起诉前即完成了矿山基础修复和部分生态复绿。2021年12月，池州市人民检察院组织部分省人大代表、人民监督员、专家视察涉案现场修复情况。目前，案涉矿山修复治理工程经验收合格。

【典型意义】

检察机关确定民事公益诉讼请求时，综合考虑生态环境损害情形、行为人主观故意等多方面因素提起惩罚性赔偿请求，并依据生态修复成本、被告人认罪态度及经济情况确定了惩罚性赔偿金比例，体现了民法典严格保护环境资源的立法精神。检察机关充分发挥公益诉讼职能，在刑事证据固定后，灵活运用圆桌会议等方式，促成职能部门和行为人及时开展生态环境修复工作，有效保护受损生态环境。

河南省南乐县人民检察院诉吴某坤等人非法采矿刑事附带民事公益诉讼案

【关键词】

刑事附带民事公益诉讼　矿产资源保护　非法采矿　第三方鉴定专家意见

【要　旨】

对破坏矿产资源犯罪行为造成国家利益和社会公共利益损害的，检察机关在追究被告人刑事责任的同时，依法提起刑事附带民事公益诉讼，要求违法行为人依法承担民事责任，加大了违法犯罪成本，维护了国家利益和社会公共利益。

【基本案情】

擅自在耕地上挖砂，破坏种植条件的行为是土地管理法明确禁止的行为之一。2019 年 7 月至 9 月，吴某坤、吴某存、吴某胜共谋以吴某胜的名义承包了河南省濮阳市经济技术开发区新习镇西别寨村 14 亩集体农用地。三人违反矿产资源法的相关规定，在未取得采矿许可证的情况下，从该土地挖砂售卖。2019 年 10 月至 2020 年 1 月，马某某支付吴某坤等人相关费用后，继续在该土地内挖砂售卖。吴某坤等四人违法行为造成农用地地表耕植层明显受损，土地原有功能被破坏，原始地形地貌改变严重。

【调查和诉讼】

河南省南乐县人民检察院刑事检察部门在履行审查批准逮捕职责时，发现公益诉讼案件线索并移送该院公益诉讼检察部门。南乐县检察院于 2021 年 2 月 2 日立案并发出诉前公告。

南乐县检察院随即开展调查核实，会同县公安局、省煤炭地质勘察研究总院、省自然资源厅等部门工作人员多次到案涉地块实地勘察，测量受损土地面积，查看受损状态，走访周边群众。由于非法采砂破坏面积较大，部分区域回填有建筑垃圾，为得出更加严谨的测量数据，办案人员与河南省煤炭地质勘察研究院沟通后决定在回填建筑垃圾区域采用钻探方案测量数据，并邀请自然资源、农业、水利、土壤方面专家进行现场指导。经河南省国土资源科学研究院鉴定，吴某坤等人非法采砂2.2万立方米，造成矿产资源破坏价值人民币60.6万元。综合测量数据、走访调查情况，南乐县检察院与相关行政机关研究制定了土地复垦方案，并经省煤炭地质勘察研究总院组织专家评估，确定案涉地生态环境修复费用为344.7万元。

公告期届满，没有法律规定的机关和组织向人民法院提起民事公益诉讼。2021年7月5日，南乐县检察院依法向南乐县人民法院提起刑事附带民事公益诉讼，诉请判令吴某坤等四人共同承担生态环境修复费用344.7万元。9月15日，南乐县人民法院围绕损害认定、生态修复等问题召开庭前会议，并于2021年11月23日、2022年1月10日公开开庭审理，四名被告人当庭认罪并表示愿意承担生态修复费用。2022年1月17日，南乐县人民法院作出一审判决，被告人吴某坤、吴某存、吴某胜、马某周分别被判处一年至一年三个月不等的有期徒刑，并处人民币二万元至四万元不等的罚金，没收违法所得人民币42万元；被告人吴某坤等四人连带承担生态环境修复费用人民币344.7万元，支持了检察机关全部诉讼请求。吴某坤等四人均未提出上诉，判决已生效。

【典型意义】

办理非法采砂案件时，检察机关充分发挥公益诉讼检察职能，采取“刑事追诉+公益诉讼”一体监督模式。与公安机关、行政机关密切配合，借助第三方鉴定机构、专家力量，客观认定矿产资源损害事实，科学评估矿产资源破坏价值及生态环境修复费用，既依法惩治非法采矿犯罪行为，又依法追究违法行为人的生态修复责任，加大了行为人的违法犯罪成本，有效避免了“个人违法、政府买单”现象发生。

重庆市大足区人民检察院督促整治非法采矿行政公益诉讼案

【关键词】

行政公益诉讼诉前程序　矿产资源保护　支持起诉　综合运用多种监督手段　生态环境损害修复

【要　旨】

针对非法开采矿产资源的违法犯罪行为，检察机关综合运用多种监督手段，积极督促行政机关依法全面履职，同时追究违法行为人民事侵权责任，切实保护国家利益和社会公共利益。

【基本案情】

巴岳山位于重庆市大足区、铜梁区、永川区三地交界处，蕴藏着煤、石灰石、砂岩、锶等多种矿产资源，是渝西地区的重要生态屏障。2013年以来，周某某、杨某某、李某某等人先后以合伙入股、单独组织等形式，长期在巴岳山大足区境内多地开展非法采矿活动，造成矿产资源、林业资源和生态环境严重破坏。在较长时间内相关行政机关未能有效制止前述违法行为，致巴岳山私挖乱采现象屡禁不止，国家利益和社会公共利益受到侵害。

【调查和诉讼】

2017年下半年，重庆市大足区人民检察院收到市、区两级人大代表和当地群众反映后，立即走访相关部门和乡镇街道进行核实，并多次派员到现场勘验测绘，收集固定公益受损证据，于同年11月16日正式立案。

经调查，周某某、杨某某、李某某等人自2013年起在巴岳山朝天洞等多地，租赁挖掘机、卡车等设备，采用开路扩道、挖山取土、集中转运等手段，非法采挖炭质页（泥）岩贩卖牟利，造成国家矿产损失、山体损毁，大量林木破坏、岩土裸露，导致山体存在滑坡风险。经委托有关专业机构鉴定，上述盗采行为共计采挖矿产资源4.6万吨，导致8处采挖点累计24.2亩林地生态环境受损，经济损失达450余万元。为获取非法采矿利益，周某某等人还与其他盗采人员聚众斗殴，并以暴力、威胁等方式阻碍当地行政机关执法和国有林场护林工作开展。

为督促有关行政机关依法履职，大足区检察院于2017年11月29日分别向大足区原国土资源和房屋管理局（以下简称区原国土房管局）、大足区林业局（以下简称区林业局）发出诉前检察建议，要求上述单位加强联合执法，严肃查处非法采矿作业和毁林行为。大足区原国土房管局、林业局收到检察建议后，立即制定整改方案，采取严惩私挖乱采行为、增设警示警告标识、阻断重型机械上山通道、开展群众宣传教育等措施，有效遏制了巴岳山非法采矿现象。在大足区检察院督促下，大足区原国土房管局于2018年1月4日将涉嫌非法采矿犯罪的周某某等人移送公安机关作为涉恶线索侦办。2019年4月23日，大足区检察院依法对周某某等人提起公诉，法院以非法采矿罪判处周某某等人一年六个月至三年六个月不等的有期徒刑。

大足区检察院于2018年5月17日启动刑事附带民事公益诉讼程序。同年6月27日，大足区人民政府出台工作方案，明确由区国土部门委托专业机构实施生态修复和环境治理，并提起生态环境损害赔偿诉讼。大足区检察院遂将该案转为支持起诉程序，支持区国土部门起诉并派员出庭。2020年9月23日，重庆市第一中级人民法院判决支持行政机关全部诉讼请求和检察机关出庭意见，判令周某某等被告按照各自参与非法采矿的情况对140.52万元生态环境损害赔偿费用及评估费用、诉讼费，承担连带赔偿责任。

【典型意义】

检察机关聚焦人大代表、群众反映强烈的突出问题，以行政公益诉讼为主，综合运用多种监督手段督促行政机关依法履职，同时追究违法行为人生态环境损害赔偿责任。在办案中，注重加强检察公益诉讼制度与刑事检察制度、生态环境损害赔偿制度的有机衔接，从检察公益诉讼案件中深挖“涉恶”案件线索，通过依法严格追赃挽损，实现对恶势力团伙“打财断血”，实现良好的办案效果。

山西省右玉县人民检察院督促整治非法采砂行政公益诉讼案

【关键词】

行政公益诉讼诉前程序　矿产资源保护　非法采砂　持续监督　协同共治

【要　旨】

检察机关充分发挥行政公益诉讼检察职能，以诉前检察建议推动政府对非法采砂行为统筹有序整改，同时持续跟进监督，增强检察建议监督刚性。

【基本案情】

山西省右玉县杨千河乡大沙河是黄河一级支流红河的重要组成部分。右玉县 A 砂厂、B 砂厂等 10 家采砂厂在未取得《采矿许可证》《河道采砂许可证》的情况下，在大沙河河道进行非法采砂，开采出的砂料达 26000 立方米，占用河道范围长约 4000 米，宽约 150 米，不仅侵害了矿产资源，还破坏了沿岸的生态环境。

【调查和督促履职】

2017 年 11 月 22 日，山西省右玉县人民检察院接到群众举报后，依法立案调查。检察机关通过实地调查、查阅资料、询问采砂厂负责人、无人机航拍等方式查明：近年来，A 砂厂、B 砂厂等 10 家采砂厂在未取得采矿、采砂审批手续的情况下，在大沙河河道非法采砂，无序开采和破坏性开采导致大沙河河道、堤坝和岸边土地受到不同程度的破坏，河道内形成深浅不一的砂坑，有的砂坑达 3 米多深、10 米多宽；采砂设备和阻水弃料共同作用导致河道改向；河岸上随地搭建临时房舍，砂料堆积如山。

另查明县国土资源局、县水利局和杨千河乡政府负有监管职责。

2017 年 12 月 10 日，右玉县检察院分别向县国土资源局、县水利局和杨千河乡政府发出诉前检察建议书，建议县国土资源局制止非法采矿行为，责令采砂厂限期拆除占用土地上的违建房舍和其他设施，恢复土地原状；建议水利局立即制止非法采砂行为，对河道进行修复；建议杨千河乡政府加强对辖区矿产资源的管理和保护，配合相关部门完成生态修复治理工作。

2018 年 1 月，上述行政机关分别书面回复，因涉案部分采砂厂历经多次转让，经营主体的责任不易精准确定，且恰逢寒冬时节，河面结冰整改困难较大，拟于冰面解冻后再推进整改工作。右玉县检察院向上级检察机关请示案件延期，同时向县委县政府作专题汇报，推动成立了“右玉县生态环境资源及国家和社会公共利益保护工作领导小组”，统筹开展整改工作。5 月初，水利、国土等 10 余个部门联合行动，对案涉采砂厂开展集中整治。6 月 3 日，行政机关分别书面回复，案涉 10 家非法采砂厂已全部取缔，没收了开采出的砂料，填埋采砂坑、削缓岸坡，河道基本恢复功能。

2018 年 7 月，右玉县检察院开展公益诉讼案件“回头看”时发现，案涉采砂厂虽已全部取缔，但部分河砂弃料随意堆积，采砂坑回填较浅，受损堤岸及破坏的土地未恢复原状，遂召开座谈会，督促相关行政机关完成整改。在检察机关及相关行政机关共同推动下，右玉县政府于 8 月初引入第三方企业启动立项治理工作。检察机关持续跟进监督，大沙河非法采砂生态环境修复工程于 2021 年 6 月通过验收。经过三年治理，非法采砂产生的垃圾得到有效清理，开采形成的砂坑已回填平整，修筑堤坝 7600 米，两岸种植树木 6000 余株，受损生态环境得以全面修复。右玉县政府以该案为契机，在全县开展非法采砂专项整治行动，共取缔非法采砂厂 15 家，拆除违建房舍 1800 多平方米、洗砂船等机械设备 30 余件，恢复河道 165 万平方米。

【典型意义】

检察机关办案时不仅要依法监督行政机关履职，还应积极争取党委政府支持，统筹行政机关合力解决非法采矿和生态修复难题。针对实际整治效果与整改目标仍有差距的情况，持续跟进监督，联合多方力量促进精准施策、全面整改，体现了检察机关服务保障黄河流域生态保护和高质量发展的检察担当。

江苏省镇江市检察机关督促整治长江非法采砂行政公益诉讼案

【关键词】

行政公益诉讼　非法采砂　以类案形式起诉　督促继续履职

【要　旨】

对于行政机关同类违法行使职权或者怠于履职行为，损害国家利益或者社会公共利益的，检察机关可以类案形式提起行政公益诉讼，节约司法资源。行政行为属于“重大且明显违法”情形的，检察机关可以提出确认行政行为无效、责令继续履职的诉讼请求。

【基本案情】

长江中的江砂是宝贵的非金属矿产资源，盗采江砂不仅影响河势稳定，危及防洪和通航安全，还威胁长江生态环境。2016年前后，江苏省镇江市水利局、扬中市水利局在履行长江采砂监管职责过程中，存在对非法采砂案件降低处罚标准、遗漏“没收违法所得”“没收非法采砂机具”等处罚事项、对缓缴罚没款申请未经调查即批准等26项行政违法情形。两级水利部门共有621件行政处罚案件涉及上述问题，致使国家罚没款损失3700余万元。

【调查和督促履职】

2017年3月，江苏省镇江市人民检察院在办理相关案件过程中，发现该市水利部门在对长江非法采砂系列案件处罚时存在违法情形，将案件线索移送公益诉讼检察部门。镇江市检察院组织辖区内京口区人民检察院、扬中市人民检察院开展长江资源保护公益诉讼专项监督行动，并于2017年9月立案调查。

立案后，检察机关向水利部门调阅长江非法采砂行政处罚案卷材料，发现 621 件存在遗漏行政处罚事项、低于法定标准处罚、处罚决定未予执行等问题，行政机关上述未依法履职行为，一定程度上放纵了对长江资源及生态造成严重损害的非法采砂行为。

2018 年 4 月 26 日、4 月 27 日，京口区检察院、扬中市检察院分别向镇江市水利局、扬中市水利局发出诉前类案检察建议，督促相关行政机关纠正违法行为，依法履行法定职责。5 月 10 日，江苏省人民检察院决定对该系列案件予以挂牌督办。

水利部门收到检察建议后，成立纠正违法工作小组，制定整改方案，采取向当事人制发缴款通知书、申请法院强制执行等方式，整改了 63 件履职不到位案件，但其余案件仍未得到纠正。

【诉讼过程】

经报江苏省检察院同意，2019 年 6 月 29 日，京口区检察院向江苏省江阴市人民法院以类案形式提起行政公益诉讼 2 件，诉请判令确认镇江市水利局行政处罚决定遗漏处罚事项、未在法定期限内申请法院强制执行的行政处罚决定违法。2019 年 7 月 8 日，扬中市检察院向江阴市人民法院以类案形式提起行政公益诉讼 3 件，诉请确认扬中市水利局相关行政处罚无效，并责令其对非法采砂等违法行为依法履行职责。

2020 年 10 月 21 日，法院对 5 起案件同时作出判决，检察机关的诉讼请求全部得到支持。判决后，水利部门引以为戒，加强对长江非法采砂的打击力度和执法规范化建设，依法查处非法采砂等案件 216 件，申请法院强制执行 13 件，收缴罚没款共计 515.9 万元。

办案过程中，检察机关与水利部门多次召开座谈会，推动水利部门出台《水行政执法行为规范》《关于加强和规范行政执法相关工作的意见》等文件，进一步规范了水行政执法行为。2020 年 10 月，检察机关与水利等部门召开工作联席会，积极探索“网格长 + 河长 + 检察长”江砂监管新模式，推动形成保护合力。

【典型意义】

对于行政机关违法行使职权、怠于履职等行政违法行为，检察机关通过行政公益诉讼诉前程序与提起诉讼相结合，探索以类案形式起诉，通过确认行政行为无效、责令继续履职等方式，推动行政机关以点带面、以案为鉴，依法履职，达到“办理一案、影响一片”的良好效果。此外，通过检察监督履职，推动建立长效机制，形成了执法司法合力。

广东省汕头市人民检察院督促整治保护莲花山地热资源行政公益诉讼案

【关键词】

行政公益诉讼诉前程序　地热资源保护　非法开采地热　数据分析　专项治理

【要　旨】

检察机关通过数据分析辅助办案，将相关信息和数据进行比对，精准筛选出涉案违法经营信息，以检察建议督促行政机关开展专项整治工作。

【基本案情】

莲花山位于广东省汕头市澄海区莲华镇碧砂村内，素有“古瀛洲东南之秀者”的美称，具有丰富的地热资源。莲花山周边存在未经行政审批擅自砍伐植被，违法建设温泉浴池、房屋等经营场所等情形，导致大量地热资源流失、大面积山体植被被破坏，不仅侵害了矿产资源，还破坏了周边的生态环境。当地群众十年间对非法开采地热资源的行为持续举报投诉，但清除复绿工作进展缓慢。

【调查和督促履职】

广东省汕头市人民检察院在履职过程中发现案件线索后，开展了初步调查，一是在多个旅游类网站、APP 查询收集莲花山及其周边的温泉旅游、休闲、住宿等经营信息；二是收集群众对莲花山非法开采地热资源和违法建设的举报投诉信息；三是向相关行政监管部门调取地热资源采矿权许可资料。通过对三方信息数据分析，精准筛选出 10 余条涉嫌非法开采地热资源的经营信息。办案人员前往经营场所地以考察温泉经营市场情况等为由进行实地调查核实，查明了多家涉及温泉旅游、休闲、住宿等经营者未办理农用地转用审批手续违法建设，或未取得采矿许可证非法开采地热资源等情况。

汕头市检察院于 2020 年 6 月 30 日立案并向汕头市自然资源局发出诉前检察建议，建议该局依法对莲花山周边大规模破坏植被非农建设、非法开采地热资源等行为进行查处。汕头市自然资源局收到检察建议后，推动澄海区人民政府、澄海区莲华镇人民政府制定整治工作方案并认真落实整改，对违法建筑进行拆除，对已拆除的用地进行复绿。8 月 20 日，汕头市自然资源局书面回复，案涉非法开采地热资源的泉眼已全部封堵。同年 10 月底，汕头市自然资源局再次书面回复，案涉地的非法农转非、开采地热资源问题已全部整改完成。

为确保整改效果，汕头市检察院开展“回头看”，强化跟进监督。截至 2020 年 12 月底，共督促清理拆除违法建筑 69 处，填埋封堵用于非法开采地热资源的泉眼 35 处，莲花山周边破坏地热资源和生态环境的“顽疾”得到根治。在该案成功办理的基础上，2020 年 12 月，广东省人民检察院在全省范围内开展了地热资源保护专项行动，通过检察履职保护地热资源科学、有序、合法的开发利用。

【典型意义】

检察机关强化科技办案，探索向数据要证据，通过对收集的多方信息进行数据分析、对比，精准筛取涉案经营项目信息，获取办案所需证据，进而精准监督、持续监督，督促相关行政机关全面充分履职。在成功办理个案的基础上，在全省开展专项保护活动，进一步扩大了办案成效。

湖南省益阳市人民检察院诉夏某某等人非法采砂破坏洞庭湖生态环境民事公益诉讼案

【关键词】

民事公益诉讼　非法采砂　共同侵权　二审共同出庭

【要　旨】

对于多人参与的非法采矿破坏生态行为，检察机关通过司法鉴定量化公益损害程度，以共同侵权人各自参与范围认定连带责任数额，同时探索上下两级检察机关在检察民事公益诉讼二审程序中的诉讼地位和出庭职责。

【基本案情】

下塞湖地处洞庭湖腹地，是洞庭湖湿地的重要组成部分，大部分区域位于南洞庭湖省级自然保护区试验区及横岭湖省级自然保护区试验区。2016年6月至11月，夏某某等人为牟取非法利益，分别驾驶九江采158号、湘沅江采1168号、江苏籍999号等采砂船至下塞湖区域未经许可非法采砂，获利2243.333万元，其非法采砂行为还对洞庭湖生态环境造成了破坏。夏某某等人因非法采矿罪，被刑事生效判决分别判处有期徒刑五年至一年六个月，并追缴非法所得。

【调查和诉讼】

湖南省益阳市人民检察院在办理夏某某等人涉嫌非法采矿罪刑事案件时发现本案线索，2019年3月26日，对夏某某等15人非法采砂一案以民事公益诉讼立案，7月24日发布诉前公告，期满后没有适格主体提起诉讼。

湖南省人民检察院抽调经验丰富的检察官组成专案领导小组，指导案件办理。益阳市检察院立案后迅速梳理从刑事案件获取的证据，明确办案思路，结合三条采砂船的不同获利金额、不同或交叉的参与人员，来认定不同违法行为人在共同侵权中应承担责任的份额，并委托司法鉴定机构对资源受损情况、修复费用等进行鉴定。

经鉴定，夏某某等人非法采砂行为未发生在规划的采砂区，造成生态环境影响的空间范围共计约9.9万平方米，造成水生生物资源受损，河床结构改变，水源涵养量减少，对洞庭湖湖区和河道地形地貌、岸带稳定性、水文情势和水生生物等产生不利影响，修复水生生物资源受损、河床结构与水源涵养等受损所需的费用合计873.579万元。

2019年9月12日，益阳市检察院向益阳市中级人民法院提起民事公益诉讼，请求判令夏某某对其非法采砂行为所造成的生态环境损害873.579万元承担赔偿责任，其他14名被告依据其具体侵权行为实际获利和造成损失的情况，按照比例分别承担连带责任。益阳市中级人民法院经审理后作出一审判决，支持了检察机关的诉讼请求。被告王某某不服提出上诉。

由于绝大部分原审被告已被追究刑事责任并分散于各地服刑，为了充分保障其民事诉讼权利，湖南省检察院建议湖南省高级人民法院委托各监狱向原审被告送达有关诉讼文书，并征求其意愿由本人或委托代理人出庭，对原审被告要求本人出庭的进行在线“云开庭”。该案是湖南省首例检察民事公益诉讼二审案件，湖南省检察院与省高级法院就庭审程序等相关问题进行了细致沟通，明确省、市检察机关同时出庭。益阳市检察院以被上诉公益诉讼起诉人的身份派员出庭，湖南省检察院以上一级检察机关履行二审出庭职责，全程参与法庭调查、辩论等庭审活动，发表的出庭意见被法院全部采纳。全程旁听庭审的全国人大代表、政协委员均对庭审效果予以肯定。

2020年12月29日，湖南省高级人民法院作出（2020）湘民终1862号民事判决：驳回上诉，维持原判。该案先后入选最高人民法院2020年度环境资源典型案例、最高人民法院第31批指导性案例。

【典型意义】

检察机关坚持恢复性司法理念，一体化推进办案，通过司法鉴定，合理确定违法行为所导致的生态环境损害赔偿数额，在此基础上准确认定共同侵权的被告在各自侵权损害范围内按比例应承担的连带赔偿责任。二审开庭前与法院协商一致，推动二审庭审实质化，对提起公益诉讼的检察机关及其上一级检察机关在二审中的诉讼地位进行了有益的探索。

甘肃省检察机关督促整治非法开采石灰岩矿公益诉讼系列案

【关键词】

行政公益诉讼诉前程序　民事公益诉讼　矿产资源保护　中央生态环境保护督察　生态损害赔偿衔接　惩罚性赔偿

【要　旨】

充分发挥检察机关一体化办案机制优势，通过“行政 + 民事”公益诉讼，灵活运用磋商、听证、圆桌会议等多种监督手段，与中央生态环境保护督察、生态环境损害赔偿制度有效衔接，有效保护国家矿产资源和矿山生态环境。

【基本案情】

甘肃省漳县 A 公司系某央企所属企业的全资子公司，主要从事水泥生产。2011 年 3 月至 2020 年 5 月，该公司持续对漳县苟家寨石灰岩矿越界开采，面积为 36.19 公顷，开采量为 2014.5 万吨，国家矿产资源受损严重，矿山生态环境也遭到破坏。因越界开采，该公司曾被漳县原国土资源局处罚三次，累计罚款 25.308 万元。但相关罚款非严格依法作出，处罚数额明显偏低，处罚力度明显偏弱，该公司连续近十年违法开采。

【调查和督促履职】

第二轮中央生态环境保护督察于 2020 年 11 月将案件线索通报至最高人民检察院。最高检于 2020 年 12 月 2 日向甘肃省人民检察院下发交办函，并决定对案件进行重点督办、全程指导。

收到最高检交办的线索后，甘肃省检察院成立专案组，经初查发现，甘肃省自然资源厅对漳县 A 公司违法行为的行政处罚中未考虑石灰岩矿石本身的价值，存在处罚不到位的问题；漳县自然资源局在矿山监管中存在以罚代管、执法不规范、重复处罚的情况；定西市自然资源局作出涉矿行政许可时未履行法定职责；漳县政府未全面履行矿山监管职责。针对上述情况，最高检统筹协调甘肃省三级检察机关细致核查，明确办案思路，分级分类进行立案监督。

2021年9月18日，甘肃省检察院对省自然资源厅以行政公益诉讼立案审查，同时又制定三级院《工作方案》和《任务清单》，指导定西市人民检察院、漳县人民检察院分别对定西市自然资源局、漳县人民政府和漳县自然资源局以行政公益诉讼立案。

同年9月30日，甘肃省检察院与省自然资源厅召开诉前磋商会议，形成《磋商会议纪要》，省自然资源厅据此委托第三方对越界开采动用资源储量所有者权益进行评估。

同年11月19日，甘肃省检察院对委托甘肃省生态环境科学设计研究院作出的《漳县水泥有限公司生态环境损害鉴定评估报告》（以下简称《评估报告》）组织公开听证，经行政机关、评估机构、听证员共同评议，认定《评估报告》可以作为处罚依据。2022年1月14日，省自然资源厅根据《评估报告》对A公司作出罚款1792万余元的补充处罚决定，该公司全部予以认缴。

随后，定西市检察院分别向定西市自然资源局、漳县政府，漳县检察院向漳县自然资源局发出检察建议，督促其依法、规范履行各自矿山监管职责。被建议单位均认真进行整改，开展了系列专项整治活动，深入推进了矿山治理。

此外，甘肃省检察院对漳县A公司破坏生态环境违法行为以民事公益诉讼立案。后据定西市政府开展生态环境损害赔偿磋商的申请，甘肃省检察院要求定西市检察院对行政机关依法监督、提供法律咨询与协助。通过开展生态损害赔偿磋商，定西市生态环境局与漳县A公司达成赔偿协议并由法院作出司法确认，漳县A公司承担了生态环境服务功能损失及其5倍的惩罚性赔偿共计3651.64万元，矿山生态恢复治理工程也通过了验收。

在办案过程中，甘肃省检察院与省生态环境厅会签了《关于建立生态环境损害赔偿与检察公益诉讼工作协作机制的实施意见》；定西市检察院与定西市财政局等8部门制定了《定西市生态环境损害赔偿资金管理办法》，将办案成果制度化。

【典型意义】

对于中央生态环境保护督察交办的“硬骨头”案件，在最高检统一指挥下，四级检察机关依法能动履职，充分利用检察一体化办案机制，形成推动重大案件办理的强大动能。通过“行政＋民事”公益诉讼并行的方式，在督促行政机关作出补充处罚、依法履行监管职责的同时，追究企业民事侵权责任，督促对受损的环境进行治理，进一步提升办案质效。探索检察公益诉讼与中央生态环境保护督察、生态环境损害赔偿制度有效衔接，形成纠错共治合力。

八、人民监督员参与和监督检察公益诉讼办案活动典型案例

（2022年10月11日）

践行全过程人民民主
让检察公益保护可知、可感、可信

——最高检第八检察厅、案件管理办公室负责人就人民监督员参与和监督检察公益诉讼办案活动典型案例答记者问

2022 年 10 月 11 日，最高人民检察院印发 6 件人民监督员参与和监督检察公益诉讼办案活动典型案例，引导各地检察机关充分发挥人民监督员制度优势，努力实现人民群众对公益诉讼检察工作可知、可感、可信。

最高检发布这批典型案例有何考虑？案例体现出哪些特点？人民监督员的参与和监督对提升检察机关办理公益诉讼案件的质量有哪些作用？最高检第八检察厅厅长胡卫列、案件管理办公室主任申国军就相关问题回答了记者的提问。

问：发布人民监督员参与和监督检察公益诉讼办案活动典型案例有什么考虑？

申国军：党的二十大报告中提出，全过程人民民主是社会主义民主政治的本质属性，是最广泛、最真实、最管用的民主。人民监督员制度正是检察机关全面贯彻习近平法治思想、在检察实践中落实全过程人民民主的重要载体。

2019 年 8 月，最高检印发《人民检察院办案活动接受人民监督员监督的规定》，将“四大检察”全部纳入人民监督员监督范围，明确了参与案件公开听证、检察建议的研究提出、督促落实等 10 种人民监督员参与监督的方式。2019 年 12 月，最高检检察长在人民监督员代表座谈会上强调，贯彻执行好人民监督员制度，既能推动人民群众更好地参与国家治理，又能在人民监督下推动检察监督能力的现代化，实现双赢多赢共赢。

人民监督员在履行对司法检察工作监督职责过程中，形式上是监督，本质上是帮助检察机关依法履职、公正司法，把习近平总书记反复强调的以人民为中心落到实处。

党的二十大报告明确要求“完善公益诉讼制度”，这既是对公益诉讼检察全面推开五年来实践成效的肯定，更是对这项制度更好发挥作用的期望。公益诉讼作为检察机关维护国家利益和社会公共利益的一项新职能，本质上是一项维护人民群众利益的司法制度，邀请人民监督员参与和监督办案活动，将人民监督与为民司法有机结合起来，有利于规范和提升公益诉讼办案质效，更好维护国家利益和社会公共利益。最高检发布本批案例，是贯彻落实党的二十大精神的积极举措，以期引领各地检察机关以更高的政治站位在检察办案活动中充分发挥人民监督员制度优势，扎扎实实持续践行全过程人民民主的办案理念，提升检察机关履职能力和案件质效，促进检察工作高质量发展。

问：这批典型案例有哪些主要特点？

胡卫列：公益诉讼检察事业高质量发展，离不开人民的参与、监督、支持。这次最高检八厅和案管办联合发布的 6 件典型案例，既注重发挥人民监督员制度优势，也反映了公益诉讼检察办案活动的鲜明特征，体现了公益诉讼检察制度和人民监督员制度相结合的优势和效能。

一是案件领域广泛。这批案例涉及生态环境和资源保护、食品药品安全、安全生产、传统村落保护等多个领域，反映出检察机关围绕中心、服务大局，在人民监督员和社会公众的参与、监督、支持、见证下，破解“九龙治水”难题，既推动人民群众更好地参与国家治理，又提升检察监督能力的现代化，达到双赢多赢共赢的效果。

二是人民监督员参与和监督方式多样化。包括线索提供、辅助调查、专业咨询、公开听证、成效评估、“回头看”、旁听庭审等多个办案环节。比如，山西省临汾铁路运输检察院着眼解决人民群众急难愁盼的公共设施环境和安全问题，主动邀请人民监督员参加公开听证会、整改跟进监督和评估验收，支持检察机关厘清行政监管职责并促成有效整改，提升城市安全治理水平。

三是发挥人民监督员专业优势。有的人民监督员是相关行业领域的专家，检察机关可以借助人民监督员的特殊优势，在履行监督职责中助推检察工作。这批案例集中反映出检察机关邀请具有专业知识背景的人民监督员参与检察办案活动，是借力借智、补强检察办案团队“外援”的方式创新。比如，上海市金山区检察院针对辖区河道水体污染问题，邀请具有水环境治理专业背景的人民监督员参与公益诉讼办案活动，在线索研判、检察建议、督促整改、效果听证等阶段提出专业意见建议，有力促进“专业知识 + 法律监督”的融合，通过精准监督聚力解决群众身边的急难愁盼。

四是人民监督员助推检察履职。人民监督员凭着人民情怀和传统文化认知，能够直观理性地感受、表达涉案事实、证据、法理和情理，与检察官的司法判断形成互补，助推检察履职到位，确保案件妥善办理。比如，针对督促整治燃气安全隐患过程中的液化石油气企业无证经营、运输配送等难题，山东省青岛市黄岛区检察院主动征询人民监督员意见，人民监督员结合安全生产知识提出专业意见，从根源上杜绝无证经营，同时建议检察机关积极争取党委政府的领导和支持。黄岛区院将人民监督员的建议反馈相关行政机关并向黄岛区委提交专题报告，建议区委统筹领导对整改难点给予支持，最终实现了从源头防范化解重大风险，守护人民群众生命财产安全和公共安全。

问：2022 年是检察机关质量建设年，人民监督员的参与和监督对提升检察机关办理公益诉讼案件的质量有哪些作用？

胡卫列：公益诉讼是国家治理体系的一部分，推动公益诉讼工作的现代化，是国家治理体系和治理能力现代化的应有之义。公益诉讼检察为了人民、服务人民，也要依靠人民，接受人民监督。实践证明，人民监督员制度能够在其中发挥积极作用。在公益诉讼中引入人民群众参与，让“大家的事情，大家一起商量着办”，这既能够协调各方利益画出最大“同心圆”，同时也凝聚各方智慧提升工作的科学化水平，是公益诉讼自身工作方式现代化的路径之一。具体来说，一是有利于彰显为民司法。人民监督员来自人民、植根大众，对人民群众最朴实的公平正义感受、最真实的司法需求，有更深刻的理解和认识，能够监督检察机关更好地履行法律监督职能。贯彻执行好人民监督员制度，主动邀请人民监督员参与和监督检察公益诉讼办案活动，既能推动人民群众更好地参与国家治理，又能在人民监督下推动检察监督能力的现代化，使人民检察的“人民性”得到充分体现。二是有利于提升办案质效。实践中，检察机关可以主动把公益诉讼检察案件，特别是重点难点案件纳入人民监督员监督程序。在人民监督员和社会公众的参与、监督、支持、见证下，检察机关办案能够精准监督、提高质效、防范风险，把公益诉讼检察工作做得更扎实更规范。三是有利于推动溯源治理。实践证明，检察机关借助“外脑”，邀请具有相关领域专业知识的人民监督员参与和监督司法办案，能发挥关键作用。一些案件中，人民监督员不仅提出专业建议解决个案问题，还积极建言献策，推动类案监督、溯源治理，深入研究诸如根治燃气安全隐患等相关社会治理问题，督促行政机关积极全面履职，破解“九龙治水”难题，实现双赢多赢共赢。

问：下一步，检察机关推进人民监督员工作全面深入开展有哪些安排？

申国军：人民监督员工作虽然取得了明显的成效，但也存在一些问题和短板，需要从观念、理念、制度等方面进一步提高认识、规范推进。一是从讲政治的高度重视人民监督员工作。把人民监督员工作作为落实党的二十大精神、践行全过程人民民主的重要举措，作为我国“一府一委两院”政治架构中人民群众实施监督的具体方式，深刻认识人民监督员工作的重大理论和实践价值，以高度的政治责任感开展人民监督员工作。二是始终保持人民监督员的人民性。协调司法行政部门，合理分配人民监督员在不同地域的名额，兼顾人民监督员在各行业、各领域的覆盖面，充分体现人民监督员来源的广泛性和代表性。协调司法行政部门，从人民监督员信息库中随机抽选人民监督员开展监督，从制度机制上保障更广泛的人民参与。三是引导促进人民监督员的实质性监督。指导各地检察机关，避免邀请监督的“表面化”“过场化”，对于人民监督员提出的不同于检察机关拟处理决定的意见，要认真研究，切实将人民监督员监督意见落到“实处”，切实提升人民监督员的监督刚性。四是在接受监督中形成双赢多赢共赢的格局。人民监督员在履行对检察工作监督职责过程中，形式上是监督，本质上是帮助检察机关依法履职、公正司法，双方的目标是一致的，可以实现双赢多赢共赢。指导各地检察机关强化“监督就是支持”的理念，借助人民监督员的特殊优势，在接受监督中提升检察工作。

上海市金山区人民检察院督促保护河道水环境行政公益诉讼案

【关键词】

行政公益诉讼诉前程序　水环境保护　人民监督员　专业背景　机制融合

【要　旨】

对于涉及相关专业领域的公益诉讼案件，检察机关可以邀请具有相关专业背景的人民监督员参与监督办案，积极推动人民监督员工作机制与其他相关工作机制深度融合、凝聚合力，以能动履职促进公益诉讼检察工作实现融合发展。

【基本案情】

上海市金山区内一家奶牛场周边河道水质异常，水体呈黑色，有刺鼻酸臭味，水质疑似受到污染，并蔓延至下游其他河段。涉案河道近三年夏季曾多次出现类似情况，对附近村民的生活造成了一定影响，村民多次投诉，相关部门曾进行应急处置，但未能从根本上解决问题。

【人民监督员参与和监督情况】

2021 年 8 月 28 日，上海市金山区人民检察院（以下简称金山区院）收到金山区河长制办公室（以下简称区河长办）移送的上述线索，于 2021 年 9 月 2 日立案。检察机关开展实地调查取证，并对涉案污染河道取水采样，经检测超出地表水环境质量标准基本项目标准限值，河道水体已受污染。检察人员联合区河长办工作人员到涉案地镇政府、奶牛场、附近村居走访调查，查明污染原因。

2021年9月4日，为准确研判案情、明确办案思路，金山区院邀请两名人民监督员参与会商（其中一名具有水环境治理专业背景）。检察人员向其介绍本案案情、初步查明的原因和案件前期办理情况，并听取人民监督员意见。人民监督员提出可通过对上下游河流水质氨氮、化学需氧量等指标浓度变化趋势分析确定河道污染源头等专业意见，并建议检察机关通过办案推动建立长效机制，从根本上解决污染问题，避免对责任单位一罚了之。

2021年9月9日，金山区院采纳人民监督员意见，根据《中华人民共和国水污染防治法》《上海市河道管理条例》等法律法规，向属地镇政府制发诉前检察建议，要求其依法全面履行水环境监管职责，做好奶牛场环河水质污染治理工作，修复受损生态环境，从根本上解决水质污染问题。

检察建议制发后，检察人员两次会同人民监督员、区河长办工作人员前往涉案地奶牛场了解检察建议落实情况。其间，人民监督员从专业角度出发，提出“设备升级改造、畜禽粪便进行厌氧发酵、做好极端天气污水回流应急方案”等优化意见，金山区院及时采纳该意见，并积极推动意见内容在督促整改中落实。涉案地奶牛场根据要求落实8项环河专项管控措施，投入230多万元用于环境污染防治设施升级改造，并主动承担了修复该环河河段的治理费用。

2021年11月24日，金山区院邀请四名区人大代表和政协委员以及河长办工作人员进行公开听证，同时邀请两名人民监督员全程监督。在听取人民监督员及其他第三方意见基础上，结合检测机构对奶牛场环河附近河水的检测意见等事实证据，确认行政机关充分履职，侵害公益现象已消除。至此，经过金山区院、区河长办、人民监督员的全程联动协作，一起困扰周边村民多年的水污染治理难题得到了有效破解。

【典型意义】

人民监督员选任可以在具有特定专业背景的人民监督员中随机抽选，本案涉及水环境保护等专业领域，通过邀请具有相关专业背景的人民监督员参与，在线索研判、检察建议、督促整改、效果听证等阶段提出专业意见建议，有力促进“专业知识+法律监督”的融合，通过精准监督聚力解决群众身边的急难事。同时检察机关创新引入人民监督员参与和监督，形成“河长 + 检察长 + 人民监督员”治河模式，推动行政监督、司法监督、群众监督有机贯通、相互协调、形成合力，实现了“1+1+1>3”的水环境治理效果。

山西省临汾铁路运输检察院督促整治铁路地下通道环境和安全隐患行政公益诉讼案

【关键词】

行政公益诉讼诉前程序　公共安全　人民监督员　听证员　专业辅助全流程监督

【要　旨】

对于人民群众急难愁盼的城市公共设施环境和安全隐患问题，检察机关邀请相关行业领域的人民监督员全流程监督，支持检察机关厘清行政监管职责并促成有效整改，提升城市安全治理水平。

【基本案情】

山西省临汾站地下通道位于南同蒲铁路临汾火车站北侧，始建于20世纪80年代，全长约200米，是临汾火车站周边居民和铁路职工穿越铁路桥的重要通道。2020年至2021年，因临汾市区四条跨铁路立交桥中的三条进行拓宽改造封闭施工，其间该地下通道成为市区非机动车、行人跨铁路通行的主要道路，人流量大幅增加。2021年7月，群众在抖音、微信等社交媒体平台以及“人民网——领导留言板”栏目反映该地下通道环境“脏乱差”严重，因时值汛期，给人民群众人身和财产安全带来隐忧。

【人民监督员参与和监督情况】

山西省临汾铁路运输检察院（以下简称临汾铁检院）从网络媒体发现本案线索，于2021年7月28日以行政公益诉讼立案办理。经现场调查查明，通道内的垃圾桶破旧不堪，桶外布满黑斑污渍且无封闭盖，因清理不及时常有垃圾渗液流至路面中央，散发出阵阵臭味。该地下通道因年久失修，地面存在多处明显坑洼，排水系统不畅，遇雨雪天气则积水、积冰严重，通道顶部两边凌乱布满各种线路，给行人人身安全造成较大隐患；通道内部照明设施长期损坏未修复，光线昏暗；通道出入口坡度较陡，路面湿滑时经常出现上下行人摔伤情况。同时，检察机关走访了城市管理局、属地街道办事处（以下简称街道办）及铁路工务、供电、房建、车务等相关单位进行调查核实，了解地下通道的权属和供电、照明、路面设施维护等问题，厘清具体实施主体和监督主体。经调查发现，该地下通道既是铁路线路设备，又是行人通行要道，修建年代久远，相关责任单位几经变迁、裁撤调整，目前存在地方行政机关与铁路及其内部多部门职责交叉不清的情况。

2021年10月18日，临汾铁检院召开公开听证会，确定涉案相关行政机关、铁路单位、部分群众代表作为听证参加人，并邀请1名铁路职业背景、1名文化传媒职业背景及1名高校行政职业背景的人民监督员担任听证员。办案检察官对调查查明的地下通道安全隐患进行了多媒体展示，介绍了本案前期办理情况和问题焦点。行政机关、铁路单位分别对各自履职情况及问题困难进行阐述说明。听证员围绕职责划分、治理重点等向行政机关、铁路单位进行现场提问，并结合自身专业知识发表了听证评议意见，认为属地街道办应积极履行属地人居环境治理和安全监管职责，及时与铁路单位协同配合完成地下通道路面、坡道、排水疏通和照明设施改造升级；铁路内部各职能部门应明确分工、各尽其职，铁路工务部门应及时维护修缮地下通道路面环境，优化通行环境；铁路车务部门应及时配合保障地下通道照明充足；检察机关要协调督促行政机关、铁路单位相互协调配合，尽快把惠民便民工程完成好，保障人民群众通行安全顺畅。

2021年10月25日，临汾铁检院结合听证评议意见，依据《山西省城乡环境综合治理条例》等相关规定，向属地街道办发出诉前检察建议书，建议其积极履行属地监管职责，协同铁路单位解决涉案地下通道环境问题和安全隐患。收到检察建议后，属地街道办协同铁路单位制定施工方案，统筹各方参与通道治理。在整改过程中，临汾铁检院继续邀请人民监督员支持指导，人民监督员针对通道改良设计方案分别结合行业知识以及在网络媒体搜集的群众反映集中的问题提出改进建议；针对通道积水排泄等安全问题，提出要做好强降雨时利用铁路涵洞排水泵快速排出积水的预案，以及定期更换出入口排水篦子、疏通排水通道等意见建议。

2021年12月21日，临汾铁检院收到行政机关的书面回复后，再次邀请人民监督员参与案件整改评估验收，确认通道环境和安全问题得到了有效治理。人民监督员认为，本案中检察机关积极为民办实事，发挥公益诉讼协同共治制度优势，提升了城市治理水平，让“问题通道”变“坦途”，切实保障了城市公共设施的安全运行。

【典型意义】

城市公共设施安全与人民群众息息相关，特别是近年来极端天气事件多发情况下，更需筑牢城市安全防线。检察机关着眼解决人民群众急难愁盼的公共设施环境和安全问题，主动邀请具备相关领域专业知识的人民监督员参加办案活动，协助厘清各方责任，并参与整改跟进监督和评估验收，体现了公益诉讼检察制度和人民监督员制度相结合的优势和效能。

山东省青岛市黄岛区人民检察院督促整治燃气安全隐患行政公益诉讼案

【关键词】

行政公益诉讼诉前程序　燃气安全　人民监督员　专业辅助　听证员　综合治理

【要　旨】

针对液化石油气和管道燃气等安全隐患监督难点，检察机关邀请具备安全生产专业知识的人民监督员全程监督办案并提供专业辅助，加强源头风险防范。

【基本案情】

黄岛区是国家级经济开发区，辖区内有多个保税区和大型物流企业，安全生产是当地高质量发展的基础和前提。2021 年 8 月，山东省青岛市黄岛区人民检察院（以下简称黄岛区院）在参与区人大联合调研安全生产及应急管理“两法两条例”（《中华人民共和国安全生产法》《中华人民共和国突发事件应对法》《山东省安全生产条例》《山东省突发事件应对条例》）落实情况时发现，辖区内液化石油气用户违规自行运输、安装气瓶，无专门车辆专业人员配送安装，应检验或报废的气瓶随意露天堆放、瓶内残液易发生泄漏引起爆炸，诸多安全隐患威胁人民群众生命财产安全。

【人民监督员参与和监督情况】

2021 年 8 月，在修改后安全生产法即将实施之际，黄岛区院决定以行政公益诉讼立案办理。经区安全生产委员会推荐，黄岛区院邀请了具备安全生产专业知识的人民监督员全程参与和监督办案。经邀请人民监督员参与实地踏勘、走访调研等查明：有 12 家液化石油气企业在经营许可证过期后仍进行充装经营活动；31家液化石油气企业未执行配送制度，部分企业给非自有气瓶充气；560只气瓶已达报废期，334只气瓶超过检测期；147处燃气管道地上设施未设置保护装置等。依据《城镇燃气管理条例》《特种设备安全法》《危险货物道路运输安全管理办法》以及相关职权清单，查明涉及的监管部门包括燃气行业主管部门城市管理局、对危险货物运输具有监管职责的交通运输局、承担特种设备监督管理的市场监督管理局和行使行政处罚权的综合行政执法局。黄岛区院于2022年2月分别向上述四家行政机关发出诉前检察建议，建议依法全面履行各自职责，整改安全隐患。因应急管理局对安全生产工作负有牵头和指导作用，黄岛区院同时与区应急管理局开展诉前磋商，建议由其牵头将各部门凝聚合力，共同解决燃气安全隐患。

为更好协同各方高效履职，2022年4月7日，黄岛区院组织召开公开听证会，邀请相关行政机关参加，并邀请人民监督员、区应急管理局专家库专家及区人大委派的一名人大代表担任听证员，听取行政机关整改落实进度，针对多头管理、监管盲区等问题，听证员发表听证意见，进一步理清了各行政机关的具体履职内容，敦促应急管理部门强化统筹调度，提高行政执法和整改推进效率。同时建议聚焦监督重点，主要围绕无证经营、运输配送等顽瘴痼疾强化监管。会后，应急管理局立即调度行政机关和镇街召开专题会议，对整改工作作出部署安排，促使各行政机关认领其职责范围内的执法工作，推动相关镇街配合进行整改工作。

2022年4月18日，针对整改过程中各方反馈的无证经营以及配送车辆运力不足等问题，黄岛区院向人民监督员征询意见，人民监督员建议：一是切断无经营许可证的12家供应站储罐与充装设备之间的连接管道，从根源上杜绝无证经营；二是增设专业配送工具和人员；三是积极争取党委政府的领导和支持。黄岛区院将上述建议反馈相关行政机关并向黄岛区委提交专题报告，建议区委统筹领导对整改难点给予支持。区委采纳了建议并立即调度镇街发挥属地管理职责，全力配合相关行政机关整改落实工作。

2022年4月29日，黄岛区院邀请人民监督员开展燃气安全检察建议整改落实情况“回头看”，到燃气供应站现场检查，听取相关行政机关反馈，确认无经营许可证的12家供应站相关管道已被城市管理局切断，后续在整合市场供气资源中逐步退出市场；区城市管理局主导制定《瓶装液化石油气配送服务实施方案》，增设全区统一的气瓶配送专用车辆，并补贴置换废旧气瓶6万余只，配备统一标号的自有气瓶，实现全程追溯监管；区综合行政执法局配合城市管理局在147处燃气管道地上设施全部设置保护装置和安全警示标志；区市场监督管理局责令企业将已达检测期或报废期的气瓶全部送检报废。人民监督员对整改效果给予高度评价和充分肯定："检察机关的监督有力度、有速度、更有实效，彰显了检察机关护航民生民利的态度和决心！"

【典型意义】

燃气安全关乎人民群众生命财产安全。检察机关邀请具有专业知识的人民监督员通过协助调查、公开听证、落实反馈、深入现场"回头看"等参与公益诉讼办案全过程，一方面为提升监督质效提供了专业支持和技术保障，促进整改落实更加高效，另一方面对行政机关履职进行精准监督，实现了以"我管"促"都管"，是人民民主监督与检察监督深度融合的有益尝试，为从源头防范化解重大风险，守护人民群众生命财产安全和公共安全贡献了检察力量。

湖北省宣恩县人民检察院督促履行网络餐饮服务食品安全监督管理职责行政公益诉讼案

【关键词】

行政公益诉讼　网络餐饮食品安全　人民监督员　调查取证　旁听庭审　专业意见

【要　旨】

检察机关在办理网络餐饮服务食品安全领域行政公益诉讼案时，先后在调查取证、一审、二审庭审以及“回头看”中邀请专家型人民监督员全程监督，人民监督员提出互联网领域专业意见，助推网络餐饮治理现代化。

【基本案情】

甲、乙网络餐饮服务平台于2018年在湖北省宣恩县上线经营，入网餐饮服务提供者分别达100余家。自上线以来，两家平台及入网餐饮服务提供者未在网上公示量化分级信息，部分入网餐饮服务提供者未在餐饮服务经营活动主页面公示食品经营许可证。

【人民监督员参与和监督情况】

湖北省宣恩县人民检察院（以下简称宣恩县院）在开展食药品专项监督中发现该案线索，于2019年9月2日立案。为合法、准确固定电子证据，宣恩县院专门邀请具有网络服务工作经验的专家型人民监督员参与调查取证。人民监督员认为直接提取后台数据存在一定困难，且难以在海量数据库内调取宣恩县境内餐饮服务板块信息，建议直接通过网络勘验方式固定电子证据，对取证过程全程同步录音录像。办案人员采纳人民监督员意见，并邀请人民监督员监督取证过程。同年9月4日，宣恩县院向宣恩县市场监督管理局发出检察建议书，建议其对辖区内甲、乙两家网络餐饮服务第三方平台提供者和入网餐饮服务提供者的违法行为依法履行监督管理职责。

宣恩县市场监督管理局作出书面回复后，仍未全面依法履行监督管理职责，导致网络餐饮服务仍存在安全隐患，危及众多不特定消费者的身体健康，损害了社会公共利益。2020 年 5 月 13 日，宣恩县院向宣恩县人民法院提起行政公益诉讼，请求判令宣恩县市场监督管理局依法履行监督管理职责。同年 11 月 13 日，宣恩县人民法院判决支持了宣恩县院的诉讼请求，责令宣恩县市场监督管理局对甲、乙两家网络餐饮服务第三方平台提供者及辖区内入网餐饮服务提供者未公示量化分级信息依法履行监督管理职责。宣恩县市场监督管理局不服一审判决，于同年 11 月 26 日向恩施土家族苗族自治州中级人民法院提出上诉。恩施土家族苗族自治州中级人民法院审理认为，宣恩县市场监督管理局未充分履行食品安全监管职责，国家利益和社会公共利益受到了侵害，于 2021 年 3 月 30 日作出二审判决，责令宣恩县市场监督管理局依法履行监督管理职责。

在本案一审、二审庭审中，检察机关均邀请专家型人民监督员旁听，对检察人员的出庭活动进行监督，在中途休庭时，人民监督员先后就公益诉讼起诉人在举证质证、法庭辩论中关于入口图、轮播图、详情图、C2B 电子商务模式等网络专业术语使用不规范等问题提出意见建议，出庭人员积极采纳，进一步规范专业术语的运用，明晰了网络餐饮服务领域存在的问题。

2021 年 8 月，宣恩县院再次邀请人民监督员对网络餐饮平台整改情况开展“回头看”，对线上平台进行技术检测，并对线下实体店进行探访。经过网上查看和实地走访，办案人员和人民监督员一致认为网络餐饮平台量化分级信息、食品经营许可证公示已达到整改要求，宣恩县市场监督管理局已履职到位。

【典型意义】

检察机关在对网络餐饮食品安全开展公益诉讼监督过程中，邀请专家型人民监督员参与和监督调查取证、旁听庭审、“回头看”等办案活动，人民监督员在每个环节发表相关专业意见，助力检察机关在调取证据、发表举证质证意见、作出整改评判中突破专业壁垒，督促行政机关从“心口不服”到“心服口服”，从消极不全面履职到积极全面履职，及时修复受损公益，守住了人民群众“舌尖上的安全”。

湖南省人民检察院、长沙市人民检察院督促整治违法电视广告行政公益诉讼案

【关键词】

行政公益诉讼诉前程序　违法电视广告　人民监督员　一体化办案　公开听证

【要　旨】

针对违法电视广告欺骗、诱导消费者尤其是中老年人过度消费问题，检察机关主动邀请省、市级人民监督员参与和监督办案活动，督促相关行政机关从源头整治违法广告乱象，有效扭转“谁都有权管、谁都不想管”的局面。

【基本案情】

湖南省部分电视频道发布的食品药品等电视广告存在以患者形象做推荐证明、以介绍健康养生等形式变相发布“三品一械”广告、含有功效安全性断言、含有误解内容以及超时播放等违法情形，同一违法电视广告重复播、换台播、重新播现象比较普遍。

【人民监督员参与和监督情况】

2020 年初，最高人民检察院将本案线索交办湖南省人民检察院（以下简称湖南省院），湖南省院、长沙市人民检察院（以下简称市检察院）实行一体化办案，于 2021 年 4 月、8 月分别立案调查。经调查发现，市场监督管理部门（以下简称市监部门）和广播电视行政部门（以下简称广电部门）对违法电视广告的监管存在线索处理不及时、信息不对称、处罚力度不大、处理手段单一等监管不到位问题，违法电视广告持续播出，让电视观众尤其中老年观众误信广告产品功能不当消费，侵犯了消费者知情

权，可能危及其人身和财产安全，损害了社会公共利益。2021年8月底、9月底，省、市检察院两次与市监部门、广电部门进行磋商，充分听取双方意见，达成齐抓共管共识。事后，市监部门、广电部门积极作为，虽采取了一些监管措施，但违法电视广告仍屡禁不止。

2021年10月9日，省、市检察院围绕"电视频道发布违法电视广告是否损害社会公共利益、行政机关是否需要加强监管"召开公开听证会，邀请7位各界人士担任听证员，并从省、市级人民监督员名单中各邀请一名人民监督员全程监督。人民监督员在听证会发表监督意见，认为检察机关对违法电视广告的监督有必要，认为：（1）违法电视广告的危害性很大，严重损害社会公共利益。（2）要加强市监部门和广电部门内部监管机制，包括广告审核、发布、违法广告查处等环节要明晰化、规范化、制度化，责任到人。（3）行政查处存在查处不到位、力度不足的问题。市监部门对广告主、广告经营者的监管不力，检察机关与省消费者权益保护委员会可以发挥民事公益诉讼的职能作用。（4）要实现市监、广电等行政机关对违法信息的联动共享共治，建议形成全国"一盘棋"。（5）检察机关可以不定期组织对播出电视广告"回头看"，引导社会组织、人民监督员在内的社会力量共同监督。该监督意见被采纳，听证会形成了健全行政机关内部监管机制、各部门信息共享联动机制、加大查处力度、引导社会力量共同监督的决议。

听证会后，省、市检察院持续跟进监督，市检察院于2021年10月向市监部门制发行政公益诉讼检察建议和社会治理检察建议，省检察院于2022年6月向广电部门制发检察建议。收到检察建议后，相关部门积极推进电视频道发布违法电视广告整改工作。市监部门进一步加大了执法力度，开展专项检查，建立严格广告监管的长效机制，出台《市监局违法广告线索处置办法（试行）》，并与广电局建立监管信息通报机制，强化广告"三审"制度，把"事后监管"转化为"事前指导"，堵塞监管漏洞，形成监管合力。广电部门及所辖电视台向省检察院提交了整改情况报告，开展集体约谈，核查检察院移交线索，督促电视频道全面自查，开展专项整治百日行动并常态化，并主动与省检察院、市监部门沟通，拟共同制定关于以检察公益诉讼推进违法广告综合治理的意见，建立健全广告监管长效机制。

截至2022年8月，省、市检察院持续开展"回头看"发现，电视频道广告总时长减少，专题广告总时长已压缩30%以上，“三品一械”广告基本禁止，电视荧屏得到有效净化。省市两级检察院将“回头看”专项跟进监督结果及时向两名人民监督员进行反馈，并告知其意见采纳情况。

【典型意义】

发布违法食品药品等电视广告欺骗、诱导消费者尤其是中老年人过度消费现象，已成为广告行业的顽瘴痼疾。省、市检察院充分发挥公益诉讼检察监督、支持和协同职能，主动邀请省、市级人民监督员监督办案活动，通过诉前磋商、公开听证、检察建议、持续跟进监督等方式实行一体化办案，采纳监督意见，督促相关职能部门厘清职责、依法查处、建章立制、堵塞漏洞，破解违法电视广告“老大难”问题，凝聚社会共识，形成监管合力，从行政、司法、社会层面加强监管、净化荧屏，把好电视广告源头审核关、末端播出关，营造风清气正的电视广告市场秩序，切实守护中老年人的美好生活。

四川省北川羌族自治县人民检察院督促保护传统村落行政公益诉讼系列案

【关键词】

行政公益诉讼诉前程序　少数民族人民监督员　听证员　传统村落保护　消防安全　非物质文化遗产保护

【要　旨】

对地处偏远山区的羌族传统村落存在的消防安全隐患及羌文化元素体现不足等问题，检察机关在办案中邀请致力于羌文化研究保护传承的羌族人民监督员全程监督，推动相关部门各司其职构建保护合力，改善传统村落消防安全软硬件设施，保护羌寨传统特色建筑。

【基本案情】

四川省绵阳市北川羌族自治县是我国唯一的羌族自治县，该县青片乡上五村、马槽乡黑水村于 2013 年 8 月入选中国第二批传统村落名录。村寨内的古碉楼群、古羌吊脚楼、祭祀塔、古河道等是羌民族建筑最典型的代表。两个传统村落地处偏远的高山峡谷中，存在消防设施落后、房内屋外电线乱搭乱建、古树被电线缠绕、村民缺乏消防应急处置能力等消防安全隐患，以及新旧建筑杂糅、羌族特色体现不足、传统村落保护标志损坏严重、羌绣羌笛等国家级非物质文化遗产保护不力等问题，影响和制约了民族传统村落和历史文化的保护、传承和发展。

【人民监督员参与和监督情况】

2022 年 3 月初，四川省北川羌族自治县人民检察院（以下简称北川县院）“炬达蜜纳”公益诉讼团队实地走访两处传统村落时发现上述线索，并于 2022 年 3 月 16 日以行政公益诉讼立案。办案过程中，检察机关六次邀请致力于羌文化研究保护的羌族人民监督员参与监督办案活动，共同推动羌族传统村落保护和羌族非物质文化遗产保护传承。

在组织公开听证前，检察机关邀请羌族人民监督员座谈并听取其意见建议。羌族人民监督员建议，公开听证时可以邀请羌文化保护的行政机关以及电力部门技术人员参加听证，提升职能部门系统保护传统村落的意识。2022年3月17日，北川县院召开公开听证会，羌族人民监督员及代表委员担任听证员，县住房和城乡建设局（以下简称县住建局）等五个单位作为当事人参加听证，并邀请县乡村振兴局、县民族宗教事务局以及永昌镇供电所技术人员参加。听证会上，办案团队播放了云南“2·14翁丁佤寨火灾事故”警示片，并提出两处羌族传统村落也是木石结构，要吸取翁丁佤寨火灾事故的教训，及时消除消防安全隐患。供电所技术人员等专业人士对有关问题予以现场解答。羌族人民监督员介绍了羌族民居建筑的特色，建议相关职能部门加大执法力度，处理好传统与现代、继承与发展的关系，规范传统村落建设，更好地体现民族特色和地域特征。

2022年3月21日，北川县院向县住建局等五个单位公开宣告送达诉前检察建议，并邀请羌族人民监督员参加。羌族人民监督员建议，相关职能部门要更好地保障传统村落原住民的生活，各司其职做好羌文化保护和传承工作；检察机关要协同督促相关职能部门合力保护好传统羌寨，加大对整改情况的监督。检察机关于2022年4月初赴两处传统村落对整改情况开展跟进监督，发现相关问题正在有序整改，同时发现村落里部分通讯电缆缠绕交错并掉落在地、通讯杆倾斜等新问题。

2022年4月26日，北川县院针对新发现的通讯线路安全问题正式立案，于5月12日向县工业信息化和科技局公开宣告送达诉前检察建议，并邀请羌族人民监督员及移动、联通、电信三大运营商参加。羌族人民监督员建议，行政机关要督促三大运营商加强协作、排查整改传统村落通讯线路问题，检察机关要进一步加强对整改情况的监督。

2022年5月、7月，检察机关两次邀请羌族人民监督员前往涉案两处传统村落实地查看整改情况，发现相关问题得以全面整改。一是应急管理部门投入资金95万余元为传统村落修建微型消防站2座、消防水池1座，更换并增添了消防器材，对村落里92户村民家中的线路改造升级，并派消防队对村民定期开展消防培训演练。二是住建部门牵头相关部门拆除了影响传统村落羌族特色风貌的违章建筑，修缮了传统村落保护标志，定期开展传统村落保护普法宣传。三是工信部门牵头对包括两处传统村落在内的村镇通信线路进行排查整治，投入14.7万元，完成弱电线路整治10.7公里，清理更换通信线路5.5公里和通信线杆67根。羌族人民监督员建议，检察机关要继续发挥职能职责，与非遗企业以及省内其他羌族地区开展协作，构建更大更强保护合力，为羌文化保护传承作出贡献。

2022年6月27日，根据人民监督员的建议，检察机关与羌族人民监督员共同走访当地两家羌族非物质文化遗产企业并进行座谈，就在羌族传统村落保护中更多体现羌文化元素、共同推动羌族非物质文化遗产的保护传承达成共识。2022年7月8日，为推动羌族地区跨区域协作，北川县院和茂县人民检察院就涉及羌文化及羌族传统村落保护的相关问题会签协作意见，共同加强羌文化司法保护力度。

【典型意义】

多姿多彩的少数民族文化是中华文化的重要组成部分。地处偏远高山峡谷的民族传统村落交通极其不便，一旦发生火灾等消防安全事故，只能靠村民自救，缺乏相应的消防应急处置能力。本案中，检察机关邀请长期从事羌文化保护研究的羌族人民监督员全程参与座谈、公开听证、公开宣告、整改验收等环节，结合羌文化研究保护提出专业性监督意见，让公益诉讼监督更加精准，治理效果从传统村落消防安全隐患治理延伸到传统村落的民族特色、羌文化非物质文化遗产保护，为羌族传统村落的立体式、全方位保护提供了有力司法保障。

九、国有财产保护、国有土地使用权出让领域行政公益诉讼典型案例

（2022 年 11 月 7 日）

胸怀“国之大者”加大“国财国土”领域公益诉讼办案力度

——最高检第八检察厅负责人就国有财产保护、国有土地使用权出让领域行政公益诉讼典型案例答记者问

2022 年 11 月 7 日，最高人民检察院发布国有财产保护和国有土地使用权出让（以下简称“国财国土”）领域行政公益诉讼典型案例，引导各级检察机关加大办案力度，提升办案质效，助力“国财国土”治理能力和治理水平提升。最高检第八检察厅厅长胡卫列就相关问题回答了记者提问。

问：最高检在 2020 年曾发布过一批国有财产保护和国有土地使用权出让领域行政公益诉讼典型案例，此次又发布这两个领域的典型案例，出于何种考虑？

答：国有财产、国有土地作为国家的重要物质基础，关系国计民生，关系国家和人民利益。这两个领域是公益诉讼检察制度建立之初四大法定领域的重要组成部分，也是习近平总书记在党的十八届四中全会《中共中央关于全面推进依法治国若干重大问题的决定》的说明中特别点出的领域，可以说是公益诉讼检察制度最早的法定“责任田”，必须坚决守好的“主阵地”。因此，我们较早就注意总结各地办案经验，通过典型案例来引领和推动“国财国土”领域工作开展。

习近平总书记指出：“国有资产资源来之不易，是全国人民的共同财富。”党的二十大报告在构建高水平社会主义市场经济体制和增进民生福祉方面作出一系列具体部署，包括健全现代预算制度、优化税制结构、完善财政转移支付体系、深化国资国企改革、加强金融监管、健全多层次社会保障体系等，并强调“加强检察机关法律监督工作。完善公益诉讼制

度”，这对“国财国土”领域公益诉讼检察提出了更高要求。我们再次发布一批该领域典型案例，从强化法律监督、维护公平正义、完善国家治理和促进全体人民共同富裕的高度，指引各级检察机关做好“国财国土”领域公益诉讼检察工作，监督保护国有财产和国有土地，守护人民群众家底，为更多惠民生、暖民心举措顺利实施，助力构建国家新发展格局和实现高质量发展发挥好法治保障作用。

2021年，党中央制发《中共中央关于加强新时代检察机关法律监督工作的意见》，明确要求加大“国财国土”等重点领域公益诉讼案件办理力度。最高检党组对在新形势下加强“国财国土”领域公益诉讼检察工作高度重视，在2022年初召开的全国检察长（扩大）会议上作了特别强调，并提出了明确要求。2月7日，我们下发了《关于加强国有财产保护、国有土地使用权出让领域公益诉讼检察工作的通知》，提出实现“国财国土”领域市级检察院办案全覆盖的目标和具体要求。3月25日，我们又召开全国检察机关公益诉讼办案工作视频督导会进行全面部署。近期，我们还派员赴有关省市开展实地调研督导，后续还会推出相关措施。下发通知和召开视频督导会之后，各地反响很大，普遍加大了办案力度。2022年1—9月，全国检察机关共立案办理国有财产保护领域案件7976件，同比上升59.65%；办理国有土地使用权出让领域案件1457件，同比上升131.27%。

这次发布这批典型案例，是我们2022年加强“国财国土”领域公益诉讼检察工作系列举措之一，就是要进一步动员各级检察机关高度重视“国财国土”领域的公益诉讼检察工作，胸怀“国之大者”，深刻认识加强“国财国土”领域公益诉讼办案工作的重要意义，准确把握这两个领域公益诉讼检察职能特点和办案规律，不断加大办案力度，注重提升办案质效，助力“国财国土”治理能力和治理水平提升。

问：从这批典型案例看，检察机关在“国财国土”领域公益诉讼检察工作有什么特点？

答：这批典型案例共12个，涉及国有财产保护领域的税、费、金、物流失和国有土地使用权出让领域的欠缴土地出让收入、土地闲置、违规用地等问题，案件类型比较丰富，办案成效比较明显，也反映了当前“国财国土”领域公益诉讼办案工作的一些新情况和新特点：

一是围绕工作大局和民生热点问题，突出监督重点。近年来，国家在财税领域推出一系列重大改革举措，颁布实施《中华人民共和国耕地占用税法》等一批新税法，检察机关积极主动作为，及时督促有关部门追缴相关税款，并助力服务保障相关改革措施平稳落地。广西壮族自治区南宁市良庆区检察机关针对耕地占用税征收过程中由于税收协助职责履行不到位，导致非法占用耕地涉税信息未移送、涉税信息交换与共享机制不健全、税收征管协同不足等问题，切实发挥行政公益诉讼独特效能，督促相关行政机关协同履职，以“我管”促“都管”，推动加强税源管控，堵塞税收漏洞，规范税收秩序，建立健全社会综合治税体系。同时，针对群众反映强烈的医保、养老、低保、工伤等方面违规套取基金损害民利问题，检察机关通过扎实办理一个个具体案件，将以人民为中心的发展思想落到实处。江西省赣州市检察机关深挖违规诊疗中医疗保障基金流失的案件线索，果断立案调查，督促有关部门追回医保基金损失，并建议行政机关开展全面排查，进行专项整治，推动建立健全医疗保障基金长效监管机制，切实守护人民群众的“救命钱”。

二是创新工作方法，善于借助“外脑”补短板。“国财国土”领域公益损害问题涉及经济、证券、会计、审计、法律等专业知识，隐蔽性强、专业性强，不同于生态环境保护、食品药品安全等领域问题的可感可知，群众举报发现少，尤其需要创新、借力。黑龙江省哈尔滨市道外区检察院在办理涉税案件中，通过聘请专业审计师团队参与调查取证工作，弥补了专业领域知识技能储备不足的短板，提升了监督专业性和精准性，为检察机关有效督促税收征缴和防止国有财产流失提供了极大的助力。福建省惠安县检察院在办理个案基础上，与审计部门会签协作配合意见，并通过联席会议、定期通报等方式促进机制进一步落实。据此，该县审计局定期向该院移送有关审计意见，该院从中发现大量有价值案件线索，督促追回国有财产损失13余亿元。

三是注重系统治理、诉源治理，体现检察监督智慧。“国财国土”领域的公益诉讼案件针对的是行政机关不依法履职的情形，反映的是相关领域监督制度或机制不健全不完善的问题。这两个领域的案件政策性很强，有的是棘手的历史遗留问题，要求检察机关办案中树立全局观念、系统思维，灵活运用监督方式，寻求最佳办案效果。这批案例很多都有这个特点，从个案办理到类案监督再到系统治理，体现了检察机关的政治智慧、法治智慧和检察智慧。河南省焦作市中站区检察机关对于水资源费改税新政推进中行政职能交叉，需多部门协作配合整改的公益难题，主动向当地党委、人大作专题报告，厘清相关部门职责、提出解决问题对策，推动协同履职，既促进了当地水资源税收逐年增长，也赢得了相关行政机关的充分认同。

四是敢啃“硬骨头”，强化法律监督刚性。对于案情重大、复杂、牵涉面广的案件，以及制发检察建议后仍不纠正的，检察机关迎难而上，跟进监督，必要时敢于提起诉讼，促进依法行政、加强公益保护。湖南省长沙市检察院针对房地产项目开发过程中欠缴税款、违规支出土地出让收入等问题，用足制发检察建议、提起诉讼等方式，督促行政机关依法履职，切实强化了法律监督的刚性。海南省白沙黎族自治县检察院针对行政机关违规发放建设工程项目许可证，以及未及时追缴人防工程易地建设费等多个违法行为，在行政机关收到检察建议后仍怠于履职的情形下，依法对行政机关的多个违法行为一并起诉，并持续跟进监督，推动行政机关依法履职、全面整改，取得了良好的监督效果。

问：下一步，检察机关将采取哪些措施推动“国财国土”领域公益诉讼工作走深走实？

答：当前，“国财国土”领域公益诉讼检察工作仍然存在不少问题和困难，从全国看，工作开展还不平衡，有的地方对这两个领域办案工作重视不够，不想办、不敢办、不会办的问题还不同程度存在；另外，“国财国土”领域线索来源渠道有限、专业化要求程度高、调查手段不足、办案阻力大等问题也制约工作深入开展。下一步，我们将着重从以下几个方面下功夫，研究解决突出问题，奋力开创“国财国土”领域公益诉讼检察工作新局面。

一是强化督促指导。通过持续加大对下督导力度，引导各地切实把政治建设融入“国财国土”领域公益诉讼检察工作中，不折不扣地把最高检党组有关部署要求落到实处。上级检察院要帮助下级院排除干扰和阻力，带头办理有影响、有震动的案件。市级院要发挥主体作用，年内实现“国财国土”领域全国市级检察院办案全覆盖，并领办、督办几起典型案件。我厅将及时了解掌握各地办案情况，加强业务运行态势分析，有针对性地进行督导，对于工作不力的将予以通报。我们还要发布若干个“国财国土”领域公益诉讼指导性案例，适时制定出台办理“国财国土”特定领域或特定类型案件工作指引，进一步明确案件范围、监督重点、办案方式、具体要求等问题，进一步引领工作深入开展。

二是强化质效导向。“国财国土”这两个领域办案工作有其特殊性，我们特别强调要把质效放在优先位置，要求在有一定办案规模的基础上追求更高的办案质效。我们将着重引导各地把办理重大案件作为提升办案质效的重要抓手，作为落实最高检“质量建设年”部署和推进“为民办实事、破解老大难”公益诉讼质量提升年活动的重要举措。要求充分发挥“一体化办案”优势，引导各地通过组织开展各具特色的专项监督带动整体办案，不断增强监督质效。办案中要积极争取党委、人大的领导和支持，加强与相关行政机关的沟通协调，努力实现双赢多赢共赢。注重挖掘具有普遍性的问题，深入开展调查研究，提出有针对性的解决方案，可以以调研报告、社会治理类检察建议等方式延伸办案效果，推动某一类事项、某一个行业、某一个领域的治理，完善国家治理，当好党委政府的法治参谋。

三是强化科技赋能。我们将深入贯彻全国检察机关数字检察工作会议精神，在办理“国财国土”领域案件中增强大数据战略思维，释放数字检察对法律监督质效的放大、叠加、倍增效应。既要运用走访、查账、问询等传统有效的办案方式，还要结合办案研究开发数字监督模型，把数字应用贯穿于相关类型案件的线索搜集、分析研判、调查取证等全过程，使之成为解决财税领域突出问题的破题关键。我们正在做这件事，而且个别地方已在办理涉偷逃税、骗取医保金等案件中运用数据赋能取得突破性进展和明显成效，时机成熟时将在更大层面上进行推广运用。

四是强化培训研究。针对这两个领域业务能力欠缺的突出问题，我们将引导各地根据实际情况组织开展实务培训，结合办案实践的重点、难点，邀请审计、税务、财政、自然资源等行政机关专业人士及办案经验丰富的检察人员进行线上、线下授课，帮助一线办案人员解决一些办案实务中的困难和问题。2022年我们将组织首届全国检察机关公益诉讼业务竞赛活动，把“国财国土”领域业务技能作为一项重要内容，目的也是促进检察人员不断精研业务，提高专业办案能力。同时，我们将采取调研、课题、检学共建等方式，深入研究“国财国土”领域重要基础理论和实践问题，更加准确把握其职能特点和办案规律，逐步构建完善这两个领域的业务框架体系。

五是强化宣传引导。当前还有不少群众不了解检察机关还有“国财国土”领域公益诉讼检察职能，个别地方还对检察机关保护“国财国土”的法律监督工作存在不理解不支持现象，工作开展有难度。我们将适时适度加强这两个领域工作的宣传力度，采取多种形式宣传检察机关保护国有财产、国有土地的作用和成效，提升“国财国土”领域公益诉讼检察职能的知晓度和影响力，营造良好的工作氛围和执法环境。

江西省赣州市人民检察院督促保护医疗保障基金安全行政公益诉讼案

【关键词】

行政公益诉讼诉前程序　国有财产保护　医疗保障基金　检审协作　诉源治理

【要　旨】

针对医疗机构违规套取医疗保障基金的问题，检察机关可以发挥公益诉讼检察职能作用，督促有关部门予以追缴，并与医疗监督管理部门建立健全医保基金安全监管协作配合机制，加强跨部门信息共享、执法衔接、技术支持等方面的协作，努力破解违法行为发现难、查处难、认定难等问题。

【基本案情】

2021 年初，江西省赣州市审计局在对医院基本医疗保险基金的筹集使用、运行管理以及政策落实情况审计中发现，市中心城区部分医疗机构通过诱导住院、滥用辅助用药、过度医疗、虚增诊疗项目等方式套取医保基金，涉及金额 181.49 万元。截至 2021 年 9 月，被套取的医保基金仍未追回，损害国家利益和社会公共利益。

【调查和督促履职】

2021 年 3 月 29 日，江西省赣州市人民检察院（以下简称赣州市院）与赣州市审计局会签《关于建立检察公益诉讼与审计监督协作配合工作机制的意见》，明确线索移送、协作办案等检审协作机制。同年 9 月，市审计局向赣州市院移送了审计工作报告、各类专项审计报告、整改台账等线索材料。赣州市院收到后立即组织分析、研判，发现部分医疗机构存在违规套取医保基金问题。同年9月17日，赣州市院依法立案调查。通过实地走访涉案医疗机构、患者，询问相关责任人员，就违规诊疗等医疗专业问题和套取医保基金的会计专业问题，咨询了相关医疗、会计、审计专家，进一步查清了案件事实。赣州市院与赣州市医疗保障局、卫生健康委员会、审计局召开圆桌会议，强化释法说理，推动医保部门组织专业队伍对骗保金额作进一步审核，最终核定涉案金额为129.49万元。

2021年10月21日，赣州市院向市医疗保障局公开宣告送达诉前检察建议，建议对涉案医疗机构违规套取医保基金的行为责令限期改正，依法查处和追缴。市医疗保障局收到检察建议书后高度重视，积极履职整改。一是追回涉案被套取医保基金129.49万元，对全市272家医疗机构开展执法检查，处理228家违规医疗机构，总计追回被骗医保基金834.13万元，行政处罚191万余元，并将案件线索移送卫生健康部门和公安机关查处。二是先后在全市部署开展医疗机构自查自纠、飞行检查和交叉检查等专项治理行动，与相关部门联合开展4次打击欺诈骗保专项行动。三是在联合执法和重大案件会商等方面，强化与公安、卫生健康等12个部门协作配合。四是通过多种形式曝光欺诈骗保警示案例140余起，强化宣传营造良好氛围。

2022年1月，赣州市院对案件整改效果持续跟进监督，注重从源头上查堵医保基金被套取隐患。一是邀请审计专家、公益诉讼观察员、律师等担任听证员，组织召开检察建议整改落实评估公开听证会，听证员一致认为整改效果良好。二是深挖涉案医疗机构及医疗卫生人员的违规诊疗行为，向市卫生健康委员会发出诉前检察建议，督促依法查处，并推动深入开展违规诊疗行为整治。三是组织全市检察机关开展医疗卫生领域侵害群众利益突出问题公益诉讼专项监督行动，已办理相关公益诉讼案件31件。四是与市医疗保障局、市卫生健康委员会会签《关于建立共同规范诊疗行为维护医保基金安全协作机制的意见》，助力破解医保基金监管中部门信息壁垒、专业协作配合不足等问题，为全市医保基金监管协作提供高效平台。

【典型意义】

医保基金是老百姓的“保命钱”“救命钱”，医保基金被违规套取，直接侵蚀群众的获得感、幸福感和安全感。检察机关通过检审协作机制拓宽公益诉讼案件线索来源，发挥检察监督与审计监督合力优势，借助“智慧外脑”，破解医疗机构违规诊疗及套取医保基金的发现难、认定难、长效监管难等问题，并运用圆桌会议推动凝聚共识。通过检察建议精准监督，推动追根溯源、专项治理，市检察院统筹组织19个基层检察院对违规诊疗行为统一监督，助推完善全市跨部门医保基金监管协作工作机制，标本兼治，形成合力，查堵医保基金流失的漏洞，积极推进以“我管”促“都管”。

黑龙江省哈尔滨市道外区人民检察院督促追缴企业欠缴税款行政公益诉讼案

【关键词】

行政公益诉讼诉前程序　国有财产保护　追缴企业欠缴税款

【要　旨】

检察机关针对企业虚假申报和欠缴税款问题，督促税务机关依法追缴税款及滞纳金，推动区域内同类问题的专项集中整治，有效促进税收清缴，切实保护国有财产。

【基本案情】

2017年至2019年间，黑龙江某经贸有限责任公司（以下简称某经贸公司）等多家企业在国家“金税三期”税收信息管理系统中出现数据异常、长期欠税或长期零申报等情形，可能存在虚假申报和偷逃税款的行为。

【调查和督促履职】

2019年4月，黑龙江省哈尔滨市道外区人民检察院（以下简称道外区院）在履行职责中发现，某经贸公司等多家企业纳税申报表数据异常等情况。经分析研判，道外区院于2019年8月21日立案调查。一是通过税务部门“金税三期”税收管理信息系统，以长期欠税企业和长期零申报企业为核查重点，集中核查企业纳税申报表、财务报表，发现疑点数据；二是聘请专业审计师团队对涉案企业存在的问题进行评估，固定相关证据；三是实地走访哈尔滨市城乡建设局和多地住建部门调查涉案公司经营、财产状况。经查，某经贸公司存在向税务机关申报的纳税申报表不实，公司股权变更后未依法缴纳印花税；哈尔滨某汽车销售有限责任公司利用关联企业通过调拨费用调整利润的方式逃避缴纳企业所得税；哈尔滨某商贸有限责任公司以商品抵债后未依法进行纳税申报，欠缴增值税；黑龙江省某房地产开发有限责任公司存在通过不实申报逃避缴纳企业所得税等违法行为。

根据《中华人民共和国税收征收管理法》《中华人民共和国企业所得税法实施条例》《中华人民共和国印花税暂行条例》《中华人民共和国增值税暂行条例实施细则》等规定，涉案企业通过转移利润逃避缴纳企业所得税、股权转移不申报印花税、有视同销售行为不申报增值税等行为是违法行为，国家税务总局哈尔滨市道外区税务局（以下简称道外区税务局）作为税收征管机关，在发现纳税人申报数据明显异常情况下，不进行评估检查，不要求纳税人补缴税款，怠于履行监督管理职责，造成国有财产流失。

2019 年 11 月 12 日，道外区院向道外区税务局发出检察建议，建议其依法履行税收征管职责，依法对某经贸公司等多家企业虚假申报和偷逃税款问题予以处理。道外区税务局收到检察建议后高度重视，组织专班对欠缴税款公司开展专项清查工作，2019 年 12 月，某经贸公司等三家公司共补缴印花税、增值税、企业所得税及滞纳金等共计 64685.35 元。税务机关异地查封、扣押黑龙江某房地产开发有限责任公司房产一处，并督促该公司就不实的财务报表及时更正，保证了该公司向税务机关申报财务数据的真实性。

道外区院以办理此类案件为契机，督促道外区税务局对全区企业欠税问题开展了集中专项整治，同时向地方党委汇报工作争取支持。截至目前，纳税人主动补缴税款和税务部门追缴税款共计 5000 余万元。

【典型意义】

国有财产保护是公益诉讼检察的传统法定领域。本案是检察机关开展涉企多税种公益监督的有益探索。一方面，检察机关通过借助“外脑”，聘请专业审计师团队参与调查取证工作，弥补了专业知识和技能短板，提升了公益诉讼检察监督的专业性和检察建议的精准性。另一方面，检察机关通过个案办理，以点带面，推动行政机关对同类问题开展集中专项整治，实现了政治效果、社会效果和法律效果的统一。

湖南省长沙市人民检察院督促追回违法支出国有土地使用权出让收入行政公益诉讼案

【关键词】

行政公益诉讼　国有土地使用权出让收入　非税收支管理

【要　旨】

针对国有土地使用权出让收入管理中的突出问题和监管漏洞，检察机关通过检察建议、提起诉讼等方式，督促相关行政机关依法履行职责，严格执行土地出让收入支出管理规定，推动地方政府统筹各行政职能部门协调解决非税资金监管难题，规范房地产市场秩序。

【基本案情】

2017年12月27日，某地产集团公司在某市（县级市，下同）竞得五宗地块的国有建设用地使用权，约定竞买保证金自动转作受让地块的出让收入。随后，负责开发受让地块的该集团公司子公司——某置业有限公司（以下简称某置业公司）与该市原国土资源局签订《国有建设用地使用权出让合同》，约定出让收入总价为429810万元，保证金152484.11万元从公共资源中心转入某市财政局非税收入汇缴结算户（以下简称非税账户）。此后，某置业公司仅缴纳072号地块土地价款20000万元。2018年2月、11月，某市财政局以“退保证金”为由两次将国有土地使用权出让收入（以下简称土地出让收入）支出给某置业公司29092.31万元。某置业公司用该笔资金缴纳五宗地契税及072号地块剩余土地价款，办理了072号地块不动产权证并两次抵押贷款265000万元。截至2019年9月4日，某市财政局未依法追缴违法支出给某置业公司的土地出让收入29092.31万元。

【调查和督促履职】

2019年6月，湖南省人民检察院（以下简称湖南省院）在全省开展公益诉讼“回头看”专项活动，对某置业公司欠缴国土出让收入系列案予以挂牌督办，湖南省长沙市人民检察院（以下简称长沙市院）在督促、指导基层院办理该系列案中发现，某市财政局两次从非税账户中违法支出土地出让收入给某置业公司，造成国有财产损失29092.31万元。

2019年8月21日，长沙市院立案调查。办案人员通过调取支付凭证等书证、询问相关人员等方式查明，某市财政局作为所在地人民政府财政部门和非税收入主管部门，应当严格执行土地出让收入“收支两条线”管理，将收缴的土地出让收入在10个工作日内及时足额上缴国库，不得违规设立收入过渡户滞留、挪用、坐支土地出让收入，不得挪用、变相减免土地出让收入。成交确认书签订后，竞买保证金已自动转作土地价款且已转入非税账户，应定性为土地出让收入，属于国有财产。但某市财政局未执行上述要求，将数十亿元土地出让收入作为竞买保证金管理，超时滞留非税账户长达1年多，无正当理由以退保证金的名义向某置业有限公司违法支出29092.31万元，损害了国家利益。

2019年9月11日，长沙市院依法向某市财政局发出检察建议，建议:（1）依法履行法定职责，纠正违法行为，及时追回违法支出的土地出让收入29092.31万元。（2）采取有效措施，配合某市自然资源局依法催缴某置业公司未缴的土地出让价款、利息及违约金。针对属地人民政府领导所属财政、自然资源等职能部门对土地出让收入等非税收入管理存在执行法律不到位、审批把关不严格、未依法履职尽责等问题，又于2019年10月12日向某市人民政府公开送达社会治理检察建议，建议某市政府责令相关职能部门及时追回土地出让收入，加强对国有土地使用权挂牌出让流程、土地出让收支管理力度，对国有土地使用权出让流程监管与收支管理中存在的人员失职、失范问题依法依规进行处理。

收到检察建议后，某市财政局成立整改工作小组，迅速约谈并要求某置业公司提交切实可行的还款计划，并联合某市自然资源局请示某市人民政府召开专题会议研究整改措施，依法启动追缴程序。2019年9月26日，某市财政局书面回复称：已依法依程序启动追缴程序，某置业公司承诺在2019年10月15日之前还款。2019年11月14日，某市人民政府书面回复称，若与受让人沟通协商无法解决，决定通过司法途径或行政追缴等手段予以解决；已将国有土地使用权交易系统调整为国土资源网上交易系统，系统生成的成交确认书已明确竞买保证金扣除交易服务费后依次转为定金及土地价款；对类似问题进行整改，建立完善长效工作机制规范办理程序，保障土地出让收入及时足额缴入国库，确保国家利益不受损害。

【诉讼过程】

检察建议发出后，省、市两级检察院持续跟进监督。因行政机关没有整改到位，长沙市院指定长沙市岳麓区人民检察院（以下简称岳麓区院）于 2020 年 4 月 3 日向集中管辖的长沙铁路运输法院提起行政公益诉讼。

起诉后，省、市、区三级检察院一方面就诉讼程序问题与受诉法院积极沟通、达成共识，另一方面继续跟进某市财政局追缴进度，根据某市财政局于 2020 年 4 月 20 日提供补充的相关凭证，经其最终结算核实 2002.08 万元已于 2008 年 11 月 15 日上缴国库，未追回土地出让收入变更为 27090.23 万元。2020 年 4 月 30 日，某置业公司向某市城投公司开出商业承兑汇票，城投公司于 5 月 27 日代某置业公司向某市财政局非税账户退缴 27090.23 万元，同时缴入国库。因诉讼请求已经全部实现，岳麓区院于 6 月 9 日提交撤回起诉决定，法院经审查当日裁定准予撤诉。2020 年 11 月 1 日，某置业公司将承兑汇票全部承兑。

【典型意义】

国有土地出让收支实行“收支两条线”管理，是推进土地节约集约利用、加强土地调控的重要举措。行政机关要严格执行非税收入收缴管理制度，将国有土地出让收入及时足额缴入国库按要求依法支出。检察机关办理国有土地出让公益诉讼案件，要对国有土地出让收入收缴到位、及时缴入国库和合法支出进行全方位、全流程监督，杜绝土地出让收入不当坐支、挪支，保障收入缴入国库“最后一公里”。

安徽省桐城市人民检察院督促保护房地产领域国有财产行政公益诉讼案

【关键词】

行政公益诉讼　国有财产保护　税款征收

【要　旨】

针对房地产项目开发过程中存在的税款欠缴问题，检察机关可以充分行使调查核实权，运用诉前磋商、检察建议、提起诉讼等方式督促行政机关依法履职，合力挽回国有财产损失。

【基本案情】

2015 年至 2019 年，安徽省桐城市某源置业、某阳实业、某先置业等 7 家房地产公司所涉 8 个房地产项目怠于申报、缴纳企业所得税、营业税、土地增值税等税款 12995.8 万元。国家税务总局桐城市税务局（以下简称市税务局）对该欠缴税款负有征收职责。

【调查和督促履职】

安徽省安庆市人民检察院（以下简称安庆市院）在审计部门信息共享中发现该系列案件线索，遂移交安徽省桐城市人民检察院（以下简称桐城市院）办理，并联合成立办案组进行立案调查。两级检察机关先后前往审计、税务、自然资源、房产登记管理等部门，调取桐城市房地产企业、房地产项目、税款缴纳、审计报告等有关材料，仔细审查缴款票据、房地产销售合同等证据，初步查明欠缴税款额。

2020 年 1 月 17 日，桐城市院依法向市税务局发出诉前检察建议，建议依法追缴 7 家公司未缴纳的税款 12995.8 万元。收到检察建议后，市税务局于 2020 年 3 月至 4 月间先后向 7 家公司送达税务事项通知书，责令申报、缴纳税款。

两级检察机关多次与市税务局召开磋商会议，核定房地产开发中税收优惠政策及计算方法和标准等，最终确认 7 家公司实际欠缴税款 6004.7 万元。截至 2020 年 7 月 2 日，市税务局共追缴 7 家公司欠缴的税款 2793.6 万元；尚有某阳实业、某先置业等 3 家公司涉 3 个房地产项目仍欠缴税款 3211 万元。

【诉讼过程】

2020 年 7 月 20 日，桐城市院依法向桐城市人民法院提起行政公益诉讼，诉请确认市税务局未依法履行征收税款的行政行为违法；判令市税务局依法履行向某阳实业等 3 家公司征收 3211 万元应缴税款的职责。

提起诉讼后，桐城市院协同市税务局与某阳实业等公司进行座谈，现场督促该 3 家公司及时缴纳欠缴税款。2020 年 11 月 4 日，市税务局将该 3 家公司所欠税款及滞纳金全部征缴到位，后向桐城市院提交撤回起诉申请书及税款缴纳等相关材料。

桐城市院经审查认为，市税务局已履职到位，遂决定撤回起诉。2020 年 12 月 2 日，桐城市法院裁定准许桐城市院撤回起诉。

【典型意义】

房地产项目开发中欠缴税款问题易发多发，破坏税收管理秩序，影响国有财产收入，实践中往往因专业性强，具有一定的复杂性和隐蔽性。检察机关应当依法调查核实，充分运用磋商、检察建议、提起诉讼等多种方式，督促行政机关依法履职，合力保护好国有财产。

山东省威海市人民检察院督促收回国有闲置土地行政公益诉讼案

【关键词】

行政公益诉讼诉前程序　国有土地使用权出让　闲置土地　提供法律支持

【要　旨】

针对国有建设用地闲置问题，检察机关督促相关行政机关依法收回，并针对收回土地需报经政府批准导致周期较长问题，持续跟进监督，督促行政机关依法全面履职。

【基本案情】

2013 年 7 月，某公司以出让的方式获得威海经济技术开发区两宗计 378 亩国有土地使用权，威海市国土资源局与该公司签订《国有建设用地使用权出让合同》，约定涉案两宗土地用途为工业用地，出让价款为 8876.157 万元，宗地项目固定资产总投资不低于 135976 万元，某公司应在 2014 年 1 月 19 日前动工，2015 年 7 月 19 日前竣工。2013 年 7 月 19 日、7 月 20 日威海市国土资源局与该公司签订《交地确认书》，威海市国土资源局将涉案 378 亩两宗土地交付给该公司。截至 2018 年 5 月，涉案公司未按出让合同约定进行开发建设，造成国有土地闲置，威海市国土资源局（2018 年 12 月机构改革后更名为威海市自然资源和规划局）亦未依法予以收回。

【调查和督促履职】

2018 年 5 月，威海市经济技术开发区人民检察院（以下简称经开区院）在办案中发现辖区 378 亩国有土地闲置达两年以上。因案情重大且涉及市属行政机关，经开区院立即向威海市人民检察院（以下简称威海市院）报告。威海市院于 2018 年 5 月 17 日立案，并成立以检察长为办案组长、市区两级院参加的办案组。通过现场勘验拍照、调取相关书证、询问涉案企业相关负责人、向经开区管委和经开区建设局调查了解情况后，查明：涉案土地未如期开发建设系某公司自身原因导致，不属于政府、政府有关部门的行为造成土地动工开发延迟。该公司自取得涉案宗地以来，仅投资 1033.09 万元对土地进行开挖平整、车间桩基施工等基础建设，投资额不足 25%。涉案两宗闲置土地除场地被平整、四周设有围挡外，没有任何建筑物、构筑物及附属设施。

2018 年 9 月 29 日，威海市院向威海市国土资源局发出检察建议，督促其依法履行法定职责，及时采取有效措施无偿收回国有闲置土地使用权。同年 11 月 29 日，威海市国土资源局回复称已开展闲置土地调查，正在做无偿收回的后续工作。2018 年 12 月机构改革后，威海市国土资源局更名为威海市自然资源和规划局。收到回复后，检察机关积极与市区两级自然资源和规划部门对接，了解无偿收回土地中存在的问题和困难，积极协调威海市政府、经开区管委，督促和支持自然资源和规划部门加快推动涉案土地的无偿收回。威海市自然资源和规划局于 2019 年 1 月 29 日就涉案土地闲置事项召开听证会，同年 4 月 1 日向威海市政府上报《关于无偿收回某公司两宗闲置土地使用权的请示》；同年 4 月 24 日，在收到威海市政府作出的《关于无偿收回某公司两宗闲置土地使用权的批复》后，该局作出了《收回国有建设用地使用权决定书》。某公司不服，分别提起行政复议和行政诉讼。在复议、诉讼期间，检察机关多次与市区两级自然资源和规划部门召开座谈会，就庭审答辩、证据材料收集等提供法律支持。2020 年 9 月 30 日，山东省人民政府作出维持威海市政府批准作出的《收回国有建设用地使用权决定书》的复议决定。法院一审、二审均支持了政府收回涉案闲置土地的决定。2021 年 4 月 28 日判决生效后，威海市自然资源和规划局立即将涉案 378 亩土地纳入威海市政府土地储备。

【典型意义】

检察机关在办理监督行政机关收回国有闲置土地类案件中，应考虑行政机关收回土地需报经政府批准、整改周期较长的特点，对法定回复期内未整改到位的，应当继续跟进调查，而不能一概认定为“到期未整改”。

对经调查发现主管行政机关正在积极履职的，应根据案件实际情况，了解行政机关履职的难点痛点，持续跟进监督，与行政机关加强沟通协调，督促和支持行政机关依法全面履行职责。针对该案闲置土地面积大、时间长、收回难度大的“硬骨头”案件，检察机关要充分发挥一体化办案、领导包案的优势，合力攻坚，确保检察建议落实落地做成刚性。

海南省白沙黎族自治县人民检察院督促追缴人民防空工程易地建设费行政公益诉讼案

【关键词】

行政公益诉讼　国有财产保护　人民防空工程易地建设费　多个行政违法行为　确认违法

【要　旨】

行政机关对民用建筑项目未缴纳人民防空工程易地建设费（以下简称人防费）即违规发放《建设工程规划许可证》准许开工建设，但又怠于追缴人防费，检察机关可以对行政机关的违法发证行为和怠于追缴行为一并提起诉讼，分别提出确认违法和履行职责的诉讼请求。

【基本案情】

海南省白沙黎族自治县住房和城乡建设局（以下简称白沙县住建局）对部分未修建防空地下室的民用建筑项目，在未收取人防费的情况下发放《建设工程规划许可证》，之后也未依法追缴，损害国家利益和社会公共利益。

【调查和督促履职】

2019 年，海南省白沙黎族自治县人民检察院（以下简称白沙县院）在开展国有资产专项监督活动中发现本案线索，并于 2019 年 4 月 24 日立案调查。调查发现，2013 年至 2015 年期间，该县 60 多个建设工程项目未缴纳人防费，2016 年至 2019 年无欠缴情形。2019 年 4 月 28 日，该院依法向白沙县住建局发出检察建议书，建议其依法采取有效措施予以追缴，对全县应当缴纳人防费的项目进行排查并追缴。

2019 年 6 月 10 日，白沙县住建局书面回复称“已印发 69 份《关于补缴人防易地建设费的通知》，送达 58 份，不能送达 11 份。对逾期不缴纳人防费的将依法移交法院申请强制执行”。经检察机关跟进监督，白沙县住建局除了作出上述通知，未采取其他措施，且送达没有制作送达回证或者回执，送达几份亦不清楚，部分欠缴人表示未收到该通知书。另据调查，该局在发出该通知书后长达一年零四个月的时间内，只进行部分补充签收补缴通知书，没有催告缴纳，没有作出征收决定，也没有采取行政处罚、行政强制等有效措施进行追缴。截至 2020 年 9 月 24 日，仅追回 11 个建设工程项目人防费 38 万余元。

【诉讼过程】

2020 年 10 月 28 日，白沙县院根据海南省行政案件跨行政区域异地管辖的规定向海南省昌江黎族自治县人民法院（以下简称昌江县法院）提起行政公益诉讼，请求确认被告在 2013 年至 2015 年期间未按规定收取人防费即发放《建设工程规划许可证》的行为违法；判令被告依法履行对 2013 年至 2015 年期间白沙黎族自治县欠缴的人防费追缴的法定职责（截至起诉时有 55 个建设项目欠缴人防费，欠缴总额为 452.83 万元）。同年 11 月 23 日，昌江县法院在请示海南省高级人民法院后，将该案移交海南省白沙黎族自治县人民法院（以下简称白沙县法院）审理。2021 年 5 月 18 日，白沙县法院公开开庭审理该案。庭审中，检察机关围绕白沙县住建局未收取人防费即发放《建设工程规划许可证》的行政行为违法以及怠于履行追缴人防费职责等问题进行举证和论述，白沙县住建局当庭表示认可检察机关起诉意见，将积极进行整改。7 月 12 日，法院判决支持检察机关全部诉讼请求。

一审判决后，白沙县住建局积极履行追缴职责。一是向欠费项目业主下达《防空地下室易地建设费追缴决定书》，限期补缴，对未签收的，在《海南日报》刊登公告催缴；二是对拒不缴纳费用的项目申请法院强制执行；三是将追缴工作纳入本单位“查堵点、破难题、促发展”活动中监督落实。目前，已追缴 36 个建设项目共计 2029160.24 元，9 个建设项目进入催告程序，10 个建设项目已进入法院强制执行程序。

【典型意义】

针对行政机关未收取人防费即发放许可证的违法行为，以及未积极追缴人防费的怠于履职行为，检察机关在起诉中分别提出确认违法和履行职责的诉讼请求，有利于节约司法资源、提高诉讼效率，实现公益诉讼目的最大化。本案中，检察机关坚持以修复公益、避免国有财产损失为核心，在立案、发出检察建议、提起诉讼等环节持续跟进监督，推动行政机关依法履职、全面整改。

浙江省嘉兴市秀洲区人民检察院督促收回闲置土地使用权行政公益诉讼案

【关键词】

行政公益诉讼诉前程序　国有建设用地使用权　闲置土地认定　督促无偿收回

【要　旨】

国有建设用地使用权人超过土地使用权出让合同约定的动工开发日期满一年未动工开发的，检察机关可以督促自然资源部门依法调查并认定涉案宗地构成闲置，对因使用权人自身原因造成未动工开发满两年的，督促自然资源部门依法无偿收回国有建设用地使用权。

【基本案情】

2010 年 11 月 30 日，嘉兴某光电科技有限公司（以下简称光电公司）与浙江省嘉兴市原国土局（后变更为嘉兴市自然资源和规划局）签订《国有土地使用权出让合同书》。光电公司以 2606 万元取得嘉兴市秀洲区某镇 113 亩国有建设用地使用权，规划建设 5 幢厂房及培训、研发中心等房屋。合同约定涉案宗地建设项目在 2012 年 1 月 31 日之前开工。

2011 年 12 月，光电公司仅为其中两幢厂房桩基办理施工许可并实施作业，之后无其他开发建设行为，造成涉案国有土地上建设项目停滞。

【调查和督促履职】

2017 年 9 月，嘉兴市秀洲区人民检察院（以下简称秀洲区院）在办案中发现该国有土地闲置问题线索，向上级检察院汇报相关情况。2018 年 3 月 21 日，秀洲区院立案调查。

秀洲区院经现场勘验，调取国有土地使用权出让合同、建设工程规划核实确认书等证据材料，询问国土资源主管部门、某镇政府等相关工作人员，查明光电公司超过国有土地使用权出让合同约定的动工开发日期未动工开发，导致国有土地长期闲置的事实。根据《闲置土地处置办法》第二条规定，闲置土地是指国有建设用地使用权人超过国有建设用地使用权有偿使用合同或者划拨决定书约定、规定的动工开发日期满一年未动工开发的国有建设用地。对于何为“动工开发”，该办法第三十条第二款规定，动工开发是指依法取得施工许可证后，需挖深基坑的项目，基坑开挖完毕；使用桩基的项目，打入所有基础桩；其他项目，地基施工完成三分之一。《国有土地使用权出让合同书》约定的建设项目动工开发日期为2012年1月31日之前，但光电公司仅于2011年12月为其中两幢厂房桩基办理施工许可并实施了桩基作业，之后便未进行其他实质性开发建设行为，秀洲区院认为该情形不符合“动工开发”的规定和约定，涉嫌构成闲置土地。

根据《中华人民共和国土地管理法》《闲置土地处置办法》等规定，市、县国土资源主管部门负责闲置土地的调查认定和处置工作。2018年5月7日，秀洲区院向嘉兴市原国土局发出检察建议，督促该局对光电公司闲置土地的违法行为，依法启动调查、认定工作。检察建议发出后，嘉兴市原国土局于2018年8月13日开展调查，并于9月5日向光电公司发出《闲置土地调查通知书》。11月6日，作出《闲置土地认定书》，并在其门户网站上向社会公开了涉案闲置土地的相关信息。

在嘉兴市原国土局认定闲置土地后，秀洲区院对行政机关履职情况和国家利益受损情况继续跟进调查。从某镇政府调取双方历年来形成的投资协议及补充协议、往来函件，查明嘉兴市原国土局于2011年1月19日交付113亩建设项目用地后，并没有发生因政府原因导致光电公司客观上无法按期动工开发的规划、面积、用途改变等情形。在嘉兴市两级检察机关的督促、推动下，并经嘉兴市人民政府批准，嘉兴市原国土局于2018年12月5日作出《收回国有建设用地使用权决定书》，决定依法无偿收回涉案闲置土地使用权。2019年1月22日，嘉兴市自然资源和规划局在《嘉兴日报》公告注销涉案国有建设用地使用权证书。

光电公司不服，向浙江省人民政府申请行政复议，最终省政府维持原决定。光电公司又向嘉兴市中级人民法院、浙江省高级人民法院提起行政诉讼和提出上诉，均被依法驳回。在行政复议及行政诉讼期间，嘉兴市两级检察机关积极与相关部门沟通，提供法律意见，为行政机关决策提供参考。

【典型意义】

土地是国民经济的物质基础，土地闲置使有限的国土资源得不到有效利用，是社会财富的巨大浪费。对于部分企业因自身原因取得国有建设用地使用权后迟迟不开工的违法行为，检察机关充分发挥公益诉讼检察职能，首先通过检察建议督促行政机关依法作出土地闲置认定，跟进督促、支持行政机关依法作出相应的处置决定。在后续行政复议及行政诉讼期间，检察机关可以立足职能，支持行政机关积极应诉，共同维护国家利益和社会公共利益。

福建省惠安县人民检察院督促收缴国有土地使用权出让收入行政公益诉讼案

【关键词】

行政公益诉讼诉前程序　国有土地使用权出让　检审协作

【要　旨】

针对行政机关怠于催缴国有建设用地使用权出让收入，导致国有财产处于流失状态，检察机关可以综合运用多种方式，督促行政机关依法全面履行职责，并持续跟进监督，确保国有土地使用权出让收入及滞纳金全额收缴到位。

【基本案情】

福建省惠安县人民检察院（以下简称惠安县院）在走访惠安县审计局时发现，惠安某置业有限公司（以下简称某置业公司）逾期未缴纳国有土地出让收入，惠安县国土资源局怠于向某置业公司催缴国有土地出让收入、违约金，国有财产处于流失状态。

【调查和督促履职】

惠安县院于 2018 年 7 月 30 日立案。经调查核实查明，2017 年 10 月 25 日，福建省惠安县国土资源局就惠安县某片区的 A、B、C 三块土地与惠安某置业有限公司（以下简称某置业公司）分别签订三份《国有建设用地使用权出让合同》。合同约定：某置业公司应于 2017 年 11 月 25 日前缴纳第一期土地出让金 63650 万元，应于 2018 年 1 月 25 日前缴纳第二期土地出让金 63650 万元；若逾期未缴纳，应自滞纳之日起，每日按迟延支付款项的 1‰缴纳违约金；若延期支付土地出让金超过 60 日，经催缴后仍不能支付的，惠安县国土资源局有权解除合同并可请求赔偿损失。某置业公司除了在合同签订前缴纳14000万元履约保证金外，没有支付其他款项。

8月1日，惠安县院向惠安县国土资源局提出检察建议，建议及时采取有效措施督促某置业公司缴纳土地出让收入、违约金或依法解除土地出让合同并承担赔偿责任。惠安县国土资源局收到检察建议后，催促某置业公司于同年9月5日缴清C地块土地出让收入、违约金合计47765.5万元。2018年9月17日，惠安县国土资源局将上述情况函告惠安县院，并表示如果某置业公司逾期交款将上报县政府批准后，解除与其签订的《出让合同》，并追究其违约的相关法律责任。2018年12月6日，惠安县院跟进监督中发现某置业公司在2018年9月17日之后未再继续缴纳土地出让收入、违约金，且未依照惠安县国土资源局《土地出让金催款通知》的要求于2018年11月30日缴清全部土地出让收入、违约金。惠安县院组织县国土资源局、某置业公司相关负责人等召开圆桌会议，就收缴剩余国有土地使用权出让收入及滞纳金形成方案、达成共识。经惠安县院持续跟进监督，惠安县自然资源局已催缴全部的土地出让收入12.73亿元及违约金8165.5万元。

在个案办理的基础上，惠安县院与惠安县审计局建立协作工作机制，并通过联席会议、定期通报等方式促进机制进一步落实。惠安县审计局定期向该院移送《自然资源资产离任审计意见》，截至2022年6月，惠安县院从中发现线索61条，立案办理46件，督促相关行政机关追缴国有土地使用权出让收入及滞纳金、耕地占用税、水土保持补偿费等其他国有财产总计13.78亿元。

【典型意义】

针对国有土地使用权出让领域公益诉讼案件线索来源不足难题，检察机关加强与审计机关协作配合，开展案件线索“双向移送”，并建立长效机制，有效拓宽公益诉讼案件线索来源渠道。检察机关综合运用多种方式，积极主动争取党委、政府支持，有效化解办案阻力压力，持续跟进监督，确保巨额国有财产及时收缴到位，切实有效地维护了国家利益。

河南省焦作市中站区人民检察院督促收缴水资源税行政公益诉讼案

【关键词】

行政公益诉讼诉前程序　国有财产保护　水资源税　自备井监管

【要　旨】

针对行政机关在推进国家水资源费改税新政策实施中，对企业利用自备井违规用水未监管到位，未依法征收水资源税的情况，检察机关督促行政机关共同落实监管职责，保障国家税收，维护国家利益。

【基本案情】

长期以来，河南省焦作市中站区西部工业集聚区内的多数企业利用自备井违规用水，未办理取水许可证、安装取水计量设施，也没有依法缴纳水资源税，造成水资源的浪费和国家税收的流失。

【调查和督促履职】

2020年5月，河南省焦作市中站区人民检察院（以下简称中站区院）在开展辖区资源保护专项活动中发现该线索，于2020年6月4日立案。通过深入辖区62家企业现场取证、查阅台账，对企业自备井使用以及水资源税缴纳情况进行调查，发现尚有36家企业未办理取水许可证，也未缴纳水资源税。经进一步调查，发现大部分企业为化工企业，用水量大，已缴税的企业仅2020年前五个月缴纳的水资源税就达上千万元。36家企业违规取用水、未缴纳水资源税，不仅破坏国家水资源管理秩序，还造成国家税收损失。

中站区院通过调取行政机关工作落实情况证据材料，向水利、税务监管职能部门了解情况，询问相关用水企业、商户等，进一步查明：根据河南省2017年12月1日出台的《河南省水资源税改革试点实施办法》和《河南省水资源税征收管理办法（试行）》，明确税务部门负责税务登记、税款征收及涉税违法行为的处罚，水行政主管部门负责纳税人取用水信息的核实以及对未经批准擅自取用水的单位和个人进行处罚等职责分工。厘清行政机关的职责后，检察机关认为，中站区水利、税务部门履行自备井监管和推进费改税政策落实工作不到位，致使水资源被破坏、国家税收损失，损害国家利益和社会公共利益。

2020年7月3日，中站区院向该区水利、税务部门公开送达检察建议，督促行政机关共同履行监管职责和政策落实职责，对问题用水企业依法规范用水并征收水资源税；加强协调配合，采取有力措施，全面排查整改，推进对水资源税政策的全面落实，维护国家水资源税收利益。

检察建议发出后，中站区院对辖区水资源税存在的问题向区委、区人大作了专题报告，指出现状和问题，提出解决对策。中站区委和区人大高度重视，由区政府责令区水利部门牵头，协调、组织相关部门合力推进费改税落实工作。水利和税务部门抽调人员，制定措施和工作推进时间表，向涉案企业联合制发通知，印发宣传材料，深入全区自备井用水企业进行宣传和问题排查，对存在的问题登记造册，简化办事流程，短期内取得明显成效，多家企业主动办理许可证并缴纳水资源税。随后，两部门根据各自行政职责明确工作流程，建立企业用水计划申请、水利部门定期抄表上传、税务部门通知依法缴税的一体化工作网络平台，健全水资源保护和水资源税征收刚性保障长效机制，全面铺开费改税政策。截至2021年底，除部分企业接通自来水水源外，辖区内59家用水企业均办理了取水许可证并缴纳了水资源税。该区水资源税收逐年增长，2019年为1446.45万元，2020年达2742.23万元，2021年达2838.89万元。

【典型意义】

水资源费改税是根据党中央、国务院的决策部署开展的一项水资源改革工作，意义重大。检察机关针对新政策落实过程中存在的行政部门职能衔接不畅、缺乏协作配合等问题，充分发挥公益诉讼检察职能，积极能动履职，协调相关行政部门发挥各自职能优势，合力推进国家政策的顺利落地，建立完善水资源保护和国家水资源税征收的长效保障机制，有效维护国家利益，助力提升社会治理能力和治理水平。

上海市虹口区人民检察院督促追回国有财产行政公益诉讼案

【关键词】

行政公益诉讼诉前程序　国有财产保护　支持起诉　监检衔接

【要　旨】

针对国企改制中的国有资产流失问题，检察机关通过制发检察建议督促行政机关履行监管职责；向涉案国企制发社会治理类检察建议，并支持起诉挽回国资损失。同时将履职中发现的职务犯罪线索及时移送监察机关，并建立案件线索双向移送反馈工作机制，形成国有资产保护合力。

【基本案情】

上海市虹口区物华路某大楼原系国有资产，改制后部分楼层房屋产权划归区属国有企业上海A（集团）有限公司（以下简称A集团），但未办理产权变更登记，导致该楼部分房屋失管失控，被他人擅自出售、出租、多次抵押用于担保债权牟利，被多家法院查封，面临强制执行，致使国有资产遭受重大损失，且存在损失进一步扩大的风险。

【调查和督促履职】

2018年5月，上海市虹口区人民检察院（以下简称虹口区院）收到实名举报，反映某大楼6楼被他人非法抵押，随即对该线索开展初步调查。经查，某大楼1—3楼、4楼部分、6楼同属国有资产，归属于A集团的全资子公司上海市虹口区B资产经营公司（以下简称B公司）所有。经2001年、2003年两次改制，B公司由国有企业变为自然人持股的非国有企业。在改制过程中，上述房屋产权明确划归A集团所有，不列入资产评估范围，但改制后A集团一直未就上述房屋主张所有权，房屋产权仍登记在B公司名下。虹口区国有资产监督管理委员会（以下简称区国资委）在改制审批中未严格履行监管职责，在对A集团历年年度审计、专项审计及信访处置中也未就该问题进行调查纠正，致使上述房屋在十五年间被B公司出售出租、多次抵押担保，相关出售价款、担保获利和租金收益被非法占有。

虹口区院于2018年5月立案后，采取多种调查方式，向区国资委、市场监督管理局、不动产登记事务中心、A集团等单位调查取证。包括询问B公司法定代表人乐某某获取直接言词证据，调用司法会计参与办案，对B公司财务账册进行查阅、复制，形成书面证据材料，从主客观两方面构建完整证据链，查清全案事实。

根据《中华人民共和国公司法》《中华人民共和国企业国有资产法》等规定，区国资委应当履行国资监管职责，督促A集团履行国资保护主体责任。为防止国资损失进一步扩大，虹口区院主动向区委汇报案件进展情况得到支持，于2018年7月23日向区国资委制发检察建议，建议其依法履行行政监管职责，责令A集团收回相关房屋产权及租金，对房屋出售行为及售房款分配问题进行查证，采取有效措施挽回损失。

区国资委收到检察建议后成立专项工作组。由于相关房屋已被多次擅自处分，设立多项担保物权，民商事法律关系错综复杂，完整追回全部产权难度极大，区国资委多次到虹口区院商讨可行性方案，并委托第三方专业机构对国资流失数额进行审计。为防范司法拍卖加剧损害风险，针对B公司的无权处分行为，虹口区院延伸办案职能，依法支持A集团向法院提起民事诉讼。经多方共同努力，某大楼房屋抵押问题得到妥善处置，部分产权被A集团收回，B公司非法出售获利、非法出租租金收入和孳息全额退回，累计追回损失共计3000多万元。

在妥善办理行政公益诉讼案件的同时，虹口区院将发现的涉嫌职务犯罪线索移送虹口区监察委员会调查。2020年3月31日，虹口区人民法院对乐某某犯贪污罪一案作出判决，判处有期徒刑及罚金。为进一步加强检察机关和监察机关在国有财产保护领域的协作配合，虹口区院与虹口区监察委会签《关于案件线索移送反馈机制的意见》。还根据调查中发现A集团在国有资产管理经营中存在的问题制发社会治理类检察建议，帮助堵漏建制，完善企业治理，有效防范国有资产流失。

【典型意义】

涉及国有企业国有财产保护的公益诉讼案件，一般存在涉案金额多、时间跨度长、办案阻力大、因历史遗留问题导致法律关系错综复杂等特点，检察机关应当灵活运用多种调查取证方式和手段，瞄准关键环节、关键人物，全面收集固定相关证据，多渠道多举措积极推动挽回损失。本案中，检察机关在收集客观书面证据的同时准确认定行政机关职责及违法行为，注重获取关键核心人员的言词证据，顺利突破案件。在制发检察建议后，检察机关加强与相关行政机关沟通会商，通过支持起诉的方式，避免国有资产进一步流失，同时对发现的职务犯罪线索移送监察机关，加强监检协作配合，实现惩治职务犯罪与保护国有财产的双重效果。

广西壮族自治区南宁市良庆区人民检察院督促履行耕地占用税税收协助职责行政公益诉讼案

【关键词】

行政公益诉讼诉前程序　国有财产保护　耕地占用税　涉税信息　税收协助

【要　旨】

检察机关针对耕地占用税征收中由于税收协助职责履行不到位，导致非法占用耕地涉税信息未移送、涉税信息交换与共享机制不健全、税收征管协同不足等问题，依法督促相关协助机关全面履职，推动堵漏增收。

【基本案情】

因相关职能部门未及时提供涉税信息，导致税务机关无法掌握非法占用耕地涉税信息，税源无法管控，对非法占用耕地的广西某市场开发有限公司、南宁市某投资有限公司等实际用地人未能及时征缴耕地占用税，造成国有财产流失，损害了国家利益。

【调查和督促履职】

2020年12月，广西南宁市良庆区人民检察院（以下简称良庆区院）在办理一起督促税收征管公益诉讼案件过程中，国家税务总局南宁市良庆区税务局（以下简称区税务局）反映因税收协助职责履行不到位、涉税信息不对称，无法全面有效管控非法占用耕地税收税源。2021年4月至7月，良庆区院在开展专项监督活动中，进一步印证自然资源、城市管理等税收协助机关未落实《广西壮族自治区税收保障条例》规定，及时向税务部门提供查处的违法占用耕地涉税信息，耕地占用税征管存在“跑冒滴漏”问题，遂于8月27日立案。办案组通过调阅相关部门行政处罚案卷、核实其向税务机关移送涉税信息情况，走访税务部门了解税收协助工作落实中存在的问题等方式查明，南宁市良庆区自然资源局（以下简称区自然资源局）和南宁市良庆区城市管理局（以下简称区城管局，集中行使城区非法占地行为的行政处罚权）在行使非法占用耕地执法权过程中，未及时将掌握的非法占用耕地等涉税信息移送税务机关，导致区税务局未能及时征缴耕地占用税，损害了国家利益。

同年9月18日，良庆区院向区城管局发出检察建议。建议依法履行税收协助职责，及时向税务机关提供查处的非法占用耕地涉案单位或个人涉税信息，协同税务等相关部门建立耕地占用税涉税信息共享机制和工作配合机制，防止税收流失。

检察建议发出后，良庆区院主动向城区党委、政府报告案件办理情况。城区党委、政府主要领导高度重视，要求相关部门通力合作，加强耕地占用税税源管控，更好发挥以税护耕地作用，并邀请检察机关同步监督落实，加快构建城区“党政领导、税务主责、部门合作、司法保障、社会协同、公众参与”的社会综合治税体系。随后，良庆区院持续跟进监督，及时跟进自然资源、城市管理等部门提供非法占用耕地涉税信息情况和税务部门税收征缴追缴工作情况。截至2022年3月底，自然资源、城市管理等部门共向税务部门提供涉税信息12条，共征缴耕地占用税86万余元。

为强化诉源治理，良庆区院积极协同税务等相关部门分析查找落实税收协助工作中存在的问题，丰富细化涉税信息交换共享范围，推动建立健全税收保障工作机制。城区政府专门出台了《关于开展城区综合治税工作的实施方案》，成立城区综合治税专门机构，明确城区13个机关单位综合治税信息交换与共享的清单，全面畅通包括耕地占用税、个人所得税、土地增值税、房产税、增值税等多个税种涉税信息交换共享路径。

【典型意义】

公益诉讼检察既是“督促之诉”，也是“协同之诉”。检察机关通过办案督促税务机关依法征税的同时，积极能动履职，推动解决税收协助职责履行不到位、涉税信息共享不充分、征税多方协同力不足等问题，通过个案办理推动系统综合治理，既解决了涉税信息不畅、涉税源头管控不严、征管不到位等问题，又协同推动加强税源管控，堵塞税收漏洞，规范税收秩序，建立健全社会综合治税体系。

陕西省西安市雁塔区人民检察院督促整治占用代征城市道路建设用地行政公益诉讼案

【关键词】

行政公益诉讼诉前程序　国有财产保护　代征城市道路建设用地

【要　旨】

针对擅自占用代征城市道路建设用地的问题，检察机关通过提出检察建议，督促行政机关依法履职，推动区域同类问题全面治理、系统治理，切实保护国家利益。

【基本案情】

位于陕西省西安市雁塔区某村Q宗地，为原陕西省A学校的代征城市道路建设用地（以下简称代征路），面积4.945亩。2003年，项目建设单位将该代征路移交至西安市市政设施管理中心管理。2019年12月，雁塔区某村村民孙某与该村签订案涉地块的租赁合同，期限二十年，年租金3000元。孙某对代征路进行硬化后，隐瞒代征路权属，将案涉地块以年租金62万元的价格租给B大学作为停车场使用，租期两年。2020年5月26日，B大学向孙某账户转入租金及税费719460.4元。

【调查和督促履职】

2021年3月，西安市人民检察院（以下简称西安市院）在办理刑事案件中发现本案线索，交西安市雁塔区人民检察院（以下简称雁塔区院）办理。雁塔区院于2021年5月10日立案，通过查阅刑事案件卷宗、调取案涉土地地籍资料、现场勘查、无人机拍摄、询问相关人员等多种方式，查明了案涉代征路被非法占用的事实。

2021年6月9日，雁塔区院向西安市城市管理和综合执法局提出检察建议，建议其对案涉代征路依法履行监管职责。同时，向B大学提出检察建议，建议其依法挽回国有资产损失。

西安市城市管理和综合执法局收到建议后，交由其下属单位西安市市政设施管理中心办理，西安市市政设施管理中心依据《西安市市政工程设施管理条例》对孙某未经许可擅自占用代征路的行为作出责令立即改正、罚款5000元的行政处罚决定。2021年7月10日至23日，孙某先后4次向B大学转账返还租金及税费719460.4元。同年8月30日，缴纳罚款5000元。西安市市政设施管理中心依照相关规定同意B大学临时占用该处代征路。为推动雁塔区的代征路监督管理工作，雁塔区院和西安市雁塔区城市管理和综合执法局先后4次召开座谈会，6次现场查看辖区内30余处代征路现状，发现违规临时建设2处、堆放建筑垃圾1处等非法占用代征路情形。雁塔区院督促雁塔区城市管理和综合执法局、漳浒寨街道办事处等单位依法履职，代征路上的建筑垃圾被及时清理，两处违规临时建设已被拆除。

为推动西安市的代征路监督管理工作，西安市院先后2次与西安市城市管理和综合执法局、西安市市政设施管理中心进行座谈，推动西安市城市管理和综合执法局于2021年9月印发《关于加强代征路管理的通知》，在全市范围内开展代征路管理专项整治活动，对全市694处代征路台账进行全面梳理和完善，并逐一核查，其中614条代征路已竣工并通车使用，其余80处待建代征路的养护管理事项全部移交至各区县城管局管理。

【典型意义】

代征城市道路建设用地一般按照城市规划随建设项目用地一并划拨或出让，并由建设单位按照规定移交市政设施管理部门。因城市道路规划与道路建设之间存在较长间隔，相关规划部门、建设部门和实际监管部门因信息不畅等原因容易导致代征路长期被非法占用。本案中，检察机关积极履行公益诉讼检察职能，推动行政机关依法监管案涉代征路，挽回国有资产损失。同时，通过办理类案，推动行政机关对全市代征路依法规范管理。

十、最高人民检察院、中华全国妇女联合会联合发布妇女权益保障检察公益诉讼典型案例

（2022年11月25日）

为促进妇女全面发展提供有力法治保障

——最高检、全国妇联有关负责人就妇女权益保障检察公益诉讼典型案例答记者问

11月25日“国际消除对妇女暴力日”到来之际，最高人民检察院会同中华全国妇女联合会联合发布妇女权益保障检察公益诉讼典型案例。最高检第八检察厅副厅长邱景辉、全国妇联权益部副部长李岳阳回答了记者提问。

问：党的二十大报告对“坚持男女平等基本国策，保障妇女儿童合法权益”提出明确要求，同时强调“加强检察机关法律监督工作”，“完善公益诉讼制度”。请问最高检对妇女权益保障公益诉讼检察工作有何新部署新举措？

邱景辉：党的二十大报告在“增进民生福祉，提高人民生活品质”的部署中对妇女权益保障提出新的更高要求，在“全面依法治国、推进法治中国建设”的部署中特别强调“完善公益诉讼制度”，集中体现了中央对公益诉讼制度设计和司法实践的高度认可和充分肯定，也承载着中央对完善公益诉讼制度、在包括妇女权益保障等更多领域更加充分发挥公益诉讼作用的更高期许和更重责任。新修订的妇女权益保障法增设公益诉讼条款，为检察机关开展妇女权益保障领域公益诉讼提供了直接法律依据。下一步，最高检要把贯彻落实党的二十大精神作为首要政治任务，用足用好妇女权益保障法增设的公益诉讼条款，指导各地深入贯彻落实党和国家关于开展妇女权益保障公益诉讼检察工作的部署要求，聚焦侵害妇女劳动和社会保障、人身和人格、财产等各方面合法权益的公益损害突出问题，切实加大办案力度，回应社会关切，监督保障妇女权益保障法等相关法律统一正确实施。特别是，要继续深化与妇联组织的协作配合，推动建立健全

线索移送、信息共享、联合调研、专业支持等常态化联络机制，以此次最高检和全国妇联联合发布妇女权益保障检察公益诉讼典型案例为契机，同步指导地方检察机关和妇联组织加强协作，高质量办理公益诉讼案件，强化普法宣传，增强保护合力，为进一步推动特定群体权益保障立法完善提供更加丰富的实践样本。

问：新修订的妇女权益保障法明确授权检察机关开展妇女权益保障公益诉讼检察监督办案，并列举了监督情形和案件范围。请问在贯彻执行中如何理解和把握？

邱景辉：此次新修订的妇女权益保障法以列举的方式增设公益诉讼条款，明确了公益诉讼的监督情形和案件范围，这在有关检察公益诉讼的单行法中创新了立法模式。下一步，最高检将专门下发通知，就贯彻执行妇女权益保障法，推进妇女权益保障公益诉讼检察工作提出具体要求。各地在贯彻执行中，要从以下几个方面去理解和把握：

一是正确认识增设公益诉讼条款的重要意义。党的十九届四中全会明确提出“拓展公益诉讼案件范围”，最高检作为此项重大改革措施的牵头单位，会同全国妇联在内的相关责任部门，将妇女权益保障作为拓展公益诉讼案件范围的重点领域，积极稳妥开展理论研究和实践探索，取得阶段性成效。此次妇女权益保障法授权检察机关提起公益诉讼，充分彰显和肯定了公益诉讼检察的改革成效和制度优势，也是拓展公益诉讼案件范围、完善中国特色公益诉讼检察制度的必然要求。

二是准确理解适用有关法律规定，突出公益诉讼办案重点。妇女权益保障法第七十七条规定了五类侵害妇女权益的具体情形和兜底条款，主要涉及妇女劳动和社会保障权益、人身和人格权益、财产权益，各级检察机关要认真学习、准确理解相关法律规定，以侵害农村妇女土地权益、侵害妇女平等就业权益、未采取合理措施预防和制止性骚扰、大众传媒贬损妇女人格等违法情形作为办案重点，加强精准监督和特别保护。各级检察机关要对照法律认真学习此次发布的典型案例，掌握监督要领和办案技巧，并结合实际学以致用。同时，充分理解适用兜底条款，围绕未依法履行反家暴职责等其他严重侵害妇女权益的情形，积极稳妥探索开展相关领域妇女权益保障公益诉讼，指导各级检察机关通过磋商、检察建议等方式激活现有的反家暴治理机制。对不履行报告、告诫、救助、保护等预防和制止家庭暴力职责侵害不特定多数妇女合法权益、损害社会公共利益的行为，检察机关可以提起公益诉讼。

三是加强与相关行政机关、妇联组织协作配合，推动形成妇女权益保障合力。不断深化最高检与全国妇联共同开展的“关注困难妇女群体，加强专项司法救助”活动，对遭受家庭暴力、性侵害、拐卖等违法犯罪行为侵害的妇女及时开展司法救助，并衔接落实多元化帮扶；及时进行心理安抚和疏导，对出现心理创伤或者精神损害的，协调实施心理治疗。联合加强妇女权益保障和公益诉讼法治宣传，积极营造妇女权益保障的良好法治环境。

问：近年来，全国妇联与最高检加强妇女权益保障法律监督工作的协同合作取得积极进展。请问，这次全国妇联和最高检联合发布妇女权益保障检察公益诉讼典型案例，有什么样的背景？

李岳阳：党的十八大以来，以习近平同志为核心的党中央高度重视妇女事业发展，把保障妇女权益作为坚定的国家意志，将“坚持男女平等基本国策，保障妇女儿童合法权益”写入党的十八大、十九大、二十大报告，作为治国理政重要内容，不断完善党委领导、政府主导、各方协同、社会参与的妇女权益保障工作机制，持续解决发展中的突出问题，优化妇女发展环境，严厉打击侵害妇女权益的违法犯罪行为。

全国妇联深入贯彻落实党中央决策部署和习近平总书记关于妇女和妇女工作的重要论述精神，与最高检加强沟通协作，多次共同研究讨论，将积极稳妥办理妇女权益保障公益诉讼案件作为落实党的十九届四中全会要求、拓展公益诉讼案件范围的重要领域和环节。2019 年 12 月，最高检和全国妇联联合出台《关于建立共同推动保护妇女儿童权益工作合作机制的通知》，建立妇女权益保障检察公益诉讼制度，规定对相关单位招聘工作中涉嫌就业性别歧视，相关组织、个人通过大众传播媒介或者其他方式贬低损害妇女人格等损害社会公共利益的行为，检察机关可以发出检察建议，或者提起公益诉讼。通知发布后，各地检察机关和妇联组织加强合作，协调联动。截至目前，共有 24 个省、区、市检察机关和妇联组织建立合作机制或者出台相关文件，并办理了一批具有很强针对性和实践指导意义的典型案例，得到了党委政府、职能部门和广大妇女群众的高度认可和广泛支持。

一个好的案例胜过一打文件。在党的二十大胜利召开、全国上下深入学习宣传贯彻党的二十大精神的重要时刻，在第十三届全国人大常委会第三十七次会议刚刚审议通过新修订的妇女权益保障法不久，全国妇联和最高检联合发布妇女权益保障公益诉讼典型案例，既是贯彻落实党的二十大精神，完善党政主导的保障妇女权益工作机制，延伸检察机关和妇联组织工作内容，破解妇女权益保障领域重难点问题的阶段性成果，也将发挥引领示范效应，推动司法机关、政府部门、人民团体等共同营造男女平等的良好社会氛围。

问：新修订的妇女权益保障法确立了妇女权益保障检察公益诉讼制度，将农村妇女土地、妇女平等就业等作为公益诉讼的重点，请谈谈对这个重要制度设计的认识。妇联组织如何在该项制度落实中发挥作用？

李岳阳：习近平总书记强调，要把保障妇女权益系统纳入法律法规，上升为国家意志，内化为社会行为规范。在妇女权益保障领域开展公益诉讼，有利于突破个体诉讼的局限性，解决侵犯妇女权益问题系统性、顽固性、普遍性问题，提升妇女权益保障整体水平。我国妇女权益保障公益诉讼制度已逐步确立，《中共中央关于加强新时代检察机关法律监督工作的意见》《中国妇女发展纲要（2021—2030 年）》《国家人权行动计划（2021—2025 年）》等多个政策文件，对开展妇女权益保障领域的公益诉讼作出规定。

2022 年 10 月 30 日新修订的妇女权益保障法，明确规定侵害妇女合法权益，导致社会公共利益受损的，检察机关可以发出检察建议，并且规定对于侵犯农村妇女土地权益、侵害妇女平等就业权益、未采取合理措施预防和制止性骚扰、大众传媒贬损妇女人格，以及其他严重损害妇女权益的违法行为，检察机关可以依法提起公益诉讼。这些列举的问题在妇女权益保护领域具有一定的普遍性，一些地方和部门在履职过程中也存在不足之处，而各地通过开展检察公益诉讼推动相关问题解决，成效显著。例如，本次发布的典型案例，新疆维吾尔自治区博尔塔拉蒙古自治州人民检察院督促保护农村妇女土地承包经营权行政公益诉讼案，一件个案不仅解决了两名外嫁女信访 30 年都没有解决的问题，而且推动了区域内同类问题的治理；再如，江西省樟树市人民检察院督促整治低俗广告贬低损害妇女人格行政公益诉讼案中，涉及妇炎洁产品广告贬损妇女人格问题，樟树市市场监督管理局在收到检察建议后，积极履行监管职责，查处涉案企业，并在全市开展专项整治，实现了以点带面、全面监督的效果。

除了法律列举的侵害妇女权益的问题外，其他严重侵害妇女权益的情形也可以纳入公益诉讼之中，比如家庭暴力。实践中，各地已经开始积极探索开展反家暴检察公益诉讼。2021年9月9日，国务院发布的《国家人权行动计划（2021—2025年）》中明确提出，对不履行预防和制止家庭暴力职责等侵害不特定多数妇女合法权益、损害社会公共利益的行为，检察机关可以发出检察建议或提起公益诉讼。江苏省宝应县检察院与县妇联联合开展“消除对妇女暴力 维护妇女权益”公益诉讼专项行动，取得了良好社会效果。此次发布的公益诉讼典型案例中，有两例涉及家庭暴力，其中一例就是宝应县检察院针对智力残疾妇女遭受家庭暴力，医疗机构未履行发现报告义务、行政机关监管缺失等问题发出诉前检察建议。通过发布反家暴公益诉讼典型案例，可以进一步强化检察机关开展反家暴公益诉讼的职责。同时，指导各级检察机关办理此类案件，针对相关部门怠于履职或者履职不到位的情形，通过督促积极履职，保障家暴受害妇女合法权益。

下一步，全国妇联将聚焦新修订妇女权益保障法新增内容，大力宣传本次修法的重大意义、重要制度、修法亮点，营造尊重妇女、保护妇女的社会氛围，引导妇女群众依法维护自己的合法权益；在切实履行自身职责的同时，我们将加强与最高检合作，不断健全保护妇女权益工作机制，特别是配合最高检开展妇女权益保障公益诉讼，指导地方妇联加强与检察机关合作，建立健全有关侵害妇女权益案件线索移送、信息共享等工作机制，为促进男女平等和妇女全面发展营造良好的社会环境。

陕西省咸阳市渭城区人民检察院督促保护妇女劳动权益行政公益诉讼案

【关键词】

行政公益诉讼诉前程序　妇女劳动权益　预防性骚扰　公开听证　综合治理

【要　旨】

针对用人单位未充分保障孕期、哺乳期妇女休息权益等问题，检察机关通过提出检察建议督促行政机关依法履职，并建立协作配合机制，推动构建妇女劳动权益保障齐抓共管格局。

【基本案情】

陕西省咸阳市渭城区多家超市、商场等女职工较多的单位存在保障女职工劳动权益不到位的问题，如未保障哺乳假，对怀孕、哺乳期女职工安排加班、夜班；未组织定期体检，未将体检时间计入劳动时间，未承担全部体检费用；未制定或落实预防、制止女职工在劳动场所遭受性骚扰的制度，损害了广大妇女劳动权益。

【调查和督促履职】

2022年6月至7月，陕西省咸阳市渭城区人民检察院（以下简称渭城区院）围绕损害妇女劳动权益问题，以“线上＋线下”问卷调查、实地走访等方式开展社会调查，并于7月5日以行政公益诉讼立案。7月7日，渭城区院组织召开公开听证会，邀请渭城区人力资源和社会保障局（以下简称渭城区人社局）、渭城区妇女联合会（以下简称渭城区妇联）参加，并邀请政协委员作为听证员，围绕相关用人单位是否依法保障女职工劳动权益等问题进行论证，形成了行政机关应依法履行监管职责的听证意见。

听证会结束后，渭城区院于同日向渭城区人社局公开送达行政公益诉讼检察建议书，建议其加强对用人单位的监督管理，依法保障女职工合法劳动权益。

2022年8月底，渭城区人社局回复称，已约谈了4家涉案超市、商场，就检察建议中涉及的问题下发整改通知，并提出三项具体要求：一是保障孕妇、哺乳期女职工合理休息时间，减轻工作量，禁止安排加班、夜班；二是落实体检规定；三是建立并公示防止职场性骚扰制度，确定专门人员处理此类纠纷。

2022年9月，渭城区院跟进监督发现，各用人单位均已经按要求整改到位，已安排哺乳期女职工休哺乳假，共组织110名女职工体检，组织全体女职工学习劳动权益保障法规政策，公示了防止女性职场性骚扰制度，某超市还将性骚扰列入奖惩制度当中，对性骚扰行为制定严格的惩处规定。同时，渭城区院针对调查阶段发现的女职工劳动权益保障意识淡漠等问题，制作了妇女权益保护普法宣传视频，联合渭城区人社局、区妇联开展普法宣传，辖区主要商场、超市均完善了妇女劳动权益保障工作。

办案过程中，渭城区院坚持以个案办理推动综合治理，与渭城区妇联联合印发了《建立妇女权益保障协作配合机制意见》，在线索移送、司法救助等多方面达成合作意见；联合设立“渭城区妇女儿童维权服务工作站”，选聘60名街办和社区工作者作为联络员，建立起“渭城区—街道—社区”三级全覆盖的妇女权益保障网格化管理机制。该机制建立以来，已接待来信来访妇女120余人，救助符合条件的妇女28人，发放救助金15万余元。

【典型意义】

劳动权益是一项重要的妇女权益，用人单位应依法保障妇女在工作和劳动时的安全和健康。本案中，检察机关以社会调查为基础，以公开听证为切入点，通过办案促进溯源治理，以“我管”促“都管”，推动形成检察监督、行政执法、妇联组织、用人单位等四方联合保障妇女劳动权益的合力，着力解决身边被漠视的妇女劳动权益保障问题。

贵州省纳雍县人民检察院督促保护妇女劳动和社会保障权益行政公益诉讼案

【关键词】

行政公益诉讼诉前程序　妇女劳动和社会保障权益　“益心为公”志愿者　溯源治理

【要　旨】

针对企业未依法保障妇女劳动和社会保障权益的行为，检察机关强化与妇联协作配合，充分发挥“益心为公”志愿者作用，通过制发诉前检察建议、设立妇女权益维权站、开展司法救助、建立长效机制等方式，切实维护妇女合法权益。

【基本案情】

贵州省毕节市纳雍县域内四家大型超市聘用女职工比例高达93%，存在未依法为女职工缴纳社会保险、未按规定对法定节假日工作的女职工给付3倍工资、未在三八妇女节给女职工放假半天、违规安排哺乳期女职工值夜班等行为，侵害了妇女劳动和社会保障权益。

【调查和督促履职】

2022年初，贵州省毕节市纳雍县人民检察院（以下简称纳雍县院）与纳雍县妇女联合会（以下简称纳雍县妇联）联合开展“妇女合法权益保护”专项监督活动，发现该案线索，并于2022年4月28日立案。办案过程中，检察机关主动向妇联具有专业背景的“益心为公”志愿者进行咨询，通过现场走访、调取相关证据材料及询问相关人员等方式开展调查取证，查明纳雍县域内四家大型超市违反女职工劳动保护相关法律法规，负有监督管理职责的纳雍县人力资源和社会保障局（以下简称纳雍县人社局）未依法履职，导致女职工劳动和社会保障权益受到侵害。遂向纳雍县人社局发出行政公益诉讼检察建议，建议纳雍县人社局全面履行监管职责，针对发现的问题依法进行整治，并对辖区内女性劳动者集中的用工单位进行全面排查，维护女职工的劳动权益。

纳雍县人社局收到检察建议后立即开展调查核实，督促涉案的四家超市依法缴纳女职工社会保险共计15.6万元；对节假日加班女职工补发工资共计7300元，并发放价值4600元的慰问品；禁止超市违规安排孕妇、哺乳期女职工加班、值夜班。通过排查，建立企业诚信档案，对侵犯妇女权益的企业纳入黑名单，强化对妇女用工企业的监督管理。

2022年5月24日，纳雍县院联合县妇联、县人社局对全县30余家重点妇女用工企业开展法治宣传。6月8日，纳雍县人社局组织涉案的四家超市召开集体约谈会，并邀请纳雍县院现场开展法律培训，促进企业依法用工。办案过程中，为进一步推进妇女权益保护，纳雍县院与纳雍县妇联会签《关注困难妇女群众，加强专项司法救助》机制，就搭建救助平台、关爱困难妇女群体等工作达成共识，结合正在开展的“关注困难妇女群体，加强专项司法救助”活动，为涉案超市病困女职工李某某申请司法救助金1万元；与纳雍县人社局共同建立妇女维权工作站，设置并公告妇女维权电话，开设妇女权益保护“绿色通道”。维权站成立至今，已收到侵害妇女权益线索30余件，涉及妇女51人，欠薪总额55.9万元，目前已解决14件，涉及妇女21人，涉及金额共计34.2万元。

2022年8月11日，纳雍县院邀请纳雍县妇联“益心为公”志愿者、县人大代表、政协委员、人民监督员共同到涉案四家超市持续跟进“回头看”，并对案件办理成效进行公开听证。听证员一致认为，行政机关已经依法全面履职，妇女劳动和社会保障权益得到有效保护，建议对该案依法终结。检察机关经审查，于2022年8月12日对该案依法终结。

【典型意义】

妇女依法享有劳动和社会保障权利，是妇女实现其政治、经济、文化、社会和家庭生活等各方面权益的基础。本案中，检察机关针对用人单位未依法保障妇女劳动和社会保障权利的行为，充分发挥公益诉讼职能作用，加强与妇联的协作配合，通过诉前检察建议督促行政机关依法履职、切实整改，并联合建立妇女权益保护“绿色通道”，以个案推动完善长效机制，促进溯源治理。

北京铁路运输检察院督促整治妇女就业歧视行政公益诉讼案

【关键词】

行政公益诉讼诉前程序　妇女平等就业权益　性别歧视　网络招聘服务平台　系统治理

【要　旨】

针对网络招聘服务平台违规发布歧视女性招聘信息的问题，检察机关以反就业歧视为切入点，通过诉前检察建议督促行政机关对相关用人单位进行监管，对网络招聘服务平台审核机制督促整改，推动溯源治理，切实维护妇女平等就业的合法权益。

【基本案情】

北京市海淀区部分用人单位在网络招聘服务平台上发布含有“男士优先”“限男性”等性别歧视性内容的网络招聘信息，海淀区某人力资源服务机构以提供网络招聘服务平台为服务方式，在为劳动者求职和用人单位招用人员提供服务的过程中，对用人单位提供的含有性别歧视性内容的网络招聘信息进行平台发布，未尽到审核义务。用人单位和人力资源服务机构的上述行为，侵犯了妇女平等就业的合法权益，损害了社会公共利益。

【调查和督促履职】

北京铁路运输检察院（以下简称北京铁检院）开展“保障妇女权益，促进平等就业”专项活动，依托构建的网络招聘服务平台就业歧视公益诉讼线索发现模型，对北京各大网络招聘服务平台开展大数据筛查，发现海淀区4家用人单位在发布招聘平面设计学徒、现场代表、客服经理等工作岗位时，岗位要求中存在“男士优先”“限男性”等性别歧视性内容，于

2022 年 4 月 6 日以行政公益诉讼立案。进一步调查发现，在海淀区某人力资源服务机构运营的大型网络招聘服务平台上，有 13 家外省市用人单位存在发布性别歧视网络招聘信息的违法行为。北京铁检院经审查认为，根据《中华人民共和国妇女权益保障法》《中华人民共和国就业促进法》《人力资源市场暂行条例》《网络招聘服务管理规定》等法律法规规定，北京市海淀区人力资源和社会保障局（以下简称海淀区人社局）负有监管职责。2022 年 4 月 20 日，北京铁检院与海淀区人社局召开座谈会并发出检察建议书，督促行政机关对存在违法行为的用人单位及未尽审核义务的网络招聘服务平台依法查处，健全网络招聘服务监管机制，加大对辖区内人力资源服务机构开展网络招聘服务的监管力度。

检察建议发出后，行政机关积极开展整改工作：一是对 4 家用人单位逐一核查，督促用人单位对发布的网络招聘信息进行修改，删除性别歧视性岗位要求；二是督促涉案的某人力资源服务机构对其发布在网络招聘服务平台上的网络招聘信息自行全面筛查，及时发现并纠正违法信息，并对该人力资源服务机构分阶段开展三轮检查，确保该机构在平台发布的 169 家企业的网络招聘信息合法，全面整改到位；三是在辖区内开展人力资源服务行业规范经营自查行动和“以案释法”法规宣讲活动，切实保障辖区内人力资源服务机构规范化、专业化经营；四是通过督促机构自查自改和“双随机”检查相结合的方式，实现对辖区内人力资源服务机构的常态化监管。

收到行政机关书面回复后，北京铁检院积极开展跟进监督，通过网上核实行政机关履职情况，确认相关违法情形已经消除，社会公益已得到有效维护。2022 年 7 月，北京铁检院与海淀区人社局召开座谈会，就检察建议整改、后续监管等情况深入交流，进一步凝聚共识，共同促进妇女就业、维护社会公益。

【典型意义】

反对就业歧视，保障妇女平等就业和自主择业的权利，是尊重和保障妇女权益的必然要求。随着网络招聘模式的逐渐普及，妇女就业歧视的违法行为更趋隐蔽，给行政机关监管、妇女就业维权带来一定困难。本案中，检察机关从网络招聘服务平台的监管盲区入手，依托大数据筛查，通过制发检察建议，激发行政机关监督执法主动性，规范网络招聘服务平台审核管理职责，有效避免歧视性招聘信息的发布，拓宽妇女就业渠道，注重溯源治理，推动形成妇女权益保护合力，实现了双赢多赢共赢的办案效果。

上海市松江区人民检察院督促保护残疾妇女平等就业权行政公益诉讼案

【关键词】

行政公益诉讼诉前程序　残疾妇女平等就业权益　协同共治　“益心为公”志愿者

【要　旨】

针对辖区内企业残疾人招聘涉嫌性别歧视问题，检察机关借助“益心为公”检察云平台志愿者力量，充分发挥公益诉讼检察职能，精准督促相关职能部门及时纠正整改，共同维护残疾妇女的平等就业权。

【基本案情】

2022年5月，上海市松江区的上海某置业公司、上海某园林公司在面向全区残疾人推出的就业招聘中对岗位性别进行了限定，限招男性，然而岗位并不属于国家规定的不适合妇女的工种或者岗位，未充分保障残疾妇女平等就业权，损害了社会公共利益。

【调查和督促履职】

2022年5月，一名“益心为公”检察云平台志愿者向上海市松江区人民检察院（以下简称松江区院）反映，近期本区残疾人线上专场招聘中，部分招聘岗位指向性明显，涉嫌性别歧视。松江区院迅速研判并调查核实，发现该招聘活动系2022年松江区国有企业招录残疾人线上专场招聘，旨在帮扶残疾人就业。招聘启事中有企业岗位设定性别限制，岗位信息显示：上海某置业公司招聘招标审价员1人，性别男，岗位要求遵守国家法律法规，爱岗敬业，品行端正；具有全日制本科及以上学历，理工类相关或相近专业；具有5年以上招标审价工作经验。上海某园林公司招聘绿化修剪工1人，性别男，岗位要求是熟悉园艺修剪，能够适当从事体力劳动。松江区院经审查认为，上述岗位并不属于国家规定的不适合妇女的工种或者岗位，却限招男性，侵害残疾妇女平等就业权，损害了社会公共利益。根据《中华人民共和国劳动法》《中华人民共和国就业促进法》等相关法律规定，松江区人力资源和社会保障局（以下简称区人社局）负有监督管理职责。2022年5月30日，松江区院以行政公益诉讼立案并开展调查取证。

2022年6月8日，松江区院举行线上公开听证会，邀请区人社局、区国有资产监督管理委员会（以下简称区国资委）、区残疾人联合会（以下简称区残联）、人民监督员、“益心为公”志愿者及用人单位代表共同参与听证，就公益侵害事实、如何保护妇女平等就业权等问题开展探讨并取得共识，一致认为涉案企业积极落实帮扶残疾人群体就业值得肯定，但在招聘岗位并不属于国家规定的不适合妇女的工种或者岗位、仅限招录男性的做法，违反了《中华人民共和国妇女权益保障法》等法律规定，未充分保障残疾妇女平等就业权。听证会结束后，松江区院依法向区人社局发出行政公益诉讼诉前检察建议，建议其履行保障残疾妇女平等就业权的法定监管职责，并协同有关职能部门进一步规范辖区内企业单位招聘工作，建立健全长效工作机制。同时，松江区院向区国资委、区残疾人就业促进指导中心分别制发《关于进一步规范辖区国有企业招聘工作的提示函》《关于进一步优化辖区残疾人就业指导工作的提示函》，提示规范招聘信息征集、发布流程管理，凝聚多部门工作保护合力。

各行政机关收到检察建议或提示函后高度重视，并积极推动整改。区人社局回函表示，已第一时间约谈涉案企业，责令立即改正违法行为，并就规范辖区内企业单位的招聘工作进行了整体部署；区国资委回函表示，已删除原招聘链接并重新制作后予以发布；区残疾人就业促进指导中心回函表示，已向各街镇残联下发通知，取消性别限制，延长报名时间，同时优化招聘工作流程与机制，截至目前已有残疾女性报名。

收到回函后，松江区院通过线下上门走访、线上调查核实等方式进行跟进监督，确认了相关整改事实，社会公共利益得到维护。同时，为进一步做好溯源治理，松江区院与区妇女联合会建立工作机制，全方位保护残疾妇女合法权益。

【典型意义】

国家高度关注残疾人就业，2022 年全国助残日主题就是“促进残疾人就业，保障残疾人权益”。本案中，检察机关围绕残疾女性的平等就业权开展公益诉讼，依法向主管行政机关发出诉前检察建议，督促及时纠正违法招聘行为、消除就业歧视。既立足残疾人弱势群体保护，也着眼妇女平等就业权保障。同时，坚持以“我管”促“都管”，注重拓展办案效果，分别向相关部门发出工作提示函，督促其进一步优化就业招聘工作机制，形成多元主体协同保护残疾妇女合法权益的治理格局。

江苏省滨海县人民检察院诉王某红侵犯孕产妇生育信息刑事附带民事公益诉讼案

【关键词】

刑事附带民事公益诉讼　行政公益诉讼诉前程序　孕产妇生育信息　妇女人格权益　公益损害赔偿金

【要　旨】

针对孕产妇生育信息被泄露、滥用的行为，检察机关充分发挥刑事、公益诉讼检察职能作用，依法追究当事人的公益损害赔偿责任，并建立公益损害赔偿款财政专用账户托管机制，全方位保护公民个人健康生理信息。

【基本案情】

2016 年至 2020 年期间，被告王某红利用自己在江苏省滨海县某镇中心卫生院的工作便利，为获取非法利益向他人提供孕产妇、新生儿等生育信息计 25124 条。上述信息被转售给当地母婴店和儿童摄影馆，用于定向推销母婴产品、新生儿照相等产品或服务。王某红从中非法获利人民币 33200 元。

【调查和诉讼】

江苏省滨海县人民检察院（以下简称滨海县院）在履职中发现本案线索，于 2021 年 3 月 26 日立案，并围绕被泄露信息是否属于健康生理信息、公共利益是否受到损害等问题进行重点调查。此案发生时，《中华人民共和国个人信息保护法》尚未出台，检察机关就管辖权、赔偿数额、公益赔偿金使用等问题加强研究，与相关部门形成“刑事处罚 + 民事赔偿”同步处理的共识。同年 4 月 15 日，滨海县院召开公开听证会，邀请人大代表、政协委员、人民监督员、妇女代表等作为听证员，就如何保护妇女儿童个人信息、提起公益诉讼的必要性等开展广泛讨论。听证员一致认为，检察机关应主动履职，提起公益诉讼，最大限度地保护妇女儿童的合法权益。

2021 年 4 月 22 日，滨海县院向滨海县人民法院提起刑事附带民事公益诉讼，在依法追究王某红刑事责任的同时，请求判令王某红承担民事赔偿金 33200 元，并在地市级以上新闻媒体向公众公开赔礼道歉。

2021 年 11 月 2 日，法院以王某红犯侵犯公民个人信息罪，判处其有期徒刑三年，并处罚金人民币三万五千元；判决王某红支付损害赔偿金人民币三万三千二百元，并在本市市级以上媒体公开登报赔礼道歉。同时，滨海县院会同财政部门研究出台《关于加强公益赔偿资金使用管理办法（试行）》，建立公益损害赔偿款财政专用账户托管机制，专设财政代管账户，并就利用公益损害赔偿金开展保护妇女儿童公益活动达成一致意见。目前，损害赔偿金已执行到位并存入财政代管账户。

针对办案中发现的医疗机构存在泄露公民个人信息隐患问题，滨海县院向县卫生健康委员会（以下简称县卫健委）制发行政公益诉讼检察建议，建议其采取有效措施消除现有的孕产妇信息泄露隐患，从制度建立、设备更新、人员管理等方面完善公民个人信息的保护机制。收到检察建议后，县卫健委立即召开全县医疗机构警示教育大会，签订信息安全保密责任状，建立孕产妇、新生儿信息专人保管、“双人双密”的保护制度。

【典型意义】

孕产妇生育信息属于个人健康生理信息。生育信息数据庞大，一旦泄露易引发针对妇女的电信诈骗、定向促销、人身骚扰等多种关联违法犯罪活动，给相关家庭人身和财产安全构成重大威胁。本案中，检察机关在通过刑事检察从严惩治侵害公民个人信息犯罪行为的同时，通过提起刑事附带民事公益诉讼、制发检察建议等方式推动相关行业领域整治，设立公益损害赔偿金专用账户，构建多部门协作配合机制，共同维护孕产妇生育信息安全。

江西省樟树市人民检察院督促整治低俗广告贬低损害妇女人格行政公益诉讼案

【关键词】

行政公益诉讼诉前程序　低俗广告　妇女人格权益　公开听证

【要　旨】

针对企业通过发布含物化矮化女性或贬低损害妇女人格等低俗内容的广告进行恶意营销的行为，检察机关可以通过发出检察建议，督促行政机关依法查处企业广告违法行为，推动开展区域内行业整治，引导企业加强合规建设，维护妇女合法权益。

【基本案情】

2021年8月1日，江西某公司委托某科技公司对妇炎洁女性个护保养系列产品提供运营、策划、推广、销售等服务。2022年4月30日，该科技公司在天猫妇炎洁官方旗舰店推广销售“妇炎洁玻尿酸玫瑰滋养洗液”产品时，在商品详情页面的广告宣传中使用“洗出‘少女粉’”“黑！暗沉发黑，遭伴侣嫌弃”等大量低俗、恶俗、媚俗用语，贬损妇女人格尊严，造成了恶劣社会影响。

【调查和督促履职】

2022年5月19日，江西省宜春市人民检察院在履职中发现上述线索，并移交江西省樟树市人民检察院（以下简称樟树市院）办理。同年5月23日，樟树市院依法以行政公益诉讼立案，并调取了涉案产品生产销售、广告制作发布等证据材料，查清了案件基本事实。为准确界定涉案广告性质，检察机关委托妇科专家出具意见，专家意见认为普通洗液产品无法达到该广告宣传的效果，会误导女性对自己的身体产生错误认知。樟树市院经审查认为，根据《中华人民共和国广告法》《中华人民共和国妇女权益保障法》《中华人民共和国消费者权益保护法》等法律法规规定，樟树市市场监督管理局（以下简称樟树市市监局）具有广告监督管理、妇女权益保障、消费者权益保护等职责。

2022年6月20日，樟树市院主持召开公开听证会，邀请樟树市市监局、妇女联合会、相关公司以及人大代表、人民监督员等参加，主要围绕涉案广告的违法性、危害性以及制发检察建议的必要性进行了充分讨论，听证员一致认为该广告包含低俗、引人误解的内容，损害了广大妇女权益，应当制发检察建议督促行政机关履职。听证会结束后，樟树市院向樟树市市监局公开宣告送达检察建议书，建议其依法全面履行监管职责，对发布贬低、侮辱妇女人格等违背社会良好风尚违法广告的行为及时查处，并督促企业切实消除对广大妇女造成的不良社会影响。同时，对辖区内经营单位已发布广告进行全面排查并加强对本行政区内广告的日常监管。

樟树市市监局收到检察建议后及时依法履职，对相关企业负责人进行约谈，责令涉及低俗广告的产品全网下架，并对2家涉案企业分别作出80万元、50万元的行政处罚。同时，对辖区内经营单位涉及广告发布、产品审批报备等项目进行重点检查，先后出动执法人员200余人次，检查各类日化品、医疗器械、医疗产品等经营主体300余家，共立案查处4起违法广告，责令10余家企业进行整改；向全市生产企业、广告主、广告经营者和广告发布者发出《规范商业营销宣传的提醒告诫书》，引导企业树立正确价值取向，切实做到合法经营。

办案过程中，检察机关协同行政机关持续跟进涉案企业整改进展，积极引导企业承担社会责任，相关企业已主动发起和参与多项妇女权益保障公益性活动，并捐赠245万元用于疫情防控。目前，涉案企业已主动配合整改，依法下架相关产品，并通过解聘、降薪等方式追究了20余名涉案相关人员的责任。针对案件反映的企业监管漏洞，积极开展合规建设，完善规章制度建设。江西某公司专门增设企业合规经理岗，制定完善公司宣传管理规章制度，积极适应市场化、法治化发展需要。

【典型意义】

妇女人格权受法律保护。企业发布贬损女性人格的低俗产品广告误导大众，不仅违背公序良俗，也违反相关法律规定，损害了广大女性的人格尊严与合法权益。本案中，检察机关结合专家意见、公开听证结论，依法发出诉前检察建议，督促相关职能部门依法约谈企业并责令下架相关产品，开展低俗广告专项整治活动，促进行业自律，引导企业合规发展，规范广告发布等经营行为，积极参与社会公益事业，实现了“三个效果”的有机统一。

新疆维吾尔自治区博尔塔拉蒙古自治州人民检察院督促保护农村妇女土地承包经营权行政公益诉讼案

【关键词】

行政公益诉讼诉前程序　妇女财产权益　土地承包经营权　综合治理

【要　旨】

针对基层政府违法收回“外嫁女”土地、侵害农村妇女土地承包经营权的情形，检察机关通过公开听证、检察建议等方式，督促基层政府及相关业务主管部门履行主体责任，通过个案办理推动类案监督，切实解决辖区内类似侵犯妇女合法权益问题。

【基本案情】

新疆维吾尔自治区博尔塔拉蒙古自治州（以下简称博州）温泉县甲镇某村村民周某兰、周某红分别于1987年2月、1989年1月外嫁至博州博乐市乙镇，并将户口随迁至该镇。户籍迁出后，甲镇人民政府遂将二人承包的土地承包经营权收回（每人7.2亩，共计14.4亩），而乙镇人民政府未向周某兰、周某红分配相应土地。二人为此多次向甲镇、乙镇、温泉县农业农村部门反映归还土地承包经营权事宜，一直未得到有效解决。

【调查和督促履职】

2020年12月15日，博州人民检察院（以下简称博州院）12309检察服务热线接到周某兰、周某红救助申请，控申部门将案件线索移交公益诉讼检察部门办理。博州院利用一体化办案机制，将该案线索交温泉县人民检察院（以下简称温泉县院）初查。经初步查明，2020年9月3日，温泉县农业农村部门针对周某兰、周某红反映事项，认定甲镇政府依据其制定的《关于进一步深化农村改革实施“五统一”服务的意见》，收回二人土地承包经营权，违反了农村土地承包法的相关规定，并将该事项交由甲镇政府依法予以妥善处理。2021年2月8日，甲镇政府作出维持收回周某兰、周某红土地承包经营权的意见。同时，温泉县院还发现其他乡镇也存在类似情况，涉及“外嫁女”百余人。2021年11月26日，经报上级检察机关同意，博州院针对上述可能侵害农村妇女土地承包经营权的情形以行政公益诉讼立案办理。

2021年12月13日，博州院组织博州和温泉县两级农业农村局、温泉县人民政府、甲镇政府、乙镇政府召开公开听证会，并邀请博州人大代表、人民监督员参加，博州纪委监委、妇女联合会（以下简称妇联）、司法局、信访局等部门列席。听证会上，博州妇联表示，妇女和男子享有平等的权利，“外嫁女”的土地承包经营权应予以保护。博州纪委监委表示，行政机关应依法行政，不能因为案涉问题涉及面广、涉及人数众多就久拖不决，损害当事人合法权益。人大代表认为，检察机关召开听证会非常有必要，对职能部门未能依法履职的情形应当依法监督。经听证代表合议，一致认为收回“外嫁女”土地承包经营权的行为侵害了妇女的合法权益，应予纠正。听证会结束后，博州院分别向甲镇政府、博州农业农村局发出诉前检察建议，建议甲镇政府纠正违法行为；建议博州农业农村局开展专项调查，对辖区内类似情况全面摸排，并加强与相关职能部门沟通协调，解决类似历史遗留问题，做好妇女权益保护工作。

收到检察建议后，博州农业农村局、甲镇政府积极履职，并及时与当事人沟通协商。在双方的申请下，检察机关分别于2021年12月17日和27日组织两次案件协调会，推动解决周某兰、周某红反映的问题。博州农业农村局开展专项调查，经全面摸排分析，决定将类似问题引导启动仲裁程序。经协商，甲镇政府返还周某兰、周某红原一轮承包土地，并逐年支付该土地统一发包的承包费用，其间土地由甲镇某村实行规模化连片经营管理，周某兰、周某红享有土地的收益和流转等权益。同时，甲镇政府废止《关于进一步深化农村改革实施“五统一”服务的意见》。

【典型意义】

《中华人民共和国妇女权益保障法》《中华人民共和国农村土地承包法》明确规定，妇女依法平等享有承包土地的各项权益，任何村（居）民自治条例、决议等地方性政策规定，都应当依法制定，不得违法剥夺妇女合法权益。本案中，周某兰、周某红等“外嫁女”在未获得嫁入地分配土地之前，原户籍地基层政府收回土地承包经营权的行为，侵害了妇女的合法权益。检察机关依法能动履职，以公开听证、检察建议、沟通协商等方式督促地方政府及相关部门依法履职，对涉及的地方政府规范性文件予以废止，并推动了区域内同类问题的综合治理，起到了“办理一案、治理一片”的效果，有效维护了农村妇女合法权益。

江苏省宝应县人民检察院督促落实涉家庭暴力妇女强制报告行政公益诉讼案

【关键词】

行政公益诉讼诉前程序　家庭暴力　妇女生命健康权益　医疗机构强制报告义务

【要　旨】

针对医疗机构未履行发现民事行为能力受限妇女遭受或疑似遭受家庭暴力的报案义务，且行政机关存在监管缺失，致使受家暴妇女权益被侵害的情形，检察机关可以积极稳妥开展公益诉讼，督促、协同相关责任主体履职尽责，推动构建联防联动的涉家庭暴力妇女保护体系。

【基本案情】

2020年6月24日，江苏省宝应县金某某亲属至宝应县妇女联合会（以下简称妇联）反映，称金某某（智力残疾四级）被丈夫郝某某殴打致伤。医疗机构就诊证明显示：金某某受暴力后全身多处瘀斑、肿胀，诊断病情为“多发性击打伤”。经初步了解，接诊医院发现残障妇女遭受暴力殴打而未报警。进一步调研发现，县域近87%的医疗机构未落实强制报告制度，行政机关监管不到位。

【调查和督促履职】

2021年11月，江苏省宝应县人民检察院（以下简称宝应县院）与县妇联共同开展“消除对妇女家暴、维护妇女权益”专项行动，采用综合调研、数据对比等方式，查阅全县近三年涉妇女家暴样本1000余份，发现存在公安机关处理警情不到位、卫生部门监管不严等问题，排查出“金某某疑遭家暴”等3条重点线索。宝应县院研判后认为，应当发挥检察监督职能作用，督促相关责任主体依法履职。2021年11月11日，宝应县院与公安机关进行磋商，促成其对相关施暴者批评教育或出具告诫书。

宝应县院进一步核查发现，金某某有智力残疾，就诊时医务人员已诊断其因暴力导致多发性击打伤，但医疗机构及人员未履行《中华人民共和国反家庭暴力法》等法律规定的报告义务。检察机关经审查认为，县域内多数医疗机构均不知悉对此类情形负有强制报告义务，宝应县卫生健康委员会（以下简称县卫健委）负有监管职责却未采取有效监管措施，侵害了妇女合法权益。2022年2月24日，宝应县院决定以行政公益诉讼立案。

2022年3月1日，宝应县院向县卫健委发出诉前检察建议，建议其履行监督管理职责，依据《中华人民共和国反家庭暴力法》第十四条、《江苏省反家庭暴力条例》第二十五条等规定，对涉案医疗机构及医务人员作出相应处理，组织开展专题教育培训和考核检查；建立健全全县医疗机构受家暴妇女接诊处置强制报告工作流程；加强与相关责任单位协作配合，完善联动保护工作机制。

县卫健委收到检察建议后高度重视，立即开展强制报告制度执行情况专项督查，对强制报告执行不力情况予以通报并约谈相关人员；开展类案研判，出台《医疗机构实施侵害未成年人案件和妇女遭受家暴案件强制报告制度工作流程》，并对全县医护人员进行专题培训；召开落实“强制报告”机制圆桌会议，协同宝应县院、妇联、公安、民政等部门，搭建线索移送、信息共享、进度通报、结果汇总的工作平台，覆盖全县19家公立医疗机构、13家民营医疗机构及责任单位。

为进一步强化相关责任主体履职意识，完善反家暴治理机制，宝应县院联合县监察委员会、法院、公安、卫健委、妇联等部门出台《关于在消除对妇女家暴维护妇女权益工作中加强协作的实施意见》，构建受家暴妇女权益一体化保护联盟。同时，针对在跟进监督过程中发现金某某患有智力残疾、离婚后家庭十分困难的情况，宝应县院依据《江苏省反家庭暴力条例》的规定，及时发放司法救助金3000元；针对发现的因政策信息渠道闭塞导致残疾人不能及时享受国家、地方救助的问题，宝应县院与县残疾人联合会、民政等部门沟通，建议开展专项排查。促成责任部门将金某某纳入困难残疾人生活补贴对象，每月发放补贴148元。

【典型意义】

家庭暴力是“社会公害”，需要协同共治。本案中，检察机关加强与妇联协作配合，以个案线索为突破口，通过公益诉讼诉前检察建议，督促行政机关依法履职并落实发现民事行为能力受限妇女遭受或疑似遭受家庭暴力时的强制报告制度。针对地方反家暴治理机制“碎片化”现状，检察机关争取地方党委领导、政府支持，推动建立多职能部门联动协作机制，体现了公益诉讼检察凝聚各方合力、促进系统治理的独特制度价值。

广东省清远市清城区人民检察院督促加强反家庭暴力联动履职行政公益诉讼案

【关键词】

行政公益诉讼诉前程序　家庭暴力　妇女生命健康权益　磋商　溯源治理

【要　旨】

针对个案中反映出有关部门在开展反家庭暴力工作中惩处、协作等方面的不足，检察机关通过构建上下联动、内外协同的公益诉讼一体化办案格局，灵活采用磋商等办案方式，督促协同相关职能部门依法联动履职，切实保障涉家庭暴力妇女的生命健康权等合法权益。

【基本案情】

2021 年 9 月以来，广东省清远市清城区无业人员李某（化名）因索要钱财未果，多次殴打妻子马某（化名），并通过摔马某手机等方式威胁马某不许向他人求助。马某曾以报警、联系社工等方式向有关部门求助，但有关部门未充分告知其救济途径和权利，对李某以劝解、口头警告为主。马某因长期受到李某的威胁和殴打，为躲避家暴曾与三个女儿短暂露宿街头，身心遭受较大伤害，其合法权益持续处于受侵害状态。

【调查和督促履职】

2022 年 3 月，广东省清远市清城区人民检察院（以下简称清城区院）在履行公益诉讼检察职责中发现本案线索，经逐级请示广东省人民检察院（以下简称广东省院）同意，决定作为行政公益诉讼以事立案。省市县三级院坚持一体化办案，广东省院与省妇女联合会（以下简称妇联）开展座谈听取意见建议，清远市人民检察院（以下简称清远市院）制定专案推进具体方案，并指导清城区院依法开展调查。清城区院通过走访调查、询问当事人等方式，了解到马某多次向有关部门求助，但有关部门未严格执行《中华人民共和国反家庭暴力法》《广东省实施〈中华人民共和国反家庭暴力法〉办法》的相关规定，没有全面依法收集证据，权利告知不充分，联动单位未及时通报、转介、跟进，基层组织未及时排查上报，采取的制约措施力度不足。同时，清城区院通过走访法院、教育、民政、司法、妇联、公安等单位，进一步调查核实辖区内家暴案件情况及相关职能部门履职情况，发现当地存在制发家暴告诫书、给予行政或刑事处罚的案件数量相对偏少，在联动履行反家庭暴力惩处、服务、宣传、监督等职能方面存在堵点，家庭暴力预防工作存在漏洞，以妇女为主的家暴受害人权益保障不充分等问题。

2022年7月20日，在前期调查的基础上，清远市院、清城区院组织清城区法院、教育、民政、司法、妇联、公安等单位，召开行政公益诉讼案件磋商座谈会，邀请人民监督员代表参会并发表意见。会议明确了各参会单位的职责分工，对10项加强联动的具体举措达成共识。随后，清城区院和区妇联牵头组织公安机关、属地政府工作人员，上门听取马某诉求，共同协调处置方案。公安机关重新跟进并全面收集家暴证据，依法对施暴者予以训诫，民政部门安排社工对受害人进行心理辅导，清城区院联合区妇联对马某母女实施司法救助。目前，马某一家已回归平静生活，李某与其共同经营水果摊，未再发生家暴事件。

为进一步深化办案效果、建立长效机制，清远市院与市妇联签订妇女权益保障检察公益诉讼协作机制，清城区院和区妇联牵头组织相关单位举办反家庭暴力妇女权益保障联动履职沙龙。清城区妇儿工委牵头完成了《清城区家庭暴力案件处置工作联动机制》的修订工作，搭建了法院等7个单位的联动履职信息共享平台；清远市公安局清城分局出台了处置家庭暴力警情工作规范和反家庭暴力“九个一”工作方案。清城区妇联牵头各职能部门完善反家庭暴力工作实施方案，建立集预防、处置、救助为一体的家暴案件绿色通道。

【典型意义】

妇女是家庭暴力的主要受害群体之一。《国家人权行动计划（2021—2025年）》明确提出，对不履行预防和制止家庭暴力职责等侵害不特定多数妇女合法权益、损害社会公共利益的行为，检察机关可以发出检察建议或提起公益诉讼。本案中，针对当地反家庭暴力工作存在的“九龙治水”问题，检察机关探索通过公益诉讼以“我管”促“都管”，主动与妇联组织加强协作，共同推动相关职能部门联动履职，促进形成整体联动、齐抓共管的反家庭暴力工作格局，营造了全社会反家庭暴力、维护妇女权益的良好氛围。

浙江省嘉善县人民检察院督促保护妇女隐私权益行政公益诉讼案

【关键词】

行政公益诉讼诉前程序　公共场所　妇女隐私权益　公开听证　跟进监督

【要　旨】

针对公共场所中更衣室、卫生间等私密区域违法安装监控设备，侵犯妇女隐私权益的问题，检察机关依法履行公益诉讼检察职能，运用公开听证、检察建议、联席会议等方式，开展全过程、跟进式监督，建立常态化协作机制，深入推进公共场所妇女隐私权益专项保护，织密织牢妇女合法权益防护网。

【基本案情】

2013 年至 2022 年 3 月，浙江省嘉善县某公司在女性员工不知情的情况下，在女更衣室内安装监控摄像头，并通过公共大厅监控显示屏实时显示更衣画面。因监控摄像头安装在更衣室角落隐蔽处，部分女性员工就职时间较短未及发现便已离职，部分女性员工心存顾虑选择沉默，负有监管责任的行政机关在日常检查中更多关注场所公共安全。近十年间，公司数百名女性员工更衣过程被摄像头拍摄记录并在公共区域显示，严重侵犯妇女隐私权。

【调查和督促履职】

2022 年 2 月，浙江省嘉善县人民检察院（以下简称嘉善县院）在办理杨某某涉嫌盗窃案中发现，作为证据移送的视听资料来源于嘉善某公司安装在女性员工更衣室内的视频监控。该院公益诉讼检察部门收到线索后立即开展调查，经调查查明，该公司于 2013 年将带有储物功能的房间用作女性员工更衣室，因员工流动性较大，出于治安安全考虑，在未事先征得女性员工同意的情况下，在该更衣室角落处安装了监控摄像头，事后亦未告知女性员工。该视频监控画面与其他开放区域的监控画面均在人流量较大的休息大厅显示屏上实时切换显示，女性更衣全过程被清晰记录，妇女隐私权持续受到侵害。另调查发现，辖区内多处公共场所均未将监控设置情况进行备案，相关职能部门对公共场所监控设备安装管理存在监管盲区。

2022 年 3 月 4 日，嘉善县院召开公开听证会，邀请公安机关、文旅部门等相关部门代表，以及人大代表、政协委员等 5 名听证员，就公共场所妇女隐私权保护中行政主管部门职责划分、检察监督依据、如何跟进监督等问题开展讨论。听证员一致认为，在女性私密更衣场所安装监控的行为已严重侵害妇女合法权益，行政主管部门需加强常态化监管，检察机关有必要跟进监督。同日，嘉善县院向相关行政机关制发诉前检察建议，督促其对辖区内公共场所中涉及个人私密活动的区域进行排查，同时建议由相关部门明确向社会公布禁止安装监控设备的场所和区域，杜绝类似违法行为再次发生。

2022 年 4 月 29 日，相关行政机关作出书面回复，表示已按照检察建议内容依法履职，拆除涉案公司违法监控摄像设备，并对县域范围内所有公共场所监控设备安装情况开展了为期两周的专项检查。6 月 2 日，嘉善县院牵头县妇女联合会（以下简称妇联）、县总工会、县公安局等十部门召开全县妇女权益保护工作联席会议，对县域内 80 余处公共场所妇女隐私权益保护情况开展“回头看”，发现侵犯隐私权线索 2 条，均及时移送行政机关查处，实现了以点带面、全面监督的效果。6 月 9 日，嘉善县院与县妇联会签《关于建立公益诉讼配合协作机制》，构建信息共享、线索移送等八个方面妇女权益协作保护体系，实现专业化办案与社会保护的有效衔接。

【典型意义】

随着社会管理数字化、智能化水平的提升，企业、商场等公共场所安装监控设备的情况已十分普遍，公共场所隐私权益问题日益受到关注和重视。本案中，检察机关主动关注妇女权益保护的盲点和难点，精准把握

“公共安全”与“隐私权保护”之间的平衡点，充分发挥行政公益诉讼诉前检察建议等职能作用，督促相关部门依法履职尽责。同时，注重整合人大代表、政协委员、行政机关、社会组织等多方面力量，全方位促进公共场所妇女隐私权益保护协同共治，切实增强广大妇女的幸福感、安全感。

十一、药品安全公益诉讼典型案例

（2022 年 12 月 14 日）

最高检第八检察厅有关负责人就药品安全公益诉讼典型案例答记者问

党的二十大报告明确要求“把保障人民健康放在优先发展的战略位置”。药品安全是关乎广大人民群众身体健康的重要民生工作，也是公益诉讼检察的法定管辖和重点办案领域。近年来，全国检察机关努力践行习近平法治思想，认真贯彻落实习近平总书记关于加强药品安全监管的重要批示精神，充分发挥公益诉讼检察职能作用，与药品安全监管机关协同努力，依法保障人民群众用药安全。最高检第八检察厅副厅长徐全兵就相关问题回答了记者提问。

问：请问本次发布药品安全公益诉讼典型案例有什么考虑？

答：药品安全责任重大，事关人民群众身体健康和生命安全。2019年以来，全国检察机关认真贯彻落实习近平总书记关于食品药品安全“四个最严”指示要求，把解决食品药品安全领域突出问题作为重点，部署开展了“落实食品安全‘四个最严’要求”“公益诉讼守护美好生活”等多个专项监督活动，采取有效措施，加大药品案件办案力度。2019年至2021年，全国检察机关共立案办理药品安全公益诉讼案件10862件，向行政机关发出检察建议8240件，向人民法院提起行政公益诉讼7件，提起民事公益诉讼624件，支持起诉26件。在办理的民事公益诉讼案件中，有504件提出惩罚性赔偿诉讼请求，诉请惩罚性赔偿金额共计5.8亿元。

2022年初，习近平总书记对加强药品安全监管工作作出重要批示，最高检党组高度重视，深入学习，部署贯彻落实，开展了“消”字号产品非法添加药物公益诉讼专项监督活动，引领各地采取有效措施，加大药品安全公益诉讼办案力度，指导各地检察机关持续聚焦人民群众反映强烈的药品安全领域突出问题，加大办案力度，提升办案质效，增强人民群众的获得感。

最高检本次发布药品安全公益诉讼典型案例 8 件，其中行政公益诉讼案件 7 件，刑事附带民事公益诉讼案件 1 件，紧盯药品生产、销售、使用、宣传、寄递等各环节的安全问题，集中呈现了检察机关办理各类型药品安全公益诉讼案件的做法和成效，也为下一步这个领域案件的办理和工作的开展提供了可推广、可复制的经验。

问：请问本次发布的典型案例有哪些特点？

答：本次发布的典型案例主要有以下几个特点：

一是监督违法类型多样化，涉及药品生产销售各环节。此次发布的 8 件药品领域典型案例涉及药品的生产、经营、使用等多个环节，包含药品生产质量、非法经营、虚假宣传等多类问题。如江苏省新沂市检察院对生产、销售假药，侵害老年人身体健康的违法者提起刑事附带民事公益诉讼；浙江省海盐县检察院通过检察建议有效督促行政机关依法履行监管职责，整治养生保健领域虚假宣传、销售假劣药乱象；云南省检察院昆明铁路运输分院督促市场监管部门对广播电台违法发布虚假广告及处方药广告进行查处。

二是监督方式多元化，推动行政机关依法全面履职。检察机关综合运用检察建议、公开听证、提起诉讼、整改效果“回头看”、专题报告等多种方式推动药品安全监管机关依法全面履职，保障人民群众用药安全。此次发布的典型案例中，重庆市秀山土家族苗族自治县检察院督促行政机关切实履行监管职责推动开展医疗美容专项整治工作，并通过常态化开展“回头看”，确保检察建议真正落到实处。江西省会昌县检察院针对不少中草药铺无证经营等违法违规情形，在发出检察建议督促相关行政机关整改后，及时组织公开听证对整改效果进行评估验收，同时对当地中医药行业及中草药种植业进行专题调研，形成报告呈送县委、县政府，为当地中医药产业有序健康发展贡献检察力量。

三是依法能动履职，以系统思维深化溯源治理。各级检察机关在办理药品安全领域公益诉讼案件过程中，坚持运用系统思维，注重以点带面，以推动行业规范健康发展为目标，努力实现“办理一案、警示一片、教育引导社会面”的效果。如贵州省织金县检察院针对农村医疗机构过期药品处理不规范问题，分别向卫健部门和市场监管部门发出检察建议督促履职，并与两家行政机关建立《农村医疗机构行政执法和公益诉讼协作机制》，推动农村医疗卫生综合治理，规范医疗机构执业。北京铁路运输检察院针对网上平台药店违法销售处方药问题，以督促行政机关加强对网上平台药店进行监管、推动网上平台加强自律监管为抓手，共促网络销售处方药规范化。河南省濮阳市检察院针对寄递企业执行药品收寄验视、实名收寄、过机安检等制度不到位而出现的通过寄递渠道运输、买卖伪劣药品问题，督促邮政部门开展寄递行业专项整治，压实寄递企业主体责任，从源头规避寄递安全风险。

问：请介绍一下在药品安全领域公益诉讼中适用惩罚性赔偿的具体情况？

答：建立食品药品安全民事公益诉讼惩罚性赔偿制度是贯彻落实习近平总书记“四个最严”要求的重要制度安排。2020年9月，最高人民检察院与中央网信办、国务院食品安全办、司法部、农业农村部、国家卫生健康委员会、海关总署、国家市场监督管理总局、国家广播电视总局、国家粮食和物资储备局、国家药品监督管理局等十家中央单位联合印发了《关于在检察公益诉讼中加强协作配合依法保障食品药品安全的意见》，明确指出要“在食品药品安全民事公益诉讼中探索提出惩罚性赔偿诉讼请求”。2021年7月1日实施的《人民检察院公益诉讼办案规则》明确检察机关办理药品安全民事公益诉讼可以提出惩罚性赔偿诉讼请求。前期，我们组织对全国检察机关2020年至2021年办理药品安全民事公益诉讼惩罚性赔偿案件情况进行了调研，初步总结了办案经验，重点梳理了司法实践中的突出问题，为进一步加强理论研究、推动立法完善奠定了基础。目前，检察机关办理的药品安全民事公益诉讼案件中，80%左右的案件针对违法情节恶劣、主观过错严重的违法行为人提出了惩罚性赔偿的诉讼请求，真正实现了让违法者“痛到不敢再犯”，对潜在的违法者也起到了有效地震慑。本次发布的典型案例中，江苏省新沂市检察院针对违法行为人明知为假药仍通过诊所、药店对外销售的情形，提起刑事附带民事公益诉讼，请求被告承担惩罚性赔偿责任，并在刑事案件量刑时综合考虑，在过罚相当的原则下，一方面通过释法说理，让违法者自愿认罪认罚、主动承担民事赔偿责任；另一方面通过惩罚性赔偿有效震慑和警示了潜在的制假售假违法者。

问：请问检察机关接下来对加强药品安全领域公益诉讼检察工作有什么举措？

答：下一步，检察机关将认真贯彻党的二十大报告“加强检察机关法律监督工作”“完善公益诉讼制度”部署要求，全面落实习近平总书记关于加强药品安全监管的重要批示精神，根据最高检党组具体部署要求，聚焦药品安全领域突出问题，依法能动履职，推动溯源治理，持续深入推进药品领域公益诉讼检察工作，切实增强人民群众的获得感、幸福感、安全感。一是持续加大办案力度。充分发挥检察机关一体化办案体制优势，督促指导各地检察机关针对药品生产、流通各环节，特别是通过网络平台销售假药劣药以及违规销售激素、麻醉、精神药品等突出问题加大办案力度。二是努力提升办案质效。全面落实最高检党组“质量建设年”各项举措，更加注重办案质量和效果。指导省、市级检察院直接办理一批药品安全领域重大复杂案件，发挥好示范引领作用。落实持续跟进监督理念，常态化开展“回头看”，确保办案取得实效。三是进一步突出办案重点。充分发挥公益诉讼检察独特的职能作用，结合“公益诉讼守护美好生活”和“为民办实事破解老大难”两个专项监督活动，更加注重办理公益受损严重、社会反映强烈的药品领域公益诉讼案件，积极回应群众关切。发挥好统一调用辖区检察人员办案制度机制，集中力量“啃硬骨头”“打歼灭战”。四是推动形成保护合力。深入落实《关于在检察公益诉讼中加强协作配合依法保障食品药品安全的意见》，加强与相关行政部门的沟通协调，形成药品安全保护工作合力。持续推进药品安全领域惩罚性赔偿制度理论研究和实践探索，以联合调研、发布典型案例、出台指导意见等方式，凝聚各方共识，推动制度完善。

贵州省织金县人民检察院督促整治过期药品行政公益诉讼案

【关键词】

行政公益诉讼诉前程序　农村医疗机构　过期药品　综合治理

【要　旨】

针对农村医疗机构过期药品未依法依规管理问题，检察机关可以通过提出检察建议等方式，督促行政机关依法履职，并以点带面推动综合治理，形成长效机制，有效消除医疗安全隐患。

【基本案情】

2021 年 3 月 16 日，贵州省织金县人民检察院（以下简称织金县院）在开展药品安全专项公益诉讼工作中发现，织金县官寨苗族乡某卫生室存有大量过期药品，没有按过期药品管理相关规定进行处置，损害了社会公共利益。

【调查和督促履职】

2021 年 3 月 17 日，织金县院发现本案案件线索后予以立案调查，通过现场走访、询问相关人员等方式调查核实，查明织金县官寨苗族乡某卫生室存有大量过期药品，其中“氯雷他定糖浆”和“劲痛炙”等药品已过期半年，违反了《中华人民共和国药品管理法》第九十八条：“禁止生产、销售、使用假药、劣药……。有下列情形之一的，为劣药：……（五）超过有效期的药品……”的规定，对消费者身体健康存在重大安全隐患。根据《医疗废物分类目录》的规定，过期药品属于医疗废物，根据《医疗废物管理条例》第十九条：“医疗卫生机构应当根据就近集中处置的原则，及时将医疗废物交由医疗废物集中处置单位处置。”过期药品应当及时下架进行集中统一处理。织金县卫生健康局履行医疗机构监管职责不到位、织金县市场监督管理局履行药品经营活动监管职责不到位，导致存在着药品安全隐患，损害了社会公共利益。

织金县院依法向织金县卫生健康局、市场监督管理局发出检察建议，建议织金县卫生健康局依法对织金县官寨乡某卫生室存在过期药品的问题进行处理，并采取有效措施，对辖区内乡村卫生室、私人诊所进行全面排查，规范农村医疗机构。建议织金县市场监督管理局依法对违规销售过期药品问题履行监管职责，并开展全面排查，规范药品经营。收到检察建议后，织金县卫生健康局、市场监督管理局及时进行调查处理，对涉案违法行为人作出行政处罚，并成立工作组对全县范围内的相关用药机构进行专项检查。共检查卫生院、村卫生室、诊所、私立医院 354 家，对存在过期药品的 8 家卫生室依法给予警告行政处罚，并对过期药品全部进行销毁处理。

织金县院发出检察建议后，于 2021 年 3 月 26 日、3 月 29 日分别与县市场监督管理局、卫生健康局进行座谈沟通，并与两家单位共同建立了《农村医疗机构行政执法和公益诉讼协作机制》，巩固办案效果。

2021 年 4 月 16 日，针对本案暴露出的农村医疗机构管理不规范问题，贵州省毕节市人民检察院决定在全市开展农村医疗机构专项监督，全面规范管理农村医疗卫生。

【典型意义】

农村医疗卫生事关广大人民群众生命安全和身体健康，但农村医疗卫生管理不规范，导致存在使用过期药品等安全问题。检察机关充分发挥公益诉讼职能作用，督促行政机关依法履职，有效消除药品安全隐患，共同推动农村医疗卫生综合治理，规范医疗机构执业，提高医疗质量，切实保障人民群众生命健康安全。

江西省会昌县人民检察院督促整治中草药铺违规经营行政公益诉讼案

【关键词】

行政公益诉讼诉前程序　药品安全　中草药铺违规经营　公开听证

【要　旨】

针对辖区内中草药铺无证经营等违法违规情形，检察机关可以通过检察建议督促行政机关依法履职，保障人民群众用药安全。同时，通过“检察建议+调研报告”工作模式，深度参与社会综合治理，助力当地中草药产业健康发展。

【基本案情】

会昌县域内“本草堂草药行”“罗氏民间中草药铺”“陈记中草药铺”“会昌县民间中药销售店”“祖传民间中草药”“粮艺草药”“便民间中草药”等十余家中草药铺，存在超范围经营或无证经营，未取得中医医生资格而从事诊疗活动，以及虚假宣传、销售自制的无批号药膏等违法违规经营情形，扰乱市场秩序，危及不特定消费者的身体健康，损害社会公共利益。

【调查和督促履职】

2021年8月18日，江西省会昌县人民检察院（以下简称会昌县院）根据群众举报发现本案线索后决定立案调查，组成了办案组，并请市场监管综合执法部门专业人员担任特邀检察官助理参与办案。根据《中华人民共和国药品管理法》《中华人民共和国广告法》《中华人民共和国中医药法》《中华人民共和国执业医师法》等规定，县市场监督管理局和卫生健康委员会对上述违法行为具有监管职责。同年9月2日，针对中草药铺违规经营等问题，会昌县院分别向县市场监督管理局和县卫生健康委员会发出诉前检察建议书，建议市场监管局依法履行食药监督管理职责，对案涉店铺的违法经营行为进行查处；建议卫健委依法履行监管职责，对案涉经营者无证开展中医诊疗活动的违法行为进行查处；并建议两家单位联合其他行政机关依法对辖区内的中草药铺进行全面排查，共同规范中医药市场。

行政机关收到检察建议后，高度重视，对涉案中草药铺开展执法检查和督促整改，并及时回复会昌县院。其中，县市场监管局对一家无证销售药材店铺作出处罚，对五家涉及虚假宣传中草药铺已责令整改到位。县卫健委对涉案四家无证开展诊疗活动的中草药铺进行立案查处，一家无证开展针灸的店铺在卫健委调查前已自行关闭。2021年10月11日，县市场监管局和卫健委联合印发《会昌县中药行业专项整治行动方案》，对全县城乡集贸市场中草药经营户、中药饮片批发零售企业及医疗机构开展了专项整治行动，共检查中草药经营户51家，对涉嫌虚假宣传、非法开展医疗活动等违法行为立案查处7件，有效净化了中药材、中药饮片经营市场秩序，规范了非医疗机构经营服务活动，消除了药品安全风险，保障了公众健康。

为确保专项整治行动取得实效，会昌县院对本案开展“回头看”。2021年12月16日，该院邀请人大代表、政协委员等担任听证员，对本案整改情况公开听证，听证员一致认为该案整改达到了预期效果。结合人大代表、政协委员提出的要做好长效监督的建议，会昌县院积极推动市场监管局、卫健委建立健全中医药行业监督检查长效工作机制。为持续推动中医药产业健康发展，会昌县院在办案基础上，撰写专题调研报告呈送县委、县人大常委会、县政府并得到肯定支持，促进办案效果最大限度转化为治理效果。

针对中草药市场经营乱象及违规诊疗现象，赣州市人民检察院于2022年1月组织全市20个检察机关开展医疗卫生领域侵害群众利益突出问题公益诉讼专项监督活动，目前已办理相关案件23件。

【典型意义】

中草药产业作为江西省会昌县的绿色生态产业，对巩固当地脱贫攻坚成果、促进农民增收，与乡村振兴有效衔接意义重大。检察机关聚焦药品安全领域公益诉讼，精准提出检察建议，助推行政机关建立了中医药行业监督检查工作制度，形成公益保护工作合力。对案件整改效果进行了公开听证和评议，实现了政治效果、社会效果和法律效果的有机统一。同时，以“检察建议 + 调研报告”的形式，积极参与社会治理，向当地党委、人大、政府提交了调研报告，对当地中医药行业及中草药种植业进行了精准分析研判，为当地中医药产业有序健康发展贡献了检察智慧。

浙江省海盐县人民检察院督促整治假中药销售行政公益诉讼案

【关键词】

行政公益诉讼诉前程序　药品安全　假药　虚假宣传　老年人权益

【要　旨】

针对养生机构打着“中医药”旗号虚假宣传，诱骗老年人购买假中药，侵犯老年人生命健康安全和经济利益的问题，检察机关通过大数据检索、异地协作等方式调查取证，制发诉前检察建议，督促行政机关及时查处，并移送犯罪线索，推动养生行业乱象专项整治，保障了人民群众的合法权益。

【基本案情】

2021 年 7 月，钱某某注册成立“钱氏养生馆”，通过悬挂锦旗、散发名片等方式，宣称自己是北京某医学院副院长、中医康复理疗师、气功师，能够治疗骨质增生、类风湿关节炎等老年疾病，招揽老年人进店调理，并使用“激活干细胞”“再生组织细胞”等用语虚构产品功能，诱骗老年人购买“关节再生胶囊”（经鉴定，该药品为假药）治疗，侵害消费者权益和社会公共利益。

【调查和督促履职】

2021 年 12 月，浙江省海盐县人民检察院（以下简称海盐县院）接到群众对钱某某假冒中医销售假中药的举报线索。海盐县院迅速成立办案组，从医生资质、药品质量、公益受损现状等方面开展立案调查取证：一是综合运用国家医生执业注册信息库、国家药品监督管理局官网、中国裁判文书网等信息平台，通过大数据检索、关键词比对，确定钱某某无医生执业资质，“关节再生胶囊”标注虚假的药品批准文号、生产厂家，且被多地法院刑事判决认定为假药；二是与上述案件判决地的鉴定机构开展异地协作，跨区域调取药品鉴定报告，核查比对后确认两者为同一产品；三是派员赴钱氏养生馆实地勘查，走访调查药品消费者，确定钱氏养生馆正在利用“中医药”名号向老年人销售假中药，且消费者反映用后无疗效。

海盐县院审查认为，钱某某利用养生馆打着“中医药”旗号，向老年人群体销售假中药，其行为违反了《中华人民共和国药品管理法》第九十八条第一款“禁止生产、销售、使用假药、劣药”的规定，危害了人民群众的生命健康，损害了社会公共利益。2021 年 12 月 27 日，海盐县院根据《中华人民共和国药品管理法》等相关规定，依法向负责本行政区域内的药品监督管理工作的海盐县市场监督管理局制发检察建议，建议对钱某某销售假药的违法行为进行查处，并在辖区内开展药品安全专项行动。

收到检察建议后，海盐县市场监督管理局高度重视，立即成立工作组对钱氏养生馆进行突击执法检查，当场查获并扣押“关节再生胶囊”3000余粒，并于当日将钱某某涉嫌犯罪线索移送公安机关。目前，钱某某已被公安机关以涉嫌销售假药罪立案侦查，并被采取刑事强制措施。

为消除养生保健领域药品安全隐患，海盐县市场监督管理局开展专项执法行动，先后对全县 9 个乡镇 40 余家养生馆、美容院进行全面检查，查处违规发布中药疗效广告门店、场所 3 家，完善进销台账登记 12 家，查处利用互联网销售假药 1 人并移送海盐县公安局立案侦查，有效规范了县域内养生保健药品市场，维护人民群众合法权益。

【典型意义】

在“中医热”的催生下，不少机构或个人开设养生馆，打着中医保健名义开展非法诊疗活动，并销售假劣中药，侵害人民群众生命健康权益。检察机关聚焦中医养生领域乱象，坚持药品安全“四个最严”要求，借助大数据技术丰富公益诉讼调查手段，为行政机关、公安机关及时立案查处奠定扎实的证据基础。通过检察建议，有效督促行政机关依法履行监管职责，并推动开展全县范围内的药品安全专项执法活动，整治养生保健领域虚假宣传、销售假劣药乱象。

重庆市秀山土家族苗族自治县人民检察院督促整治医美行业非法经营行政公益诉讼案

【关键词】

行政公益诉讼诉前程序　医疗美容　超范围经营　虚假宣传　常态化“回头看”

【要　旨】

非法医疗美容严重威胁消费者生命健康安全，针对医疗美容市场存在制造销售假冒伪劣产品、虚假宣传等安全隐患问题，检察机关可以通过履行公益诉讼检察职能，督促负有监管职责的行政机关依法履职，维护人民群众身体健康。

【基本案情】

重庆市秀山县内多家经营范围为美容、美体、美睫、美甲、文绣服务及日化用品销售等的个体工商户，在未依法取得医疗机构执业许可证的情况下，进行面部注射肉毒毒素（俗称瘦脸针）的服务，若不当使用或使用未经批准上市的注射用 A 型肉毒毒素均可能会引起肌肉松弛麻痹，严重时可能会引发呼吸衰竭、心力衰弱，危及消费者身体和生命健康。

【调查和督促履职】

2020 年 5 月，重庆市秀山土家族苗族自治县人民检察院（以下简称秀山县院）收到群众举报线索后于 2020 年 5 月 11 日予以立案办理。公益诉讼部门经过走访调查，发现辖区内美容、美甲等店铺存在未依法取得相应资质，超范围提供医疗美容服务，违规使用医疗器械、使用未经批准上市的注射用 A 型肉毒毒素药物等药品、虚假宣传等违法行为后，于 2020 年 7 月 2 日，分别向秀山县市场监督管理局和县卫健委发出检察建议：一是建议秀山县市场监督管理局和卫健委对违规使用医疗器械、使用未经批准上市的药品、虚假宣传等违法行为进行查处和规范；二是建立长效机制，对秀山县内的整容整形市场进行规范。

收到检察建议后，秀山县市场监督管理局和县卫健委高度重视，联合开展了医疗美容专项整治工作，依法严厉查处违法医疗美容行为，共检查美容机构 24 家，下达卫生监督意见书 24 份，立案 8 件，罚款 18000 余元，没收器械 4 件，违法所得 23122.8 元。同时，两个主管部门还建立了定期巡查、执法协作等长效机制，为规范秀山县整容整形市场提供了制度保障，有效巩固了整改效果。

此后，秀山县院对该案多次“回头看”，均未发现使用未经注册的药品、非法行医、虚假宣传等违法行为，该县整容整形市场已逐步规范，消费者权益得到了有效维护。

【典型意义】

非法医疗美容给消费者的生命健康带来了极大的安全隐患，比如虚假广告、非法行医、医疗事故等。检察机关通过充分发挥公益诉讼职能，督促行政机关切实履行监管职责，并通过常态化开展“回头看”工作，及时对整改情况进行跟踪回访，确保检察建议真正落到实处，整改效果得到长久巩固，切实维护人民群众的生命健康。

北京铁路运输检察院督促整治网络平台药店违法销售处方药行政公益诉讼案

【关键词】

行政公益诉讼诉前程序　药品安全　网络销售处方药

【要　旨】

针对网络平台药店违法销售处方药问题，检察机关充分发挥公益诉讼职能，督促相关行政机关依法履行监管职责，推动网络平台提升自律监督，有效推动网络销售处方药经营、监管等环节的规范化，保护人民群众的用药安全。

【基本案情】

北京铁路运输检察院（以下简称北京铁检院）在履职中发现，部分网络平台药店在接收线上购药订单后的电子处方审核环节，其药店执业药师未按照相关法律规范对电子处方进行审核即进入线下配送环节，存在对超用量处方药仍然进行调配、未在处方上签名等违法行为，可能造成人民群众用药安全问题，损害社会公共利益。

【调查和督促履职】

北京铁检院于2021年9月决定对本案立案调查。公益诉讼检察部门将在京注册网络平台的药店及京外注册网络平台的在京注册药店作为调查重点，通过大数据筛查、人工复核、梳理分析等方式，全面了解网上处方药的销售情况。经调查发现3家网络平台（其中包括2家在京注册网络平台）上有28家在京注册网络平台药店存在执业药师未依法履行电子处方审核责任的情况，共涉及5个行政区。就市、区两级行政机关对北京市网售处方药的监管权责划分问题，北京铁检院先后与市药品监管部门和涉案

5 个区药品监管部门座谈，明确市药品监管部门负责监管药品零售连锁总部和网络平台，区药品监管部门负责监管网络平台药店，并对网络平台药店销售处方药的具体流程等问题形成共识。

2021 年 9 月、11 月，北京铁检院分别向 5 个区药品监管部门制发检察建议，督促行政机关对涉案违法行为进行查处，同时对网络平台药店执业药师履行电子处方审核职责加强监管，规范网售处方药行为。收到检察建议后，各区药品监管部门均高度重视，积极整改。一是对涉案违法行为进行查处。通过对辖区内涉案网络平台药店核实、约谈及现场检查，查实 8 家网络平台药店存在药店执业药师未对电子处方履行审核调配义务的违法行为，依据《中华人民共和国药品管理法》第五十八条、第一百三十条，责令其改正违法行为，并作出“警告”的行政处罚。二是开展网络销售处方药专项监管执法工作。组织专门力量对辖区内从事网售处方药的网络平台药店进行延伸检查、全区排查，并对检查、排查中发现的未凭处方销售处方药等违法行为及时进行处理，累计检查、约谈网络平台药店 200 余家。三是逐一约谈重点关注的网络平台药店，结合相关法律规范的规定对药店的具体经营进行指导。四是推动网络平台药店电子处方服务方面的建章立制工作。在制定相关规范的同时，定期发布工作专刊组织行政机关内部工作人员及辖区内网络平台药店开展学习。

鉴于行政机关对在京注册网络平台存在的监管困难，北京铁检院依法能动履职，推动源头治理。分别与涉案的三家开展网上销售处方药业务的头部平台企业进行座谈，建议平台进一步完善相关机制，加快技术迭代，为执业药师审核电子处方提供便利条件，推动平台销售处方药规范化发展。

【典型意义】

网上销售处方药，在为人民群众提供了生活便利的同时，也带来一系列用药安全、监管困难等问题，检察机关充分发挥公益诉讼检察职能，督促行政机关加强对网络平台药店进行监管、推动网络平台加强自身监管为抓手，着力解决人民群众急难愁盼的购药用药安全问题。与行政机关、网络平台凝聚共识，形成合力，共促网络销售处方药规范化，实现了双赢多赢共赢的良好效果。

云南省人民检察院昆明铁路运输分院督促整治药品广告虚假宣传行政公益诉讼案

【关键词】

行政公益诉讼诉前程序　药品安全　处方药广告　虚假宣传

【要　旨】

针对广播电台发布虚假广告、违法发布处方药广告的药品安全问题，检察机关通过检察建议督促行政机关依法履行监管职责，维护消费者合法权益，促进行业健康发展。

【基本案情】

法律明确规定处方药可以在卫生部和国家食品药品监督管理局共同指定的医学、医药专业刊物上发布广告，但不得在大众传播媒介发布广告或者以其他方式进行以公众为对象的广告宣传。昆明广播电视台新闻综合广播相关栏目长期违法播出处方药广告且相关药品广告内容虚假，极易诱导消费者对药品使用产生错误认识，造成群众用药安全隐患，损害社会公共利益。

【调查和督促履职】

经云南省人民检察院指定管辖，云南省人民检察院昆明铁路运输分院（以下简称昆明铁检分院）在初步调查的基础上，于 2021 年 2 月 9 日决定立案调查。

昆明铁检分院重点围绕以下问题依法展开调查：一是明确违法事实，通过对电台全天不同时段播出的广告实时关注、持续跟踪，发现电台在 4 档栏目中均违法播出处方药广告，另在 2 档栏目对非处方药进行虚假广告宣传，并查明了涉案药品的厂家、药品种类及其实际功效，对比广告内容后进一步锁定了违法事实。二是针对广告插播时间较短、广播没有下载渠道等问题，运用专业APP可回放电台广播的功能，及时录音、录屏。三是通过对国家市场监督管理总局网站药品查询及企业信息查询，锁定案涉药品的官方登记、广告备案、行政处罚等情况，并通过网络搜索查询涉案药品信息，发现相关药企早在其他省份因处方药在大众媒介发布广告、篡改审批内容进行虚假宣传等违法情形被行政处罚。

根据《中华人民共和国药品管理法》《药品广告审查发布标准》《药品广告审查办法》《中华人民共和国广告法》《中华人民共和国反不正当竞争法》的相关规定，昆明市市场监督管理局对处方药及非处方药通过昆明广播电视台新闻综合广播进行违法广告、虚假宣传的行为负有监督管理职责。2021年4月2日，昆明铁检分院依法向昆明市市场监督管理局送达检察建议，建议该局依法履行监督管理职责，对昆明广播电视台新闻综合广播违法发布处方药广告、以介绍健康知识等形式变相发布药品广告、对药品进行虚假宣传等情形依法查处相关的广告主、广告经营者及广告发布者；加强对广播电台发布药品广告的日常监督管理，切实维护广大消费者合法权益。

昆明市市场监督管理局在接到检察建议后对该案高度重视，并及时整改落实：一是责令昆明广播电视台新闻综合广播停播处方药违法广告以及非处方药违法虚假广告；二是针对处方药广告主涉嫌违法问题，于5月14日移送青海省市场监督管理局立案查处；三是对处方药违法广告发布者昆明广播电视台下属某科技发展有限公司立案调查，2021年8月19日对其作出行政处罚，没收广告费用1200元，并处203600元罚款，已实缴到位；四是对非处方药虚假广告的广告主云南某药业有限公司处以广告费三倍罚款共计15000元，广告发布者昆明广播电视台下属某科技发展有限公司没收广告费5000元，并处广告费三倍罚款15000元，均已实缴到位。

【典型意义】

检察机关落实以人民为中心的发展理念，对药品经营者通过广播电视平台违法宣传的乱象，以法治的力量推动解决人民群众的“急难愁盼”，在充分调查、厘清行政机关监督管理职责的基础上，通过制发行政公益诉讼检察建议督促行政机关及时全面依法履职，对广播电台违法发布广告的行为进行查处，从源头上保护消费者合法权益。

河南省濮阳市人民检察院督促整治非法邮寄伪劣药品行政公益诉讼案

【关键词】

行政公益诉讼诉前程序　药品安全　药品寄递整治　公开听证

【要　旨】

寄递企业执行收寄验视、实名收寄、过机安检等制度不到位，致使违法行为人多次通过寄递渠道运输、买卖伪劣药品，破坏了市场经济秩序，侵害了众多消费者的人身健康权益。检察机关在追究违法行为人刑事责任、民事责任的同时，发出行政公益诉讼诉前检察建议，督促邮政部门开展寄递行业专项整治，积极构建药品寄递安全保护长效机制。

【基本案情】

2017年9月至2020年12月期间，河南省濮阳市辖区内多名违法行为人通过台前县某快递公司、华龙区某快递公司等多个终端网点邮寄伪劣药品，销售至全国多个地区，经统计，邮寄伪劣药品3000余次，销售金额达100余万元，伪劣药品通过寄递行业流通进入消费市场，不仅破坏了市场经济秩序，也损害了众多消费者的人身健康权益。

【调查和督促履职】

濮阳市台前县人民检察院在办理多起销售伪劣药品刑事附带民事公益诉讼案件过程中发现，邮政管理部门可能存在对药品寄递监管不到位的情况，遂将该线索移交至濮阳市人民检察院（以下简称濮阳市院）。2021年2月8日，濮阳市院以行政公益诉讼立案。经调查，上述寄递企业部分终端网点未严格执行邮寄管理制度，存在不开箱验视、未登记邮寄人身份信息、未核对购药票据等行为，违反了《中华人民共和国邮政法》第二十五条、《中华人民共和国反恐怖法》第二十条、《快递暂行条例》第二十二条、第二十四条、第三十一条的规定，为非法销售伪劣药品活动提供了条件，寄递销售数额大、范围广、侵害消费者多，损害了社会公共利益。濮阳市邮政管理局作为负责本辖区邮政工作的主管部门，未对辖区内邮政普遍服务和邮政市场充分履行监督管理职责，致使伪劣药品通过寄递渠道运输、买卖，破坏了市场经济秩序，损害了众多消费者的人身健康权益。

2021年5月28日，濮阳市院针对寄递药品涉及邮政管理、市场监督、交通运输等部门监管交叉问题举行公开听证，邀请人大代表、政协委员、律师担任听证员，相关行政机关派员参加。经听证，厘清了监管部门的职责，达成一致意见，拟由检察机关依法向濮阳市邮政管理局制发检察建议。5月31日，濮阳市院向濮阳市邮政管理局送达诉前检察建议，建议其依法查处涉案寄递企业，开展区域重点整治，排查全市寄递行业管理漏洞，制定并落实整改方案。

同年7月26日，市邮政管理局书面回复，依法对涉案寄递企业予以行政处罚；制定、落实了非法寄递假药专项整治工作方案；对寄递行业从业人员进行专题培训；联合市公安局、市禁毒委、市国家安全局印发了寄递渠道安全相关文件，形成共同打击寄递假药等物品线索的长效机制，共建寄递渠道安全屏障。8月上旬，濮阳市院公益诉讼干警通过走访寄递行业从业人员、寄递物品等方式评估案件整改效果。截至2021年9月，市邮政管理局依法立案处罚28起，切实做到了“发现一起、处罚一起”，起到了“打击一起、警示一片”的整治效果。

【典型意义】

在寄递行业快速发展的当下，邮政部门监管滞后给快递运输贩卖伪劣药品可乘之机。检察机关综合发挥检察职能，通过研判刑事案件中的公益诉讼线索，以案倒查深挖问题根源，督促邮政部门依法履职，压实寄递企业主体责任，从源头规避寄递安全风险，堵塞社会治理漏洞。同时，通过召开公益诉讼听证会，深挖问题根源，厘清相关部门职责，充分调动与会人员积极建言献策，共商重点整改、系统治理方案，确保了检察建议的刚性，推动了问题全面深入整改，通过办案净化了寄递药品安全环境，促进了寄递行业健康持续发展，提升了社会治理效能。

江苏省新沂市人民检察院诉薛某某等6人销售假药刑事附带民事公益诉讼案

【关键词】

刑事附带民事公益诉讼　药品安全　养老诈骗

【要　旨】

生产、销售假药刑事附带民事公益诉讼案件中，被告主观明知是假药而大量销售、侵害老年人合法权益的，可以提出惩罚性赔偿诉讼请求。

【基本案情】

2017年至2019年，薛某某等6人通过网络渠道，向曹某某等人大量购买非法加工生产的主要成分为面粉和西药的“中药胶囊”，通过其经营的药店、诊所，向不特定老年群体销售，用以治疗哮喘、关节炎等疾病。经查，薛某某等人共向2000余人销售5000余瓶，销售额116200元。经鉴定，上述药品均系假药。2021年6月22日，公安机关以薛某某等6人涉嫌生产、销售假药罪移送审查起诉。

【调查和诉讼】

2021年10月15日，江苏省新沂市人民检察院（以下简称新沂市院）对薛某某等人以刑事附带民事公益诉讼立案调查。在刑事侦查获取证据的基础上，公益诉讼检察部门通过调取转账记录、销售凭证、询问被告、证人和受害群众等方式，围绕民事侵权责任认定要件，进一步查明非法生产、销售假药事实。同时，为查明被告主观过错，调取了被告经营的个体诊所、药店的《医疗机构执业许可证》《药品经营许可证》，证明其均具有药品安全专业知识，但为牟取非法利益，故意低价购进假药，长期向老年群体大量销售，严重危及老年人用药安全和身体健康，侵害社会公共利益。

新沂市院审查认为，薛某某等人作为疾病诊疗和药品销售专业人员，故意销售假药，主观过错明显，危害后果严重，依法应当承担惩罚性赔偿责任。2021 年 11 月 16 日，新沂市院向新沂市人民法院提起刑事附带民事公益诉讼，诉请薛某某等 6 名被告以其销售额三倍承担惩罚性赔偿责任，赔偿社会公共利益损失总计 348600 元，并在省级以上媒体对其销售假药的行为公开赔礼道歉。

审查起诉和法庭审理期间，检察机关充分释法说理，详细阐明了认罪认罚从宽制度及销售假药的严重危害，6 名被告人均真诚悔罪，自愿认罪认罚，对检察机关提出的惩罚性赔偿数额均无异议，并在开庭后主动先期支付赔款共计 138600 元，并根据赔付能力，分别签订了分期支付剩余赔款的承诺。

鉴于薛某某等人积极主动赔偿公益损失，对刑事犯罪认罪认罚，公益诉讼检察部门与刑事检察部门主动对接，分别适当减轻对薛某某等人的刑事量刑建议。其中，薛某某量刑建议由一年三个月降低为一年、其余 5 名被告的量刑建议均在原量刑建议的基础上减轻 30%，且均建议适用缓刑。

2022 年 1 月 10 日，新沂市人民法院作出一审刑事判决，全部采纳了检察机关量刑建议，对 6 名被告人分别判处六个月至一年不等的有期徒刑，并处 1000 元至 200000 元不等的罚金，且均适用缓刑。

2022 年 1 月 19 日，新沂市人民法院作出附带民事公益诉讼一审判决，全部支持检察机关附带民事公益诉讼请求，被告没有提出上诉，判决已生效。

【典型意义】

违法人员针对老年群体辨识能力较低的弱点，向其销售假药，社会危害性、公益损害性更加严重，应当依法提起刑事附带民事公益诉讼，追究其惩罚性赔偿责任，以打击犯罪、保护公益。检察机关加强整体履职，统筹发挥刑事公诉和民事公益诉讼职能作用，在刑事附带民事公益诉讼中，依法探索刑事罚金刑和民事公益诉讼惩罚性赔偿责任的衔接适用，被告人自愿认罪认罚并主动支付民事公益诉讼惩罚性赔偿金，推动了办案“三个效果”的有机统一。

十二、安全生产领域检察公益诉讼典型案例

（2022 年 12 月 16 日）

抓前端治未病　防范化解重大安全风险

——最高检第八检察厅有关负责人就安全生产领域检察公益诉讼典型案例答记者问

2022 年 12 月 16 日，最高人民检察院发布安全生产领域检察公益诉讼典型案例，这批典型案例有哪些特点？下一步将采取哪些措施推进安全生产领域公益诉讼检察工作？最高检第八检察厅副厅长徐全兵就相关问题回答了记者提问。

问：此次典型案例发布的背景是什么？安全生产领域检察公益诉讼工作取得了哪些成效？

答：安全生产事关人民福祉，事关经济社会发展大局。党的十八大以来，以习近平同志为核心的党中央高度重视安全生产工作——在党的二十大报告中，习近平总书记专门要求“提高公共安全治理水平”，强调“推进安全生产风险专项整治”；11 月 21 日，河南安阳发生重大火灾事故，习近平总书记立即作出重要指示，要求“各地区和有关部门要始终坚持人民至上、生命至上，压实安全生产责任，全面排查整治各类风险隐患，坚决防范和遏制重特大事故发生”。我们发布这批典型案例，从强化法律监督，完善安全监管体系，维护人民群众生命财产安全的高度指引各级检察机关做好安全生产领域公益诉讼检察工作，防范重大安全风险，守住安全底线，为促进更高水平的平安中国建设作出积极贡献。新修订的《中华人民共和国安全生产法》实施以来，全国检察机关坚决贯彻党中央、国务院的决策部署，积极落实最高检“八号检察建议”，主要成效体现在以下几方面：

一是办案规模不断扩大。2022 年 1—10 月，全国检察机关共立案办理安全生产领域公益诉讼案件 20356 件，其中行政公益诉讼案件 19997

件，民事公益诉讼案件 359 件，发出诉前检察建议 14878 件，提起行政公益诉讼 32 件。

二是办案重点不断凸显。紧紧围绕党委政府关注、人民群众反映强烈的重点难点问题，突出预防性司法理念，积极开展公益诉讼专项监督活动，扎实推进危化品、矿山、交通运输、城市建设、特种设备等重点领域安全整治，推动建立健全风险防范化解机制，从源头上防范化解重大安全风险。针对 2021 年以来全国燃气爆炸事故频发现象，最高检专门下发通知要求重点办理燃气安全领域公益诉讼案件，督促整治了一批突出问题。

三是办案质效不断提升。坚持“个案办理、类案监督、专项推动、溯源治理”的思路，综合运用诉前磋商、公开听证、圆桌会议、检察建议、提起诉讼等方式，督促行政机关依法履职，多措并举防范化解重大安全风险，真正把问题解决在萌芽之时、成灾之前，得到党委政府、行政机关和人民群众的充分肯定。

四是办案机制不断健全。一方面加强公益诉讼检察部门与刑事检察、民事检察、行政检察等部门的协作配合，健全信息共享、线索移送等机制；另一方面不断完善检察一体化机制，对涉及重大安全隐患案件通过上级直接办理或交办、提办、督办等方式，形成统一指挥、统一调配、运转高效的办案格局。

五是保护合力不断增强。主动向党委、人大报告安全生产领域公益诉讼检察工作情况，加强与应急、住建等部门沟通协调、协同共治，通过以案说法、召开新闻发布会等形式加大宣传力度，凝聚公益保护共识，推动全社会形成共同守护安全生产的良好氛围。浙江、山东、海南等地检察机关与应急、住建等部门还专门建立了专项协作配合机制。

问：从这批典型案例看，检察机关在安全生产领域公益诉讼工作有什么特点？

答：这批典型案例共 11 个，涉及燃气、危化品、工业生产、道路交通、重点文物保护等多个领域安全生产风险隐患，监督主体涉及违法经营的企业和个人以及应急、住建、文旅、城管、公安、交通等多个行政监管部门，主要有以下特点：

一是聚焦民生热点，着力解决一批群众关切、社会关注的安全生产突出问题。检察机关深入贯彻落实新修订的《中华人民共和国安全生产法》，结合“为民办实事 破解老大难”公益诉讼质量提升年专项活动，主动出击、积极作为，针对发生在群众身边、反映强烈的突出问题，切实办好为民实事，推动行政机关积极履职，助力守牢安全生产“防线”和民生幸福“底线”。河南省人民检察院郑州铁路运输分院针对严重危及京广高铁运营安全重大隐患问题，与卫辉市人民政府及相关职能部门召开座谈会。为确保京广大动脉安全和高铁提速工作不受影响，卫辉市人民政府成立了由自然资源与规划局、住房和城乡建设局、交通运输局、汲水镇人民政府等组成的工作专班，当即开展调查及违建房屋协商处置、相关房屋拆迁补偿安置等工作，及时消除了安全隐患。浙江省平湖市人民检察院收到“益心为公”检察云平台志愿者反映的涉海涉渔安全生产隐患线索后，针对船舶不适航，船员不适任，未穿戴救生衣，拆卸、关闭船载定位终端设备，甚至驾驶“三无”船舶等问题，通过制发诉前检察建议，督促相关行政机关开展专项行动，依法查处几十起渔业违法行为，收缴、拆除一批“三无”船舶，为百余艘渔船更新迭代船载北斗定位终端设备，有效防范化解涉海涉渔安全隐患。

二是坚持抓前端、治未病，把督促整治安全生产隐患作为重中之重。针对安全生产涉及的公益侵害，关注的重点不是已经发生的安全事故和实然侵害，而是重大风险和隐患。检察机关在办理公益诉讼案件中突出预防性司法理念，重点关注安全生产隐患的排查整治。山东省人民检察院督促监管赤泥堆场闭库工程行政公益诉讼案，通过发出诉前检察建议，督促行政机关及时履行对涉案尾矿库闭库工程的全流程监督管理职责，消除了涉案赤泥堆场长期以来存在的安全隐患；同时，行政机关启动对全省区域内所有非煤矿山、尾矿库基础数据的摸底调查，进一步强化规范管理和全程监管，实现了个案办理、类案监督和溯源治理的良好效果。上海市崇明区人民检察院针对大量农家乐经营者未安装可燃气体报警装置存在重大事故隐患情形，在督促燃气行业管理部门解决“存量”问题的基础上，通过推动农家乐行业管理部门构建事前提示机制，燃气行业管理部门将可燃气体报警装置安装事项纳入乡镇考核评价体系，公安、应急、消防等部门协同开展农家乐安全生产专项检查等方式解决新设农家乐燃气安全隐患“增量”问题，及时防范化解安全生产风险。浙江省宁波市鄞州区人民检察院针对全国重点文物保护单位天童禅寺重大消防安全隐患问题，督促消防、属地政府等依法履职，通过召开圆桌会议，厘清相关监管部门职责，协调解决推进过程中遇到的资金、场地和人员等实际困难，推动建立国家级文保单位专职消防队，有效保护了具有重大价值的文物和文化遗产。

三是用好多元化监督手段，推进溯源治理、综合整治。安全生产涉及的社会面广、职能部门多、法律法规复杂，需要协调各方系统治理。办案中，检察机关灵活运用诉前磋商、公开听证、检察建议、圆桌会议、提起诉讼等多种方式，督促行政机关依法履职，同时由点及面推动区域内同类问题的源头治理、系统治理、综合治理，推进安全生产治理体系和治理能力现代化。江苏省扬州市人民检察院对高邮市某水产品加工厂拒不整改重大事故隐患提起民事公益诉讼，督促该企业投入200多万元资金更换制冷系统。湖北省天门市人民检察院聚焦域内非法加油站点安全隐患，通过提起行政公益诉讼督促行政部门依法全面履职的同时，还提出社会治理建议，督促相关行政机关构建密切配合、协调联动、专项整治与日常监管相结合的长效机制。

四是关注新业态新问题，推进新兴产业行业治理和规范发展。湖北省人民检察院针对网络小微型客车租赁行业存在的租车软件身份验证等安全隐患和监管漏洞，与湖北省交通运输厅进行诉前磋商，督促开展网络小微型客车租赁行业整治专项行动，并推动交通运输厅与网信办、公安厅、市场监督管理局等部门建立完善加强小微型客车租赁经营服务协同监管机制，助力网络小微客车租赁行业健康有序发展。四川省成都市龙泉驿区人民检察院聚焦电动自行车蓄电池换电经营企业“以换代充”中存在的消防安全隐患和行业规范缺失等问题，通过公益诉讼检察建议与社会治理建议、公益诉讼检察建议与政协提案衔接转化等，推动应急管理、消防救援等部门凝聚监管合力，全面开展专项整治，督促企业落实安全生产主体责任，推动解决电动自行车蓄电池换电企业“以换代充”新业态消防安全监管缺位、行业规范缺失等问题。

问：下一步，检察机关将采取哪些措施贯彻执行好《中华人民共和国安全生产法》，推进安全生产领域公益诉讼检察工作再上新台阶？

答：一是突出办案重点。结合办案实际，针对群众反映强烈、社会影响较大的消防、道路交通、危化品、危险废物、易燃易爆物品、矿山和尾矿、城市建设等方面安全隐患，主动出击、深入摸排、积极应对、力求突破，不断积累经验，扩大战果，确保办案规模稳中有升，推动系统治理和溯源治理，更好地服务保障当地经济社会发展大局。

二是健全多方协同共赢机制。积极向地方党委、人大汇报安全生产公益诉讼检察工作，进一步争取重视和支持。加强检察机关与应急管理等行政机关沟通协调，探索完善联合督查、预防性公益诉讼等机制，推动形成安全生产公益保护合力。强化检察机关内部公益诉讼部门与刑事检察、技术部门的协作配合，上级院强化对下办案指导，整合办案资源，实现精准监督，形成检察内部办案合力，通过依法能动履职，以“我管”促“都管”，实现双赢多赢共赢。

三是健全社会公众参与机制。完善安全生产公益诉讼“随手拍”等移动实时在线举报平台，鼓励群众积极举报，拓宽公益诉讼线索发现路径，畅通线索收集渠道。深入推进公益诉讼案件公开听证，逐步实现立案、诉前、诉讼程序全覆盖，做到“应听证尽听证”，自觉接受社会监督。加强安全生产公益诉讼宣传工作，依法规范做好检务公开，保障群众知情权和参与权，促进社会各界更多地关注支持安全生产工作。

山东省人民检察院督促监管赤泥堆场闭库工程行政公益诉讼案

【关键词】

行政公益诉讼诉前程序　安全生产　赤泥堆场闭库　专项治理

【要　旨】

针对未办理安全生产许可证的尾矿库未纳入监管范围的行为，检察机关通过制发检察建议，督促相关行政机关依法履行监管职责，并开展专项排查活动，将全省无生产许可证的尾矿库纳入监管范围，对全省应当闭库而未闭库的尾矿库全面履行监管职责。

【基本案情】

某铝业有限公司作为一家生产制造铝制品的企业，在从铝土矿中提取氧化铝过程中产生了大量废渣，因多呈红色，故被称为赤泥。自1954年以来，该公司建造了第一赤泥堆场库堆放赤泥，占地约52万平方米，库容2500万立方米，经几十年的不断堆积，坝体实际高度达到75米，于2002年停用。2004年国务院出台《安全生产许可证条例》，对矿山企业等实行安全生产许可制度，第一赤泥堆场因已停用，并未办理或补办安全生产许可证。2018年某铝业有限公司开始着手准备闭库，并委托专业机构出具《第一赤泥堆场闭库工程安全设施设计》。2019年10月，某铝业有限公司向行政机关就闭库工程的安全设施设计申请备案审查，行政机关以该公司之前没有办理过安全生产许可证，建议其自行组织有关专家审查，且未依法对其进行监管。

【调查和督促履职】

2021 年 4 月 12 日，最高人民检察院向山东省人民检察院（以下简称山东省院）移交环保督察清单中反映："某铝业有限公司第一赤泥库未按要求完成闭库工作。"山东省院收到该线索后，经初步调查，认为负有安全生产监督管理职责的行政机关可能存在怠于履行职责、侵害社会公共利益的情形，于 2021 年 7 月 6 日予以立案。通过现场勘验、调取相关行政机关执法卷宗、询问相关人员等方式展开调查。查明：行政机关对包括闭库在内的尾矿库建设项目安全设施设计的审批具有法定监管职责，法律明确规定安全设施设计未经审查批准不得施工。某铝业有限公司自行进行预评价，邀请专家审查，委托设计单位修改报告后并进行施工。涉案企业自行组织闭库，行政机关应予以监管。

2021 年 10 月 29 日，山东省院依法向行政机关提出检察建议，建议依法履行监督职责，将无生产许可证的尾矿库纳入监管范围，并对应当闭库而未闭库的尾矿库进行监管。行政机关对检察建议高度重视，立即加强尾矿库监管工作，依法履行对某铝业有限公司第一赤泥堆场闭库工程监管职责，依法受理某铝业有限公司第一赤泥堆场闭库工程安全设施设计审查申请，立即启动审查程序并组织专家开展安全设施设计审查会，设计单位根据审查意见完成整改，行政机关经过审查，同意通过其安全设施设计，并正式批复。同时，积极督促该企业认真落实建设项目安全生产"三同时"有关规定，严格按照批复的安全设施设计开展施工。其间，山东省检察机关和被监督行政机关现场勘察，并对第一赤泥堆场闭库工程问题组织召开专家论证会，确保闭库工程的科学、规范。

为切实加强全省尾矿库的监督管理，行政机关下发《关于开展全省非煤矿山基础数据调查工作的通知》，对全省行政区域内所有非煤矿山、尾矿库基础数据开展摸底调查，并对摸排出的 148 座尾矿库全部落实包保责任。制定《山东省尾矿库闭库销号管理办法（试行）》，进一步加强全省尾矿库安全监督管理，规范尾矿库闭库、销号工作，实现全流程监管。

针对回复情况，检察机关对涉案闭库工程进行跟进监督，通过审查第一赤泥堆场闭库工程安全设施验收评价报告及相关书面材料，涉案工程已依法规范实施闭库并通过验收，消除了安全隐患，国家利益和社会公共利益得到切实维护。

【典型意义】

针对历史原因没有办理安全生产许可资质的矿山企业，行政机关未将其闭库工程纳入监管范围的问题，检察机关通过制发检察建议，督促行政机关依法、规范履行监管职责，实现了闭库工程全过程监管，消除第一赤泥堆场闭库工程的安全隐患。同时，检察机关以个案办理推动类案监督，督促相关行政机关对全省范围内非煤矿山、尾矿库基础数据开展摸底调查，进一步强化了全省尾矿库安全监督管理，推动源头治理、系统治理和综合治理，实现了个案办理、类案监督和溯源治理的良好办案效果。

湖北省人民检察院督促整治互联网小微型客车租赁行业安全隐患行政公益诉讼案

【关键词】

行政公益诉讼诉前程序　公共安全　互联网小微型客车租赁　溯源治理

【要　旨】

网络小微型客车租赁作为社会经济发展新业态，因身份查验不严、协同监管不够等问题给社会经济发展带来严重安全隐患。检察机关坚持类案思维，创新办案模式，推动网络小微型客车租赁有序规范发展，并通过跨区域协作，对行业龙头企业实现源头治理、系统治理。

【基本案情】

湖北省通山县人民检察院（以下简称通山县院）在办理余某、石某抢夺案中发现，未成年犯罪嫌疑人余某在未取得机动车驾驶证的情况下，利用联动云 APP 安全漏洞，以向他人借用联动云 APP 账号登录、通过人脸识别验证的方式，在咸宁市区向深圳前海联动云汽车租赁有限公司（以下简称联动云公司）咸宁分公司租赁机动车，并驾车从咸宁市区至通山县实施抢夺。联动云 APP 存在运营管理漏洞，未能严格履行身份查验义务，且该公司部分分支机构还存在未备案、车辆登记不规范等问题，给公共安全带来极大隐患。

【调查和督促履职】

通山县院将涉案线索层报至湖北省人民检察院（以下简称湖北省院）。湖北省院收到涉案线索后，经分析研判，确立了由省检察院牵头，各市州分院同步监督的“1+N”办案思路，2021 年 8 月 19 日，湖北省院依法对涉案线索进行行政公益诉讼立案，并在全省范围内展开调查，发现联动云公司在湖北省成立分公司 17 家，投放运营机动车 5000 余辆，设立取车点、还车点 1000 余个。同时对近年来涉联动云刑事案件进行全面梳理，发现联动云 APP 存在以下监管漏洞：一是人脸识别时间长，且此过程中可在不同城市、使用不同手机登录同一账号完成识别；二是可以使用提前拍摄好的人脸照片通过人脸识别；三是信息更新不及时，机动车驾驶证被暂扣甚至吊销后仍可通过 APP 验证。

结合调查情况，湖北省院与湖北省交通运输厅（以下简称湖北省交通厅）进行磋商，通报了案件办理情况，督促依法履行监督管理职责，并就案件重点难点问题充分交换意见，形成共识。其后，湖北省交通厅下发《关于开展小微型客车租赁经营备案清理规范工作的通知》，组织全省交通主管部门开展网络小微型客车租赁行业整治专项行动，并派员分赴重点地区进行督办，责成相关交通运输局对联动云公司及分公司进行约谈，督促相关企业严格落实“实名制”租车要求，规范租赁经营行为。

2021 年 12 月 1 日，湖北省院与湖北省交通厅进一步座谈，达成以下意见：一是湖北省交通厅继续组织协调各地交通运输部门依法对网络小微型客车租赁行业强化监管，引导企业合规经营；二是湖北省交通厅尽快与相关部门建立协同监管机制，明确职责分工和协作要求；三是湖北省院争取与广东省检察机关协同办案，共同推动联动云公司解决软件安全漏洞问题。湖北省院组织全省三级检察机关同步对本地类似问题开展监督，办理公益诉讼案件 34 件，形成了一体化监督合力。2021 年 12 月下旬，湖北省交通厅联合省网信办、公安厅、通信管理局、市场监督管理局、税务局、人民银行武汉分行等部门会签《关于进一步加强小微型客车租赁经营服务协同监管工作的通知》，完善监管衔接，堵塞监管漏洞。

鉴于联动云公司是一家在全国具有影响力的汽车互联网创新型企业，已在全国 350 余个城市开展机动车租赁业务，湖北省院在最高人民检察院指导下，与广东省人民检察院、深圳市人民检察院建立协作，于 2021 年 12 月 17 日邀请湖北省交通厅共赴深圳，向联动云公司送达社会治理检察建议，同时听取企业意见建议，帮助解决现实困难，促进企业合规经营。

联动云公司于 2021 年 12 月 24 日、2022 年 3 月 9 日、2022 年 6 月 9 日三次向湖北省院提交整改方案及进展情况，该公司已经通过技术升级解决了人脸识别中的安全漏洞。新版 APP 已于 2022 年 3 月上线，通过蓝牙控制车辆技术（有效距离仅 20 米）彻底解决手机远程遥控租赁、解锁车辆的问题，同时，在有条件地区探索对租赁车辆进行线上线下相结合的集中审核模式，并设立租赁备案专员，依法办理汽车租赁备案手续。

【典型意义】

网络小微型客车租赁作为社会经济发展新业态，因身份查验不严、协同监管不够等问题给社会经济发展带来严重安全隐患。为维护社会公共利益，促进新形势下网络小微型客车租赁的健康发展，湖北省院秉持双赢多赢共赢理念，坚持把诉前实现维护公益目的作为最佳司法状态，创新省院牵头、各市州分院同步监督“1+N”办案模式，督促行政机关依法履职，为全省范围内新业态的健康有序发展提供检察力量。在初步解决湖北省类似问题的基础上，通过跨区域协作，向行业龙头企业提出社会治理检察建议，推动源头治理、系统治理。

海南省人民检察院督促整治液化天然气安全隐患行政公益诉讼案

【关键词】

行政公益诉讼诉前程序　安全生产　液化天然气点供　一体化办案

【要　旨】

近年来全国燃气事故多发频发，燃气行业安全生产隐患的排查整改和防患于未然尤为紧迫和重要。检察机关督促相关职能部门依法履行燃气和危险化学品监督管理职责，及时消除安全隐患，化解重大安全风险，堵塞安全监管漏洞，确保安全生产各项政策和规定落到实处、见到实效。

【基本案情】

2017年11月，海南省某市政府（以下简称市政府）引进海南某清洁能源有限公司等8家LNG（液化天然气）点供企业对某加工产业企业实施“煤改气”，使用LNG作为锅炉燃料，并建成48个LNG气化站。市政府及相关职能部门未对LNG点供企业及气化站的进驻程序和生产经营进行规范、有序管理，存在履职不充分、监管不到位等问题。在事前审核环节，LNG气化站没有办理城镇燃气或危险化学品经营许可证、没有履行消防设计审核及验收等手续。在安全风险防控环节，市政府没有组织对LNG气化站安全生产设施进行审查和开展安全风险评估论证，没有组织相关职能部门和生产经营单位实施重大风险联防联控、编制安全生产权力和责任清单等。在事后处置环节，市政府及相关职能部门未严格落实安全隐患排除治理制度、重大事故隐患治理督办制度等，发现重大安全隐患未能依法排除、及时处理。2020年8月至2021年7月期间，市政府及相关职能部门对LNG点供企业及气化站开展过三次安全生产检查，但发现的安全隐患甚至高风险隐患并未整改完毕。

【调查和督促履职】

2021年8月，海南省人民检察院（以下简称海南省院）在履行公益诉讼职责中发现该线索，依法将线索移交海南省万宁市人民检察院（以下简称万宁市院）办理。调查期间，鉴于案情重大复杂，海南省院于2021年10月20日决定与万宁市院实行一体化办案，将该案作为自办案件提级办理。经过实地查看、询问行政机关工作人员和违法行为人及证人、查阅相关资料、调取相关书证、走访相关职能部门，查清造成液化天然气安全隐患的具体违法情况、责任主体、相关义务及职责等。

经调查发现，LNG气化站存在诸多重大安全隐患，比如气化站没有实体围堰、围墙，围堰设置不符合规范要求，储罐、放散管之间及与站外建构筑物（厂房）之间防火间距不足，站点选址紧邻乡镇道路，罐区离高压线太近等，相关职能部门就LNG气化站“主管部门是谁”“适用危险化学品还是城镇燃气管理”等问题产生分歧。2021年11月19日，海南省院和万宁市院根据《中华人民共和国安全生产法》（以下简称安全生产法）、《城镇燃气管理条例》、《危险化学品安全管理条例》相关规定，分别向市政府及相关职能部门制发检察建议。建议其依法全面履行安全生产监管职责，及时消除安全隐患。明确LNG气化站的监管主管部门和监管责任，创新监管方式，强化监管实效，引导企业依法合规生产经营，规范行业安全生产。

收到检察建议后，市政府及相关职能部门高度重视，成立领导小组，制定整治方案，并召开专题会议。其间，省编制部门向全省各市县下发通知，明确相关职能部门对LNG点供的监管职责。市政府根据该文件进一步细化和明确辖区LNG点供监管主管部门和监管责任，组织相关职能部门对之前未落实整改的LNG企业及其安全隐患问题进行复查，并依法移送相关执法部门查处。市政府出具了整改承诺函，承诺根据LNG气化站具体情况，采取利用管道燃气代替、协调改用其他能源、原站点整改等措施推进整改工作。截至2022年10月31日，48个LNG气化站中已完成整改33个，占68.8%；正在推进整改15个，占31.2%。

【典型意义】

检察机关通过一体化办案方式，解决了LNG点供行业安全生产监管部门及职责、执法依据和标准不明确的问题。根据安全生产法确定的安全生产领域“管行业必须管安全”的原则，紧扣相关职能部门“三定”方案，从一般关系到特殊关系进行辨析，就相关职能部门在LNG点供中的综合监管及直接监管责任作出判断，指出各职能部门应当承担的监管职责，阐明LNG点供是适用危险化学品还是城镇燃气管理的问题，以司法办案推动LNG点供行业专项整治顺利开展，推动安全发展理念落地落实。

陕西省人民检察院西安铁路运输分院督促整治尾矿库安全隐患行政公益诉讼案

【关键词】

行政公益诉讼诉前程序　尾矿库安全　秦岭生态环境　综合治理

【要　旨】

针对秦岭保护区违法采矿导致的尾矿库安全隐患和秦岭生态环境受损等问题，检察机关发挥一体化办案优势，通过检察建议、公开听证等方式，推动相关地方政府统筹多家行政机关联合整治尾矿库安全隐患，助力矿山生态修复。

【基本案情】

陕西某矿业有限公司（以下简称某公司）于 2009 年 11 月取得石墨矿采矿许可证，采矿区域位于秦岭南麓一般保护区内。2014 年某公司停产后，其配套建设的页沟尾矿库停止使用，并处于无人管理的状态。该尾矿库未依法实施闭库，存在尾矿库堆积坝偏陡、未设置排渗管、截洪沟尺寸偏小、防洪高度和澄清距离不足、下游截渗坝被洪水冲刷破坏等重大安全隐患。尾矿库坝体地处秦岭较高海拔，是典型的“头顶库”，库区周边河流均汇入丹江，下游有 53 户住户，一旦坝体出现崩塌，可能造成丹江水源污染，严重危及下游居民生命健康和财产安全。

某公司在建设矿山过程中还存在边建边采、以建代采，未执行地质环境保护与土地复垦、生态环境修复等既定方案，违规露天开采以及超过审批面积非法占用农用地建设厂房等违法行为，大面积改变了秦岭原生地形地貌，严重破坏秦岭生态，引发矿区内多处出现滑坡、崩塌、泥石流等地质灾害。

【调查和督促履职】

2021年9月21日，陕西省人民检察院（以下简称陕西省院）收到陕西省秦岭生态环境保护委员会办公室移交的该案线索后，9月24日交由陕西省人民检察院西安铁路运输分院（以下简称西安铁检分院）办理，并将该案列为挂牌督办案件。西安铁检分院于2021年10月11日立案调查。通过现场勘验，调取现场卫星图斑、行政机关执法卷宗、涉案企业各类申请、备案资料等书证，询问证人等方式，查明了案件事实和行政机关的履职情况。针对涉案企业违规堆放矿渣造成扬尘污染，非法占用并毁坏耕地、林地等问题，商洛市生态环境局、丹凤县林业局分别多次作出行政处罚决定。涉案企业虽然缴纳了相应罚款，但并未执行行政处罚中关于对扬尘问题采取有效措施和恢复被破坏土地原状等决定内容。对涉案企业上述逾期未完全执行行政处罚决定的行为，相关行政机关未采取任何措施。11月4日，西安铁检分院向商洛市生态环境局、丹凤县自然资源局、丹凤县林业局、丹凤县应急管理局及蔡川镇人民政府等5家行政机关公开宣告送达了检察建议书，建议其依法履行秦岭生态环境保护及矿区安全生产监管职责，确保国家利益和社会公共利益不受侵害。

检察建议发出后，西安铁检分院组织涉案生态环境、自然资源、林业、应急管理等行政机关及丹凤县人民政府召开圆桌会议，就公益受损情况、潜在危害风险、相关行政机关监管权责范围以及整改措施等进行研究论证，最终形成政府牵总、十余家职能部门联合整治的基本思路。会后，丹凤县人民政府立即制定综合治理方案，组织相关部门对某公司露天堆放的矿渣进行防尘处理，设置4处水质监测点，每季度对尾矿库内存水及下游回水池排水、河道水质取样检测并及时将监测结果向附近群众进行公示，采取有效措施防止突发环境污染事件，确保群众用水安全。经过3次连续采样，检测结果均符合国家标准。对某公司建设选矿厂超占的12亩违法用地上的建构筑物依法全部进行拆除，于2021年12月底完成复耕并交还农民耕种。对矿区多处崩塌、滑坡区进行有效治理并修筑挡墙，设立安全警示牌。根据山体实际情况，因地制宜栽植侧柏、人工覆土后撒播刺槐种子和黑麦草籽，恢复植被139.87亩，切实防止水土流失。压实属地镇政府网格化管理责任，加强基层土地资源保护、日常护林巡查、地质灾害预警、环境污染防治等综合管理工作。

结合中央生态环保督察反馈问题，对秦岭矿山生态恢复治理及尾矿库闭库等问题持续跟进监督。对于整改过程中涉及尾矿库闭库等专业性较强问题，陕西省院与陕西省应急管理厅（以下简称陕西省应急厅）多次沟通论证，丹凤县政府按照陕西省应急厅《尾矿库闭库销号管理办法》实施闭库。目前，丹凤县应急管理局已经完成水泥浇筑、排水涵洞、截洪沟加固和子坝削坡等所有工程，现进入尾矿库销号验收阶段。陕西省应急厅将组织有关部门完成验收后，作销号处理。在通过闭库验收后，将进一步开展补植复绿，彻底消除页沟尾矿库及其库区下游安全隐患。

2022年6月，西安铁检分院先后收到商洛市生态环境局、丹凤县自然资源局、丹凤县林业局、丹凤县应急管理局、丹凤县蔡川镇人民政府等5家行政机关的正式书面回复。同月22日，西安铁检分院就行政机关履行职责进行尾矿库闭库和秦岭生态修复情况在丹凤县组织公开听证。地质灾害防治、林业、尾矿库安全方面的3名专家分别发表了专家意见，认为整改后被毁坏的耕地、林地复耕复绿，采取的地质灾害防治措施、尾矿库加固及闭库措施科学有效，能够消除尾矿库安全隐患，实现修复秦岭生态环境的既定目标。听证员结合专家意见进行了评议，对行政机关的整治效果一致予以认可。

【典型意义】

尾矿库是堆存尾矿、保护环境的重要设施，也是一个具有高势能的人造泥石流危险源。本案中所涉尾矿库如果不依法及时闭库，可能造成尾矿泄漏、溃坝、环境污染等重大安全事故，给人民群众生命财产安全及秦岭生态环境带来威胁。检察机关认真贯彻落实习近平总书记关于安全生产的重要指示精神，上下联动，推动地方政府及其多家职能部门协同发力开展综合治理，有效整治秦岭区域内尾矿库安全隐患，努力实现矿山生态修复，助力中央环保督察反馈问题解决，达到了政治效果、社会效果、法律效果的统一。

上海市崇明区人民检察院督促农家乐安装可燃气体报警装置行政公益诉讼案

【关键词】

行政公益诉讼诉前程序　燃气安全　可燃气体报警装置　多元主体协同　事前提示机制

【要　旨】

针对经营餐饮的农家乐未安装可燃气体报警装置存在重大安全隐患，检察机关通过发挥检察公益诉讼职能，督促相关行政机关依法履行监督管理职责。在督促燃气行业管理部门解决“存量”问题的基础上，通过推动农家乐行业管理部门构建事前提示机制，燃气行业管理部门将可燃气体报警装置安装事项纳入乡镇考核评价体系，公安、应急、消防等部门协同开展农家乐安全生产专项检查等方式解决新设农家乐燃气安全隐患“增量”问题，及时防范化解安全生产风险。

【基本案情】

上海市崇明区现有农家乐961家，选址大多位于居民住宅区，人口密集，现农家乐数量不断增长，燃气使用规模不断扩大，大量农家乐餐饮经营主体因燃气安全风险防控基础薄弱、管理缺失，在《中华人民共和国安全生产法》实施后，仍未依照法律规定安装可燃气体报警装置即开展餐饮经营活动，存在重大安全隐患，威胁人民群众生命财产安全。

【调查和督促履职】

2022年2月10日，有群众向上海市崇明区人民检察院（以下简称崇明区院）举报，崇明区农家乐经营主体经营餐饮使用燃气，未安装可燃气体报警装置，存在安全隐患。崇明区院接到举报线索后，立即制定《关于农家乐安全生产问题的调查方案》，部署对辖区内农家乐经营主体燃气安全问题开展调查。

2022 年 2 月 15 日，崇明区院通过检索国家企业信用信息公示系统，与区文化和旅游局（农家乐行业管理部门）沟通联络，了解崇明区农家乐经营主体现状，并前往农家乐保有量最大的两个乡镇进行实地走访摸排。在办案人员走访调查的 9 家农家乐中，有 8 家未安装可燃气体报警装置，这些农家乐将燃气瓶放置在厨房间外，燃气瓶通过约 3 米长的软管与室内厨房间的燃气灶相连，一旦发生燃气泄漏，厨房间内的人无法及时发现，且仅依靠人工识别气味，也难以确保及时发现燃气泄漏，具有重大燃气安全隐患。上述农家乐经营者利用自有的农村房屋作为经营场所，周边均系居民住宅，人口密集，如果不能及时发现燃气泄漏等隐患，将严重威胁人民群众的生命财产安全。

根据《中华人民共和国安全生产法》第三十六条第四款规定，餐饮等行业的生产经营单位使用燃气的，应当安装可燃气体报警装置，并保障其正常使用。但崇明区内有大量农家乐餐饮经营单位未安装可燃气体报警装置。因农家乐安全生产工作涉及职能部门多，崇明区院结合农家乐行业管理部门、燃气行业管理部门不一致的实际，多次走访区文化和旅游局、区建设和管理委员会、区消防救援支队、区市场监督管理局等了解情况、查阅制度文件，在厘清农家乐可燃气体报警装置监管部门为区建设和管理委员会的基础上，制发检察建议，建议区建设和管理委员会依法履行燃气安全监管职责，对农家乐经营主体未依法安装可燃气体报警装置的行为予以处置，督促辖区内农家乐餐饮经营主体做到应装尽装。

崇明区院调查发现，崇明区辖区内的农家乐均为小型餐饮企业，其大多使用钢瓶液化石油气，因钢瓶液化石油气使用前无需向区建设和管理委员会申请批准，故区建设和管理委员会无法第一时间掌握农家乐用气情况。此外，区文化和旅游局作为农家乐行业管理部门，其需在区市场监督管理局向农家乐颁发食品经营许可后，方能了解其监管的农家乐是否经营餐饮，也无法从源头上督促农家乐安装可燃气体报警装置，行政机关对新设立农家乐带来的可燃气体报警装置安装“增量”问题尚无有效的解决方案。为解决上述问题，崇明区院与区建设和管理委员会、区文化和旅游局多次商讨后，会签《关于引导农家乐规范安装可燃气体报警装置的协作备忘录》，备忘录约定：区文化和旅游局在收到农家乐经营主体申请设立农家乐时，以书面提示方式要求拟经营餐饮服务的农家乐安装可燃气体报警装置，并将情况同步抄送区建设和管理委员会，便于两个部门共同对农家乐燃气安全问题进行监管。同时，因农家乐数量多、分布区域广，安装可燃气体报警装置工作主要由区建设和管理委员会督促各乡镇安全办落实，崇明区院推动区建设和管理委员会将可燃气体报警装置安装事项纳入乡镇考核评价体系中，以督促各乡镇做好可燃气体报警装置安全、日常使用工作。

2022年6月17日，崇明区院与区建设和管理委员会、应急管理局、消防救援支队、文化和旅游局等部门邀请安全生产领域专家、“益心为公”云平台志愿者、区人大代表组成公益整改评估团对本案行政机关的整改情况进行跟进监督，评估团分别对农家乐可燃气体报警装置安装情况、燃气安全使用情况进行现场察看，评估认为区建设和管理委员会积极履职落实整改，不但督促检察建议书中存在燃气安全隐患的农家乐经营主体安装可燃气体报警装置，还对辖区内所有小型餐饮企业进行摸排调查，做到了农家乐及小型餐饮企业可燃气体报警装置安装全覆盖。

【典型意义】

餐饮行业使用燃气应当安装可燃气体报警装置，这是《中华人民共和国安全生产法》的强制性要求。针对大量农家乐使用燃气但未安装可燃气体报警装置的问题，检察机关通过与相关行政机关沟通协调，督促农家乐餐饮经营主体做到应装尽装。同时，推动构建农家乐设立事前提示机制及农家乐申请餐饮经营资质同步报送抄送机制，推动燃气行业管理部门将安装可燃气体报警装置工作纳入乡镇考核评价体系，从源头上防范化解安全生产风险。

浙江省平湖市人民检察院督促整治涉海涉渔安全隐患行政公益诉讼案

【关键词】

行政公益诉讼诉前程序　安全生产　涉海涉渔　公开听证　综合治理

【要　旨】

针对涉海涉渔领域存在的渔民驾驶“三无”船舶出海、私拆船载定位系统、无证作业等问题，检察机关通过制发检察建议，邀请具备专业知识的公益志愿者、特邀检察官助理等参与现场调查、公开听证等监督活动，督促行政机关开展专项行动，推动涉海涉渔安全隐患全方位治理，守住安全生产底线。

【基本案情】

2022 年 5 月，公益志愿者通过“益心为公”检察云平台反映称：近年来，平湖市存在渔民出海作业未穿戴救生衣，私拆船载定位系统，甚至夜间驾驶“三无”船舶出海非法捕捞等问题，2021 年嘉兴港区发生“9 · 18”“三无”船舶沉船事故更是造成 3 人死亡、2 人失联等重大损失，涉海涉渔领域存在重大安全隐患，威胁人民群众生命和财产安全。

【调查和督促履职】

2022 年 6 月 2 日，平湖市人民检察院（以下简称平湖市院）针对“益心为公”检察云平台反映的涉海涉渔安全生产问题进行立案调查，向相关部门调取渔业执法司法情况，梳理近年来涉海涉渔违法犯罪特点、详细了解嘉兴港区“9 · 18”“三无”船舶沉船事故发生原因，发现部分渔民安全生产意识薄弱，存在船舶不适航，船员不适任，未穿戴救生衣，拆卸、关闭船载定位终端设备，甚至驾驶“三无”船舶违法作业等问题，严重威胁人民群众生命财产安全和海洋航行安全。

2022年6月17日，平湖市院向负有渔港、渔业船舶监督管理职责的行政主管部门制发检察建议，建议加强海上执法检查，清理取缔涉渔“三无”船舶，依法处置违法作业的相关人员；开展船舶不适航、船员不适任等渔船安全隐患排查，严厉打击私拆、关闭船载定位系统等违法行为。涉海涉渔行政主管部门收到检察建议后，制定《平湖市涉海涉渔领域安全生产行动方案》，从加强渔船管控、加大执法力度、提升智控水平、强化宣传教育等七个方面推进涉海涉渔安全整治工作。

2022年7月29日，为评估整改成效，凝聚多方共识，提升办案公信力，平湖市院召开公开听证会，邀请人大代表、政协委员、公益志愿者、人民监督员担任听证员。会前，检察机关邀请全体听证员及具备专业知识的特邀检察官助理前往渔船停泊港口进行现场调查，了解渔船安全设备配置、使用和检验情况。会上，听证员围绕违法行为危害性、船舶检验管理、行政职能划分、整改落实情况等方面充分发表意见，评估现阶段行政机关履职成效，并就加强行刑衔接、部门联动、人员配备、普法宣传等方面建言献策。

2022年8月5日，涉海涉渔行政主管部门回复检察机关，自部署涉海涉渔领域安全生产行动以来，会同公安、海警、海事等部门查获非法捕捞、无证作业等涉海涉渔违法案件45起，清缴海上涉渔“三无”船舶6艘，采购配置渔船救生设备2900余套，为135艘渔船更新迭代船载北斗定位终端设备，64名船员通过培训考试获得船员资质，登船船员持证率达到100%，同时建立完善“乡镇+村社区（基层渔船管理组织）”综合管理模式，加强渔船进出报备和动态跟踪，进一步提升涉海涉渔智控水平，有效遏制安全事故发生。

【典型意义】

检察机关借助“益心为公”检察云平台破解涉海涉渔安全生产线索发现难问题，并邀请具备专业知识的“益心为公”志愿者、特邀检察官助理参与办案环节，提供专业意见；通过诉前检察建议、公开听证，督促行政机关切实履行涉海涉渔安全生产监管职责，开展专项行动，推动公益保护落到实处。

湖北省天门市人民检察院督促整治非法加油站行政公益诉讼案

【关键词】

行政公益诉讼　安全生产　非法加油站　社会治理

【要　旨】

检察机关针对区域内非法加油站点安全隐患，在提出检察建议仍未解决问题的情况下，通过提起诉讼的方式督促行政机关依法全面履职，并形成专题调研报告，由点及面提出社会治理检察建议，推动区域内同类问题的系统治理、根源治理。

【基本案情】

天门市拖市镇、卢市镇、净潭乡等乡镇道路沿线多处居民点，存在设置简易加油站为过往车辆提供汽油、柴油等现象，因加油站靠近人群聚集区，且油罐设置管理随意，消防设施配备简陋，安全生产隐患问题突出。

【调查和督促履职】

2021 年 3 月，天门市人民检察院（以下简称天门市院）在调查走访中发现，拖市镇闵某、贾某、彭某、张某，卢市镇黄某、罗某，净潭乡蒋某在未取得危化品经营许可证的情况下，擅自设立加油站点，为过往车辆提供汽油、柴油。非法加油站位于居民密集区，未按要求配备消防安全设施设备，未经安全规范评估与验收，存在较大安全隐患。

2021 年 4 月 14 日，天门市院依法立案调查，并向天门市应急管理局制发检察建议，督促其依法履行监管职责，消除安全隐患。4 月 23 日，天门市应急管理局对卢市镇、拖市镇、净潭乡政府下发督办函，要求各乡镇政府落实“属地管理”责任。此后，卢市镇、净潭乡政府与天门市商务局、应急管理局、市场监管局、公安局组成联合执法小组，对蒋某、黄某、罗某加油站加油设备予以拆除。6月22日，拖市镇政府向闵某、贾某、彭某、张某四家加油站分别下达拆除通知书，责令其立即停止经营，限期自行拆除设施设备，逾期则强制拆除。6月23日，天门市应急管理局回复天门市院，称将迅速督办加油站点所属乡镇落实“属地管理”责任，并会同相关职能部门，开展非法加油站点专项整治，预计2021年7月完成非法加油站点拆除。2021年7月1日，天门市应急管理局向拖市镇闵某、贾某、彭某、张某四家加油站下达现场处理措施决定书，责令上述加油站从危险区域内撤出作业人员，停止营业，停止使用相关设施、设备。闵某、彭某两家加油站和张某加油站分别于7月2日、3日自行关停，拆除加油机。2021年7月5日，拖市镇政府强制关停贾某加油站并拆除加油机。

2021年8月，天门市院开展“回头看”专项工作，发现天门市应急管理局未全面依法履职，涉案七家加油站点危化品由经营户自行处置，相关设施设备（储油罐等）未予查封扣押，安全隐患尚未彻底消除，相关罚款亦未收缴到位。

【诉讼过程】

2021年8月30日，天门市院向天门市人民法院提起行政公益诉讼，请求判令天门市应急管理局依法对非法加油站违法经营危险化学品履行监管职责。案件起诉后，应急管理局表示非法加油站的监管涉及多个行政部门，希望各部门配合、形成工作合力。庭审中，双方围绕行政机关是否是适格的行政主体、是否履行了监督管理职责进行了质证、辩论。2021年12月13日，天门市人民法院支持检察机关诉讼请求，判决天门市应急管理局在60天内对非法加油站违法经营危险化学品的行为继续依法履行监督管理职责。判决生效后，天门市应急管理局积极履行职责，于2022年1月没收非法经营危险化学品（汽油）3吨，查扣涉案加油设施设备7套，彻底关停涉案非法加油站，杜绝“反弹回潮”。

天门市院以办理该案为切口，通过深入调研形成专题报告，于2022年3月向天门市人大常委会汇报。同时，天门市院向天门市安全生产委员会办公室发出社会治理检察建议，推动系统治理，形成各部门密切配合、协调联动、专项整治与日常监管相结合的长效机制。2022年3月至7月，天门市应急管理局联合商务局、市场监管局、公安局、生态环境局等相关职能部门开展非法加油站专项整治活动，共组织执法检查 8 次，出动执法人员 132 人次，彻底关停全市 25 家非法加油站点，保障人民群众的生命和财产安全。

【典型意义】

检察机关聚焦违法加油站点重大安全隐患，在助力行政机关厘清属地管理与全面监管职能划分的基础上，综合运用检察建议、提起诉讼、专题报告等方式，持续跟进督促行政机关全面依法履职，为彻底消除同类安全生产隐患贡献检察力量。同时，坚持依法能动履职，通过深入调研提出社会治理建议，助力推动开展行业专项整治，促进域内同类问题系统治理、根源治理，为区域安全生产发展和市域综合治理提供有力法治保障。

河南省人民检察院郑州铁路运输分院督促整治高铁运营安全重大隐患行政公益诉讼案

【关键词】

行政公益诉讼诉前程序　安全生产　高铁运营安全

【要　旨】

针对严重危及京广高铁运营安全的重大隐患问题，检察机关立案后及时磋商，督促行政机关迅速整改，从根本上消除持续多年的重大安全隐患，切实维护社会公共利益。

【基本案情】

京广高铁上行 K595+288m（卫共特大桥 1145# 墩）处，有一违建四层楼房，严重危及高铁运营安全。2019 年 1 月，中国铁路郑州局集团有限公司（以下简称郑州铁路公司）将该问题作为直接影响京广高铁如期提速至 350km/h 的一级外部环境安全隐患（铁路外部环境安全隐患分为重大环境安全隐患和一般环境安全隐患。一般环境安全隐患分为三级，其中一级环境安全隐患是指对铁路运输安全影响较大，或可能对高铁和旅客列车运输安全构成一定威胁，是一般环境安全隐患中最为严重的隐患），先后向相关部门进行通报，一直未得到解决。

【调查和督促履职】

2022 年 2 月 18 日，接到郑州铁路公司移交的线索后，河南省人民检察院郑州铁路运输分院（以下简称郑州铁检分院）立即开展调查工作。经现场核查，询问村民及相关证人，向铁路企业和政府职能部门调阅执法资料，查明：2001 年，卫辉市汲水镇辛庄村村民张某某在集体土地上自建二层住宅，办有《集体土地建设用地使用证》。京广高铁建成后，张某某违法将住宅加盖至四层，使得该楼房距京广高铁桥梁外檐仅1.5米，房顶高过高铁桥面约20厘米，部分侵入铁路地界，站在四楼房顶伸手可触及高铁桥梁护栏。2019年1月，郑州铁路公司新乡桥工段排查发现，该问题为一级外部环境安全隐患问题，遂向新乡市住房和城乡建设局、新乡市城市管理局及新乡市人民政府、卫辉市人民政府进行通报，请求解决。2019年3月4日，卫辉市住房和城乡建设局向张某某发出责令停止违法行为通知书；同年3月8日，卫辉市规划监察大队对张某某违法建设行为进行立案调查，并于11月14日向张某某送达《行政处罚事先告知书》和《行政处罚听证告知书》，拟对张某某作出限10日内拆除的行政处罚，张某某拒绝签收。直至2022年，该违法建筑仍未拆除，危及京广高铁运营的安全隐患持续存在。

2022年3月8日，郑州铁检分院立案，10日向卫辉市人民政府现场送达立案决定书，并与卫辉市人民政府及相关职能部门召开磋商会。政府部门表示愿意尽最大努力进行整改，确保京广大动脉安全和高铁提速工作不受影响。磋商会后，卫辉市人民政府成立了由自然资源与规划局、住房和城乡建设局、交通运输局、汲水镇人民政府等组成的工作专班，立即开展调查及与违建房屋屋主的协商处置等工作。当日，在汲水镇人民政府见证下，辛庄村村民委员会与屋主签订了房屋拆迁补偿协议，7日内张某某按照协议将房屋全部腾空。

3月18日，汲水镇人民政府对该处房屋进行拆除，郑州高铁基础设施段组织人员对拆除工作进行全程防护及配合，防止拆除过程中发生安全事故，郑州铁检分院主办检察官现场予以监督。至当日下午，包括违建在内的四层房屋全部拆除完毕。3月29日，卫辉市人民政府向检察机关书面反馈高铁安全隐患整改情况。经郑州铁检分院、郑州高铁基础设施段现场核查，确认该处重大安全隐患已彻底消除，社会公共利益得到及时有效保护。

【典型意义】

京广大动脉安全是影响人民群众生命财产安全的大事。检察机关牢记习近平总书记关于安全生产工作重要指示批示精神，切实履行公益诉讼监督职责，推动行政机关依法履职，迅速解决持续多年的危及高铁运营安全的重大隐患问题，切实维护人民群众生命财产安全，是预防性公益诉讼的具体实践。

四川省成都市龙泉驿区人民检察院督促整治电动自行车锂电池智能换电柜消防安全隐患行政公益诉讼案

【关键词】

行政公益诉讼诉前程序　安全生产　智能换电柜消防安全　政协提案衔接转化　地方立法

【要　旨】

针对电动自行车锂电池智能换电柜存在的消防安全隐患和国家标准缺失等问题，检察机关通过发挥公益诉讼检察职能，推动应急管理、消防救援等部门形成监管合力，全面开展行业治理，实现全市换电柜安全监管全覆盖，并为出台地方立法提供实践样本，推动从行业监管到地方立法一体解决电动自行车锂电池智能换电柜消防安全问题，切实保护人民群众生命财产安全。

【基本案情】

随着外卖和快递行业不断拓展，电动自行车锂电池“以换代充”业务悄然兴起。电动自行车使用者可在智能换电柜经营点通过扫码支付更换电瓶，及时解决电动自行车补能问题。2021年以来，成都某科技公司与主营锂电池租赁业务的广西某科技公司合作开展电动自行车锂电池智能换电柜经营业务，在成都市龙泉驿区布设4个电动自行车锂电池智能换电柜，由于缺乏行业规范，智能换电柜设置地点存在选址随意、安装不规范、经营场地有消防安全隐患等问题，严重威胁人民群众生命财产安全。

【调查和督促履职】

四川省成都市龙泉驿区人民检察院（以下简称龙泉驿区院）在开展电动自行车安全隐患专项监督中发现，锂电池智能换电柜存在安全隐患问题，并于 2022 年 1 月 21 日立案。通过现场调查、询问公司负责人、委托专家论证、组织公开听证等调查取证工作，查明成都市龙泉驿区应急管理局（以下简称区应急管理局）未全面落实相关法律规定，导致成都某科技公司未落实安全生产主体责任，智能换电柜经营场地存在消防安全隐患，严重威胁人民群众生命财产安全。2022 年 1 月 29 日，龙泉驿区院向区应急管理局制发检察建议，建议其依法履行消防安全监管职责，督促电动自行车锂电池智能换电柜经营企业对“换电柜未进行防火分隔、换电场所未配备消防器材、消防器材失效”等消防安全隐患进行整改，同时将检察建议抄送区消防救援大队。

收到检察建议后，区应急管理局、区消防救援大队及时督促整改生产经营场所的消防安全隐患，成都某科技公司将全区智能换电柜设置点的柜体与柜体、柜体与墙体之间均保持 25cm 间距，每个设置点重新配置了 2 套消防灭火器材，并健全完善安全巡检制度。

龙泉驿区院就该案向龙泉驿区安全生产委员会（以下简称区安全生产委员会）进行了通报，在检察机关的推动下，区安全生产委员会于 2022 年 6 月制定《成都经开区（龙泉驿区）电动自行车换点场所安全监督管理职责分工》《成都经开区（龙泉驿区）电动自行车锂电池智能换电柜建设规范指引（试行）》，对辖区内电动自行车锂电池智能换电柜安全监督管理职责进行明确，并对换电设施建设提供指导和规范。

结合本案办理，成都市人民检察院（以下简称成都市院）于 2022 年 1 月下旬，在全市检察机关开展部署电动自行车锂电池智能换电柜安全生产公益诉讼专项监督行动，截至目前，两级院共立案并提出检察建议 20 份，成都市院梳理分析案件办理中折射的消防安全共性问题，为成都市政协委员提出《关于推动电动自行车锂电池换电业规范有序发展的建议》的提案提供选题参考和实践依据，该提案已于 2022 年成都市两会期间受理并转相关职能部门办理。

2022 年 6 月 6 日，成都市院向成都市应急管理局、市消防救援支队公开宣告送达社会治理检察建议，建议相关部门通过开展专项整治、健全工作衔接协调机制、推动建立符合本地实际的电动自行车锂电池智能充换电项目建设及运营管理地方标准三方面工作，加强电动自行车锂电池智能换电柜安全生产经营的监管力度。收到检察建议后，成都市应急管理局开展了换电企业消防安全、电动车行驶停放充电安全等关键环节隐患整治行动，摸清全市2128个智能换电柜运营情况，共排查整治消防问题2432项，与全市所有的智能换电柜经营企业逐一签订换电柜消防安全承诺书，督促落实换电柜经营场所消防安全责任和安全防范措施，并形成《换电企业消防安全风险问题清单》，制定《成都市换电企业安全生产监管工作指南（试行）》《成都市换电企业安全生产检查清单》，明确场所选址布局、电池换电柜设置、场所防护措施要求等4大类37项监管内容。

成都市院、成都市应急管理局积极向成都市人大常委会相关部门汇报智能换电柜消防安全隐患整治情况，积极推动将电动自行车锂电池换电企业安全生产监管写入《成都市非机动车管理条例》，为加强电动自行车智能换电柜安全监管提供了法律依据。

【典型意义】

安全生产责任重于泰山。成都市作为拥有两千多万人口的超大城市，电动自行车保有量巨大，“以换代充”续航方式能够解决电动自行车入户充电、飞线充电等安全隐患，但其自身存在的安全问题也不容忽视。检察机关聚焦与人民群众生命财产安全息息相关的电动自行车锂电池智能换电柜安全隐患，通过个案办理、专项监督、公益诉讼检察建议与政协提案衔接转化、社会治理检察建议等工作，推动应急管理、消防救援等部门强化联合监管，开展专项整治，出台行业规范。同时检察机关深入调研梳理分析共性问题，为政协委员提案提供实践样本，与职能部门共同推动将智能换电柜安全生产经营监管写入地方立法，通过解决个案实现行业治理并形成技术规范。

浙江省宁波市鄞州区人民检察院督促整治天童禅寺消防安全行政公益诉讼案

【关键词】

行政公益诉讼诉前程序　消防安全　全国重点文物保护

【要　旨】

被列为全国重点文物保护单位的古建筑群存在重大安全隐患，而行政机关未依法履职的，检察机关可以开展行政公益诉讼。涉及行政机关和属地乡镇共同履职的，检察机关可以分别制发检察建议，推动各方厘清责任，形成监管合力，确保全国重点文物保护单位消防安全。

【基本案情】

位于宁波市鄞州区东吴镇太白山麓的天童禅寺始建于西晋永康元年，迄今已有1700多年历史，系全国重点文物保护单位，由于游客香客众多、香烛法物焚烧、电路设置不合理、消防设施缺失等原因存在重大消防安全隐患。

【调查和督促履职】

2021年3月，宁波市鄞州区人民检察院（以下简称鄞州区院）接到浙江省政协委员天童禅寺住持方丈反映，天童禅寺存在消防安全隐患问题长期未能解决。鄞州区院对此高度重视，以行政公益诉讼立案后进行调查。通过走访相关行政机关，实地勘查天童禅寺及周边环境等方式，查明作为全国重点文物保护单位的天童禅寺主要以木结构建筑为主，各建筑依山而建，彼此间紧密相连，形成庞大的建筑群，一旦发生火灾影响整个寺庙建筑安全。但天童禅寺所在区域呈盆地状，东西出口与外界公路是通过两车道的隧道相连，周边消防队最快车程至少需要 30 分钟才能到达，且要经过隧道，一旦发生火情，后果不堪设想。

鄞州区院审查认为，根据《中华人民共和国消防法》第三十九条规定，距离国家综合性消防救援队较远、被列为全国重点文物保护单位的古建筑群的管理单位应当建立单位专职消防队，宁波市鄞州区消防救援大队以及属地东吴镇人民政府作为主管职能部门，应及时督促落实消防法有关要求，消除天童禅寺消防安全隐患。2021 年 5 月，鄞州区院向鄞州区消防救援大队、东吴镇人民政府制发检察建议，督促其对天童禅寺存在的重大消防安全隐患进行整改。

检察建议发出后，相关行政机关积极履职，争取了区文物保护专项资金 29.5 万元，全面实施天童禅寺智慧消防系统改造提升工程，增设了消防设施，并新建了消控室，实现远程监控。但相关部门也向检察机关反映天童禅寺设立专职消防队存在的困难，如建设经费问题，专职消防队的启动资金需要 200 万元左右，每年的运维费用也在 100 万元左右。此外，还涉及消防队选址、办公用房和人员保障等问题。

为推动问题有效解决，2021 年 6 月，鄞州区院召集相关部门召开圆桌会议，共同研究解决问题，初步达成由属地政府牵头建设消防队的建设方案。2021 年 7 月，最高人民检察院、浙江省人民检察院公益诉讼检察部门赴现场指导，有力推动了案件进展。经鄞州区院多次牵头组织协商，东吴镇人民政府和鄞州区消防救援大队最终确定了消防队建设方案，明确了由消防总队与天童禅寺分队共同建设的模式，即在隧道出口靠近天童禅寺方向不到 5 公里处设立综合消防站总队，天童禅寺设立消防分队，人员由消防总队派驻轮流在天童禅寺值岗。鄞州区院积极与相关部门沟通协商，推动相关部门筹集 1000 万元资金用于消防队营房选址、建设等工作。目前营房建设已完成，消防队伍已入驻，困扰天童禅寺多年的消防安全隐患问题终于得到解决。

【典型意义】

消防安全，重在预防。全国重点文物保护单位的消防安全更需引起高度重视，一旦发生火灾事故，不仅对人员财产造成重大损失，更对文物和文化遗产造成不可估量的损害。针对困扰天童禅寺多年的消防安全隐患问题，检察机关充分发挥公益诉讼职能，通过召开圆桌会议，厘清主管部门和属地乡镇职责，凝聚各方监督合力，协调解决推进过程中遇到的资金、场地和人员等实际困难，实现对全国重点文物保护单位专业化、规范化、长远化保护。

江苏省扬州市人民检察院诉高邮市某水产品加工厂拒不整改重大事故隐患民事公益诉讼案

【关键词】

民事公益诉讼　安全生产　民事调解

【要　旨】

针对生产经营单位长期存在安全生产重大事故隐患，但拒不执行要求立即整改的行政决定，在行政决定非诉强制执行难以及时有效消除和防范事故隐患的情况下，检察机关可以提起民事公益诉讼。诉讼过程中，涉案企业申请调解，且履行诉讼请求的全部民事责任的，检察机关经过综合评估，确认整改完毕的，可以同意调解结案。

【基本案情】

液氨属于重点监管危险化学品，具有毒性、易燃、腐蚀性；与空气混合能形成爆炸性混合物，遇明火、高热能引起燃烧爆炸。2003年，高邮市某水产品加工厂（以下简称某水产厂）购得高邮市某肉联厂（始建于1970年左右）厂房及附属设施后，对高邮市某肉联厂原有的氨制冷设备设施进行简单的维修、改造，便投入生产经营。上述老旧制冷设备设施内含危险化学品液氨，与周围居民聚居区安全距离不足，存在氨泄漏引发事故的安全隐患。高邮市应急管理局（以下简称高邮应急局）于2019年5月现场检查发现上述问题后，至2021年期间，多次向某水产厂作出立即排除事故隐患、责令限期整改等行政决定、行政处罚（罚款）。某水产厂均未按照要求整改，且持续进行生产经营活动。

【调查和督促履职】

2021年9月，高邮市人民检察院（以下简称高邮市院）通过江苏省安全生产检察监督与行政执法协作配合机制，梳理排查高邮应急局近年来行政执法信息时发现线索，遂开展初步调查，并同步向扬州市人民检察院（以下简称扬州市院）报告。

2021年10月11日，扬州市院经评估研究，决定由高邮市院以民事公益诉讼立案，两级院一体化履职，通过现场勘验、无人机取证、查阅复制执法卷宗、函询行政机关提供情况、询问相关人员、走访了解、查询涉案企业及负责人不动产信息及金融账户等财产信息、查询近三年企业年度报告和纳税情况等，查明：某水产厂东侧和南侧是居民区，方圆30米范围内，约有40到50户居民；方圆500米范围内，约有700户居民。该厂用于生产经营的氨制冷设备设施老旧，缺乏液氨安全防范措施，主要表现为该厂周边防护距离不符合《氨制冷企业安全规范》（AQ7015—2018）规定，其中，氨机房距离周边民居住宅区约6m，储氨桶距离居民住宅不足5m。某水产厂在具有整改经济能力的情况下，自2019年5月至2021年6月间，拒不执行高邮应急局要求立即整改的数次行政决定、行政处罚。2021年10月22日，高邮应急局委托专业机构评估认定：某水产厂氨制冷设备设施构成四级危险化学品重大危险源，存在可能发生氨泄漏导致中毒、火灾、爆炸等人员伤亡或重大社会影响事故的重大事故隐患。

2021年11月1日，扬州市院认为，某水产厂拒不整改重大事故隐患的行为既违反了安全生产法律法规，又放任重大事故隐患持续危害人民群众生命和财产安全，损害社会公共利益；本案行政机关通过数次行政执法难以及时有效防范和消除上述侵害危险；鉴于案情重大，决定由扬州市院提办。11月23日，扬州市院向某水产厂现场送达检察建议，建议其立即系统规范治理隐患；并告知拒不整改的涉诉风险。其间，检察机关先后6次通过走访、询问、磋商、圆桌会议等方式，推动某水产厂负责人转变拒不整改的思想认识。至2021年底，该厂仍未开展实质性整改。

【诉讼过程】

2022年1月4日，扬州市院向扬州市中级人民法院（以下简称扬州中院）提起民事公益诉讼，诉请判令该厂立即依法治理隐患，彻底消除安全危险，并向社会公众公开赔礼道歉。

该案审理期间，某水产厂对扬州市院提交的所有证据均无异议，表示愿意立即整改，主动申请调解，并提交了载冷剂制冷工程改造合同、压力管道设计项目图纸、新制冷设备产品供销合同、技改工程进度安排等整改材料。2022年3月17日，扬州市院会同扬州中院实地查看，确认某水产厂已经着手整改的事实，与该厂初步形成调解共识。2022年4月24日，经扬州中院主持调解，扬州市院与某水产厂达成由该厂在2022年5月底前整改消除重大事故隐患安全危险并向社会公众赔礼道歉的调解协议。市中院将调解协议书面征求扬州市应急管理局意见，并依法公告，未收到任何异议；该院经审查认为，调解协议不违反法律规定，未损害社会公共利益，于2022年6月16日出具民事调解书予以确认。

调解协议达成后，检察机关持续督促高邮应急局、高邮市高邮镇人民政府跟进协议履行情况，至2022年5月，某水产厂投入200多万元资金，将原液氨制冷系统技改为安全稳定的卤代烃及其混合物（氟利昂R507A）制冷系统。5月23日，经委托专业机构再次评估，认定某水产厂重大生产安全隐患已消除。5月30日，经3名安全生产专家书面及现场核查，一致认为之前的液氨重大危险源物质已安全处置，重大生产安全事故隐患已消除。2022年6月2日，某水产厂在正义网公告致歉声明，公开赔礼道歉。

【典型意义】

针对长期存在安全隐患又拒不整改的企业，检察机关应当准确把握民事公益诉讼立案、起诉及结案的条件和标准。本案中，涉案企业经安全评价机构出具的《评估报告》，认定存在重大事故隐患，但在具备整改经济能力的情况下，拒不履行行政机关立即整改的行政决定、行政处罚等法定义务，持续超过2年时间，具有导致重大伤亡事故或者其他严重后果的现实危险，危害人民群众生命财产安全，且依靠行政决定非诉强制执行难以及时有效消除安全隐患的现实危险性。据此，检察机关可以对涉案企业提起安全生产民事公益诉讼，诉请判令消除危险及赔礼道歉；在被告自愿整改的前提下，同意案件调解结案，并监督被告采用技术改造消除重大事故隐患。

十三、其他涉公益诉讼典型案例

杨某某、金某某销售假药案

（入选2022年3月4日检察机关依法惩治危害药品安全犯罪典型案例）

【关键词】

销售假药罪　主观明知　公益诉讼　普法宣传

【基本案情】

2019年初至2020年1月，被告人杨某某为牟取非法利益，在不具备药品经营资质的情况下，以明显低于市场价的价格从非正规渠道购入处方药“波利维”硫酸氢氯吡格雷片、“立普妥”阿托伐他汀钙片，并通过网络渠道加价对外出售至上海、湖北、山东等全国多地。其间，被告人金某某明知上述药品来源不明，可能系假药的情况，仍利用身为快递员的从业优势，帮助被告人杨某某从事药品打包、收发、寄送等工作，并从中额外获利。2020年1月8日，被告人杨某某、金某某被民警抓获，民警从被告人金某某处查获尚未寄出的“波利维”硫酸氢氯吡格雷片225盒、“立普妥”阿托伐他汀钙片382盒。

经上海市食品药品检验所检验，涉案“波利维”硫酸氢氯吡格雷片未检出硫酸氢氯吡格雷成分，涉案“立普妥”阿托伐他汀钙片未检出阿托伐他汀钙成分。经上海市崇明区市场监督管理局认定，上述涉案产品均存在药品所含成分与国家药品规定的成分不符的情况，依照《中华人民共和国药品管理法》第九十八条之规定，应认定为假药。

【诉讼经过】

2020年5月9日，上海铁路运输检察院以被告人杨某某、金某某犯销售假药罪提起公诉。2020年5月27日，上海铁路运输法院作出一审判决，被告人杨某某犯销售假药罪被判处有期徒刑二年，并处罚金人民币四千元；被告人金某某犯销售假药罪被判处拘役四个月，缓刑四个月，并处罚金人民币四千元。判决宣告后，二名被告人均未上诉，判决已生效。

【典型意义】

1. 准确适用法律，有效揭示涉案假药的社会危害性。“波利维”硫酸氢氯吡格雷片主要用于预防和治疗急性心肌梗死，“立普妥”阿托伐他汀钙片用于预防和治疗高胆固醇血症、冠心病等病症，均需在医生指导下使用。但本案涉案药品经检验均未检出相关药品成分，属药品所含成分与国家药品规定的成分不符情形，检察机关按照修订后药品管理法关于假药的规定，认定涉案药品系假药。被告人杨某某通过网络渠道将假药销往全国多地，社会危害严重。为进一步揭示涉案假药的实质危害性，检察机关邀请医学专家出具专家意见，进一步阐明涉案假药具有贻误患者病情，甚至危及患者生命安全的严重危害性。

2. 严格把握证明标准，依法全面惩治假药犯罪。针对快递人员金某某的主观明知认定问题，检察机关并未仅仅按照相关供述认定，而是结合金某某长期运送涉案假药，已与杨某某形成密切合作关系，明知杨某某长期使用假身份，获利远高于正常快递工作所得等情形，综合认定其明知杨某某销售假药。金某某作为快递从业人员，在明知杨某某销售假药的情况下，利用其自身从业优势，帮助杨某某打包、收发、寄送假药，构成销售假药罪共犯，应依法追究刑事责任。

3. 联动公益诉讼，全方位维护消费者合法权益。在办理刑事案件的同时，检察机关围绕案件公益诉讼线索开展调查核实，认定被告人金某某所在的快递公司在收件验视制度及执行寄递违禁物品规定方面存在违法行为，邮政管理部门应对涉案快递公司进行行政处罚，存在未依法履职的情形。检察机关充分运用行政公益诉讼诉前监督手段，推动行政机关履行对药品运输的监管职责，促进物流企业落实实名收寄管理制度、履行验视寄递物品责任，从源头上遏制违法犯罪行为。

4. 启动普法宣传，延伸司法办案的预防效果。为进一步扩大办案效果，实现司法办案与普法宣传的有机统一，检察机关以本案为依托，制作普法宣传短片，进一步向广大消费者揭示假药的危害，并警示消费者切勿因贪图低价而选择非正规渠道购药，进而贻误病情。

吴某等人生产、销售伪劣产品案

（入选 2022 年 3 月 4 日检察机关依法惩治危害药品安全犯罪典型案例）

【关键词】

生产、销售伪劣产品罪　劣药认定　刑事附带民事公益诉讼　惩罚性赔偿

【基本案情】

2018 年 8 月底，被告人吴某利用担任 Z 药业公司药品研发中心检验五室副主任的职务便利，截留实验室送检检材盐酸安罗替尼原料药，向公司同事索要药品处方、原料药和印有商标的胶囊壳，网购辅料药，仿造商标标识，擅自生产该公司抗癌专利药盐酸安罗替尼胶囊对外销售。后被告人吴某配制 8mg 和 4mg 含量的盐酸安罗替尼胶囊假冒 12mg 含量进行销售，共计销售 422 瓶，销售金额 82 万余元。被告人吴某洁作为吴某女友，明知其私自配制药品，仍帮助吴某网购制药用品，联系快递发货，提供其个人及亲属微信收款码收取、保管销售款，参与销售金额 44 万余元。2019 年 3 月 27 日，公安机关从吴某处查扣涉案药品 31 瓶。经江苏省连云港市食品药品检验检测中心检验，药品含量均匀度及盐酸安罗替尼含量不符合标准规定，连云港市市场监督管理局认定该药品为劣药。

【诉讼经过】

2019 年 12 月 26 日，江苏省连云港市海州区人民检察院以生产、销售伪劣产品罪对被告人吴某、吴某洁提起公诉；基于涉案药品侵害了不特定消费者的知情权、健康权等合法权益，一并对吴某、吴某洁提起刑事附带民事公益诉讼。2020 年 11 月 26 日，海州区人民法院作出一审判决，以生产、销售伪劣产品罪，分别判处被告人吴某有期徒刑八年，并处罚金

人民币四十二万元；被告人吴某洁有期徒刑三年，缓刑五年，并处罚金人民币二十三万元。被告人吴某交付赔偿款人民币229万余元，被告人吴某洁对132万余元承担连带责任；被告人吴某、吴某洁在国家级媒体向社会公众公开赔礼道歉。被告人吴某提出上诉后，连云港市中级人民法院二审裁定，驳回上诉，维持原判，判决已生效。

【典型意义】

1. 依法严厉打击制售伪劣药品犯罪，维护人民群众用药安全。检察机关认真落实食品药品安全"四个最严"要求，对药品犯罪依法从严打击。本案中，办理药品类犯罪案件的刑事检察部门积极对接公益诉讼检察部门，提起刑事附带民事公益诉讼，要求责任主体承担三倍惩罚性赔偿金，并在国家级媒体向社会公众公开赔礼道歉，加大违法成本，实现有效震慑。同时，向社会公开传递对危害药品安全犯罪行为实施"最严厉惩罚"的信号，引导从业者敬畏法律，不得逾越药品安全的底线。

2. 强化药品实质功效判断，对制售伪劣药品行为准确适用法律。2019年药品管理法对劣药的范围进行了调整，删除了按劣药论处的情形，强调实质功效判断。检察机关在审查药品性质时可依据检验机构的检验报告、行政部门的认定意见，实质审查认定劣药。对于生产、销售伪劣药品行为的定罪量刑，应结合涉案药品的性质和案件后果进行全面评价。对于涉案药品经检验相关成分含量不符合药品标准被认定为劣药的，应同时审查有无对人体健康造成严重危害的证据。生产、销售劣药没有对人体健康造成严重危害，不构成生产、销售劣药罪，但如果销售金额五万元以上的，应当按照刑法第一百四十九条的规定，以生产、销售伪劣产品罪定罪处罚。

3. 坚持打击与保护并重，助力高新企业堵塞知识产权保护管理漏洞。假药、劣药等伪劣产品的生产、销售，不仅危害广大患者的生命健康权和知情权，同时还因低价倾销、功效降低等问题侵害专利药研发企业经济效益与社会声誉，不利于行业的技术创新和良好发展。本案中，检察机关在打击生产、销售伪劣产品犯罪的同时，针对涉案企业经营管理中暴露出的知识产权保护、现代化管理体制问题和漏洞，制发《检察建议书》《法律风险提示函》，帮助企业建章立制、长效运行，提升企业知识产权保护水平和经营管理能力现代化，切实维护企业合法权益。

徐某等6人侵犯公民个人信息案
——行业“内鬼”利用非法获取的公民个人信息激活手机“白卡”用于电信网络诈骗犯罪
（入选2022年4月21日检察机关打击治理电信网络诈骗及关联犯罪典型案例）

【关键词】

侵犯公民个人信息罪　手机卡　刑事附带民事公益诉讼

【要　旨】

公民个人信息是犯罪分子实施电信网络诈骗犯罪的“基础物料”。特别是行业“内鬼”非法提供个人信息，危害尤为严重。对于侵犯公民个人信息的行为，检察机关坚持源头治理全链条打击。注重发挥刑事检察和公益诉讼检察双向合力，加强对公民个人信息的全面司法保护。

【基本案情】

被告人徐某，系浙江杭州某科技公司负责人；

被告人郑某，系浙江诸暨某通信营业网点代理商；

被告人马某辉，无固定职业；

被告人时某华，系江苏某人力资源公司员工；

被告人耿某军，系江苏某劳务公司员工；

被告人赵某，系上海某劳务公司员工。

2019年12月，被告人徐某、郑某合谋在杭州市、湖州市、诸暨市等地非法从事手机卡“养卡”活动。即先由郑某利用担任手机卡代理商的便利，申领未实名验证的手机卡（又称“白卡”）；再以每张卡人民币35元至40元的价格交由职业开卡人马某辉；马某辉通过在江苏省的劳务公司员工时某华、耿某军等人，以办理“健康码”、核实健康信息等为由，非法采集劳务公司务工人员身份证信息及人脸识别信息，对“白卡”进行注册和实名认证。为规避通信公司对外省开卡的限制，时某华、耿某军利用郑某工号和密码登录内部业务软件，将手机卡开卡位置修改为浙江省。此外，马某辉还单独从赵某处购买公民个人信息400余条用于激活“白卡”。

经查，上述人员利用非法获取的公民个人信息办理手机卡共计3500余张。其中，被告人徐某、郑某、马某辉非法获利共计人民币147705元，被告人时某华、耿某军非法获利共计人民币59700元，被告人赵某非法获利共计人民币7220元。上述办理的手机卡中，有55张卡被用于电信网络诈骗犯罪，涉及68起诈骗案件犯罪数额共计人民币284万余元。

【检察履职过程】

本案由浙江省杭州市公安局钱塘新区分局（现为杭州市公安局钱塘分局）立案侦查。2020年12月10日，杭州市经济技术开发区人民检察院（现为杭州市钱塘区人民检察院）介入案件侦查。2021年2月4日，公安机关以徐某等6人涉嫌侵犯公民个人信息罪移送起诉。刑事检察部门在审查过程中发现，被告人利用工作便利，非法获取公民个人信息注册手机卡，侵犯了不特定公民的隐私权，损害了社会公共利益，将案件线索同步移送本院公益诉讼检察部门。公益诉讼检察部门以刑事附带民事公益诉讼立案后，开展了相关调查核实工作。

2021年11月30日、12月1日，检察机关以徐某等6人涉嫌侵犯公民个人信息罪提起公诉，同时提起刑事附带民事公益诉讼。同年12月31日，杭州市钱塘区人民法院以侵犯公民个人信息罪对徐某等6名被告人判处有期徒刑三年至七个月不等，并处罚金人民币九万元至一万元不等。同时，判决被告人徐某等6人连带赔偿人民币14万余元，并在国家级新闻媒体上进行公开赔礼道歉。被告人未上诉，判决已生效。

针对通信公司网点人员“养卡”的问题，检察机关与有关通信公司座谈，建议加强开卡和用卡环节内部监管，切断电信网络诈骗犯罪黑产链条。针对不法分子通过“地推”（“地推”是指通过实地宣传进行市场营销推广人员的简称。）获取大学生、老年人、务工人员等群体个人信息的情况，检察人员在辖区大学城、社区、园区企业开展普法宣传，通过以案释法，提升民众的防范意识和能力。

【典型意义】

1. 公民个人信息成为电信网络诈骗犯罪的基础工具，对于侵犯公民个人信息的行为，坚持源头治理全链条打击。当前，非法泄露公民个人信息已成为大多数电信网络诈骗犯罪的源头行为。有的犯罪分子把非法获取的公民个人信息用于注册手机卡、银行卡作为实施诈骗的基础工具；有的利用这些信息对被害人进行“画像”实施精准诈骗。检察机关要把惩治侵犯公民个人信息作为打击治理的重点任务，既要通过查办电信网络诈骗犯罪，追溯前端公民个人信息泄露的渠道和人员；又要通过查办侵犯公民个人信息犯罪，深挖关联的诈骗等犯罪线索，实现全链条打击。特别是对于行业“内鬼”泄露公民个人信息的，要坚持依法从严追诉，从重提出量刑建议，加大罚金刑力度，提高犯罪成本。

2. 发挥刑事检察和公益诉讼检察双向合力，加强对公民个人信息的全面司法保护。加强公民个人信息司法保护，是检察机关的重要职责。个人信息保护法明确授权检察机关可以提起这一领域的公益诉讼。检察机关刑事检察和公益诉讼检察部门要加强协作配合，强化信息互通、资源共享、线索移送、人员协作和办案联动，形成办案双向合力，切实加强对公民个人信息的全面司法保护。

上海市闵行区人民检察院邀请人民监督员监督公益诉讼办案活动

——以新领域、新方式、新效果提升监督质效

（入选 2022 年 5 月 22 日人民监督员监督检察办案活动典型案例）

【关键词】

公益诉讼　盲道治理　检察建议　持续跟进监督

【基本案情】

自 2021 年 3 月起，上海市闵行区人民检察院在对本区盲道进行公益诉讼线索摸排中发现，莘庄地铁站南出口处的盲道存在若干问题：一是地铁站南出口西侧人行道靠近尽头处的非机动车停放点通过划线占用了部分盲道；二是部分路段的盲道磨损严重，凸起的纹路几乎磨损殆尽，盲道设施养护不到位；三是部分路面在终点处未设提示性盲道（带触感圆点），设计不规范。以上问题危及盲人群体出行安全，存在安全隐患。在多次进行现场勘查并与相关职能部门沟通后，闵行区人民检察院启动公益诉讼立案调查程序，并三次邀请人民监督员监督检察公益诉讼办案活动，合力推动盲道治理。

【接受人民监督员监督情况】

2021 年 9 月 3 日，上海市闵行区人民检察院以座谈会的形式，由公益诉讼检察官向人民监督员全面通报公益诉讼检察工作整体开展情况，介绍本案的前期办理情况、监督难点等，认真听取人民监督员的意见建议，明确了下一阶段的工作思路和措施。

参与监督活动的两名人民监督员分别建议：一是案件承办人要寻找更

多切入点，协调好各相关部门，同时对盲道整治后的维护做到长效长治。二是盲道建设容易，维护起来成本很高，要找到经济便捷的管理方式。建议联系街道的助残员，如有发现盲道设施被侵占或损害的，及时通知区检察院，加强后续管理维护。

承办检察官充分听取了人民监督员的意见建议，深入交流互动，并将人民监督员的“金点子”纳入后续监督工作中来。9 月 25 日，闵行区人民检察院再次邀请上述两名人民监督员参与监督办案活动。此次监督活动由承办检察官带领人民监督员与相关职能部门一同走访现场，实地了解盲道被侵占现状。承办检察官、职能部门工作人员分别立足各自职能说明履职问题难点，人民监督员结合自身专业知识和工作背景，提出有针对性的意见建议。人民监督员建议检察机关要“进一步对基层部门的诉求进行核实，记录各部门意见，融会贯通，争取在社会各部门参与的层面上，合力将问题解决”；同时也提出检察机关“要督查共享单车公司合规停车，且在 APP 应用提示停车地（APP 地图上设置禁停区）”的建议。以上建言拓宽了承办检察官的办案思路，补强了相关领域的知识短板。

现场实地走访后，人民监督员对监督事项有了更直观和深入的了解。为进一步深化接受监督质效，11 月 24 日，闵行区人民检察院第三次邀请人民监督员，就拟向相关职能部门制发检察建议的必要性、可行性充分听取意见建议。闵行区人民检察院认为，辖区部分盲道设计不规范、磨损严重以及长期被非机动车占用，影响视障群体通行便利，可能危及出行安全，损害了社会公共利益。两名人民监督员高度认同。12 月 6 日，闵行区人民检察院依法履行公益监督职责，先后向辖区交通委、公安机关及属地镇政府发出行政公益诉讼诉前《检察建议书》，督促相关单位切实履行盲道设施管养职责，加大执法力度，保障盲道通畅。在收到《检察建议书》后，相关单位高度重视，成立盲道专项整治领导小组，迅速开展专项整改，落实盲道布局改进方案、修缮损坏路段、配强执法人员等。在多方共同努力下，该区莘庄地铁站南出口处的部分盲道路段已修复完毕。

在取得阶段性成果后，2022 年 1 月，闵行区人民检察院向人民监督员通报上述整改修缮情况。人民监督员表示，“在这场‘盲道保卫战’中，每个人都应该是守卫者，闵行区人民检察院认真听取建议并积极履职，成效显著”，“督促落实多个部门做好盲道管养工作，很不容易；检察建议中提出的对策建议针对性强，效果也好”。下一步，闵行区人民检察院将继续立足公益诉讼检察职能，持续跟进监督，再次邀请人民监督员对盲道修缮整改情况“回头看”，确保检察建议落实到位，让障碍变“坦途”，不要让盲道成为“盲区”。

【典型意义】

一是邀请人民监督员实地走访现场，让办案思路更开阔。《中共中央关于加强新时代检察机关法律监督工作的意见》指出，要“完善人民监督员制度，拓宽群众有序参与和监督司法的渠道”。在公益诉讼办案活动中，如果仅仅靠公益诉讼检察官“闭门办案”、单打独斗，可能会因为思维受限、知识储备不足等原因，在查找问题和对策精准性上有所欠缺，办案质效也由此受限。本案中，人民监督员分别从信息技术、管理机制上提出解决办法。闵行区人民检察院主动将接受监督场景从会场向现场延伸，从院内向院外拓展，让人民群众更全面、真实地了解检察机关履职过程、办案情况，通过在办案中主动接受监督、拓宽接受监督新场景，既向人民监督员真实、生动地呈现案件全貌，又促进公益诉讼检察官以人民群众视角看问题、找原因、想对策，为检察机关提供更多的办案思路。

二是探索抽选专家型人民监督员，让监督意见更专业。最高人民检察院会同司法部修订了《人民监督员选任管理办法》（以下简称《办法》），于 2022 年 1 月 1 日正式施行。《办法》第二十条规定：根据办案活动需要，可以在具有特定专业背景的人民监督员中随机抽选。本案涉及市政建设管理等领域的专业知识，闵行区人民检察院在协调司法行政机关抽选人民监督员时因“案”制宜，抽选从事市政管理工作的人民监督员参与监督该起案件。闵行区人民检察院充分发挥人民监督员职业多元化的特点，在申请接受监督时，设置“判断出办案所需相关领域的专业知识——申请相关领域的人民监督员监督”的识别环节，让参与监督的人民监督员与被监督的事项“专业对口”，形成“法律内行＋相关领域内行”的人员配置，切实发挥好人民监督员专业知识领域的效用。这让公益诉讼检察官的监督更有“智慧”和底气，法律监督效果更具刚性。

三是人民监督员和检察机关合力助推公益，让市域治理更现代化。公益诉讼是国家治理体系的一部分，推动公益诉讼工作的现代化，是国家治理体系和治理能力现代化的应有之义。在公益诉讼中引入人民群众参与，让“大家的事情，大家一起商量着办”，这既协调各方利益画出最大“同心圆”，同时也凝聚各方智慧提升工作的科学化水平，是公益诉讼自身工作方式现代化的路径之一。本案中，闵行区人民检察院以盲道管养难题公益诉讼为切入点，找准了人民群众“急难愁盼”，在职能部门之间、职能部门与社会公众之间搭建起更加广泛的对话平台，形成多方共商、共建的工作新格局。一方面，有力推动法治社会建设，通过主动邀请人民群众监督，保障公众享有宪法和法律赋予的知情权、参与权、监督权，拓宽检察机关参与法治社会建设的路径；另一方面，有力推动法治国家和法治政府建设，通过将人民监督员的意见建议融入检察机关日常履职全过程，进一步提升检察监督办案质效，服务保障经济社会高质量发展，促进提升国家治理体系和治理能力现代化。

黑龙江省人民检察院农垦分院督促农业农村部门依法履行休耕补贴资金保护职责案

（入选 2022 年 5 月 24 日检察机关依法保护黑土地典型案例）

【关键词】

黑土地保护　休耕补贴资金监管　诉前磋商　推动地方立法完善

【基本案情】

黑龙江垦区是东北黑土地核心区域和重要的商品粮基地，在保障国家粮食安全中发挥着重要作用。由于长期过度开发利用、高强度种植单一作物和保护性耕作措施缺失等原因，近年来黑土地出现了不同程度退化问题。2016 年以来，黑龙江垦区探索实行耕地轮作休耕制度试点。轮作休耕的目的是优化种植结构，实现用养结合，防止地力过度消耗，让黑土地休养生息、恢复元气，促进农业可持续发展。为有序推进耕地轮作休耕，中央财政主要采取直接发放现金或折粮实物补助的方式，将补贴资金落实到县乡、兑现到农户。

2018 年 3 月，土地承包人张某与黑龙江省原农垦牡丹江管理局下属的某国营农场签订 600 亩耕地休耕协议，约定：休耕时限为 2018 年 3 月 25 日至 2020 年 10 月 25 日。休耕期间承包人除按规定要求可以种植用以培肥土壤的绿肥作物外，不得私自种植其他任何作物。若私自种植其他作物，不予发放休耕补贴。2018 年 11 月，某国营农场在明知该土地未按政策休耕的情况下，仍一次性向承包人张某违规发放休耕补贴资金人民币 30 万元。2019 年 6 月，根据《中共中央、国务院关于进一步推进农垦改革发展的意见》精神，黑龙江省农垦总局启动集团化改革，黑龙江省原农垦牡丹江管理局改制为某农垦集团有限公司牡丹江分公司（以下简称农垦牡丹江分公司），农垦系统承担的行政权力事项及其他行政职能移交属地政府。截至2021年，虎林市农业农村局作为职能承接单位一直未向张某追缴休耕补贴款。

【检察机关履职过程】

1.立案调查。2021年5月，黑龙江省人民检察院农垦分院（以下简称农垦分院）在部署开展黑土地公益保护法律监督专项工作中，发现案涉土地承包人存在未实际休耕而违规领取休耕补贴款的情况。同年6月10日，经请示黑龙江省人民检察院指定管辖，农垦分院迅速立案调查，通过卫星遥感、现场勘查、调阅资料、走访询问、座谈交流等多种方式，对问题线索逐一进行核实，查明某国营农场明知案涉耕地处于复种状态，不符合休耕补贴款发放标准，仍违规发放休耕补贴款人民币30万元，造成国有财产损失。根据《中华人民共和国土地管理法》，原农业部、财政部《关于做好2018年耕地轮作休耕制度试点工作的通知》和《黑龙江省农业资源及生态保护补助资金管理实施细则》等规定，农业农村主管部门负有对休耕补贴资金审核、发放以及追缴的职责。

2.诉前磋商。2021年6月24日，农垦分院就休耕补贴资金监管职责、黑土地休耕政策落实等问题召开公开听证会，邀请虎林市农业农村局、农垦牡丹江分公司、某国营农场、黑龙江省人大代表、人民监督员和法学专家等参加。经听证，明确了黑龙江省原农垦牡丹江管理局及其下属的某国营农场未尽到监管职责，造成国有财产流失，虎林市农业农村局作为行政职能承接单位，对某国营农场违规发放的休耕补贴款负有依法追缴的职责。会后，农垦分院与虎林市农业农村局、农垦牡丹江分公司、某国营农场召开行政公益诉讼诉前磋商会议，相关负责人员对违规发放休耕补贴款的事实予以确认，表示将依法追缴违规发放资金，认真落实监管责任。

3.督促履职和移送线索。2021年6月25日，在农垦分院督促下，虎林市农业农村局通知承包人张某退还了休耕补贴款人民币30万元。检察机关将违规发放补贴的问题线索移送纪检监察机关处理，相关责任人员因在休耕补贴资金发放过程中审核把关不严，未认真履行职责，违反工作纪律，受到党内严重警告处分。

4.推动地方立法完善。为推动黑土地保护利用法治化、规范化，检察机关结合案件办理，向相关地方立法牵头起草单位提出“将黑土地轮作休耕制度和专项补贴资金保护纳入检察公益诉讼”的建议。2021 年 12 月 23 日，黑龙江省第十三届人大常委会第二十九次会议审议通过《黑龙江省黑土地保护利用条例》，明确了轮作休耕等多项保护措施，并规定“对黑土地保护和利用负有监督管理职责的行政机关违法行使职权或者不作为，致使国家利益或者社会公共利益受到侵害的，人民检察院应当向行政机关提出检察建议，督促其依法履行职责。行政机关不依法履行职责的，人民检察院可以依法提起诉讼”。

【典型意义】

1. 督促行政机关履行休耕补贴资金监管职责，确保耕地轮作休耕政策落到实处。实行耕地轮作休耕制度，是党中央着眼于生态文明建设和粮食生产安全作出的重大决策部署，对于提高土壤有机质含量、提升地力，实现用养结合具有重要意义。近年来，国家出台一系列惠农政策，不断加大对东北黑土地保护利用的支持力度，推进东北黑土区轮作休耕制度化常态化实施。检察机关在环境资源和国有财产保护领域公益诉讼检察工作中，要把轮作休耕制度落实情况与相关政策性补贴、补助和专项资金保护作为切入点和着力点，通过诉前磋商、检察建议等方式督促行政机关依法履行监管职责，增强行政机关依法行政的主动性、积极性，保障“真休耕、真补贴”，为促进黑土地资源永续利用和农业可持续发展凝聚公益保护合力。

2. 积极通过诉前磋商实现公益保护最佳司法状态。《人民检察院公益诉讼办案规则》第七十条明确规定了行政公益诉讼诉前磋商程序，对及时督促行政机关依法履职，实现双赢多赢共赢具有积极意义。针对黑土地轮作休耕监督核查、专项补贴资金发放环节存在的职能衔接不畅、行政监管盲区等问题，检察机关可以运用“公开听证 + 圆桌磋商”相结合的工作模式，通过诉前磋商程序，督促行政机关自我纠错，及时纠正违法行为，挽回国有财产损失，有效维护国家利益和社会公共利益。

3. 以能动检察履职助推法治建设，推动轮作休耕、公益诉讼纳入黑土地保护地方性法规。将黑土地保护利用纳入法治化轨道，是贯彻落实习近平总书记关于黑土地保护重要指示精神的具体举措，是保障国家粮食安全的现实需求。检察机关在办理公益诉讼案件过程中，不仅要善于发现监管中存在的盲区和空白，有针对性地提出改进建议，更要推动相关问题从“末端”治理向“前端”预防延伸，以能动履职助推系统治理、依法治理、综合治理和源头治理。要在遵循顶层设计的前提下，充分发挥基层的首创精神和“试验田”作用，推动完善地方性法规，进一步细化《中华人民共和国民事诉讼法》《中华人民共和国行政诉讼法》规定的生态环境和资源保护领域公益诉讼适用范围，充分发挥检察公益诉讼制度保护黑土地资源的重要作用，逐步形成行之有效的经验，为国家层面立法提供实践依据，促进国家治理体系和治理能力现代化。

【相关规定】

《中华人民共和国土地管理法》（2019 年 8 月 26 日修改）第三十六条

《中华人民共和国行政诉讼法》（2017 年 6 月 27 日修改）第二十五条第四款

《人民检察院公益诉讼办案规则》（2021 年 7 月 1 日施行）第七十条

《黑龙江省黑土地保护利用条例》（2022 年 3 月 1 日施行）第六十一条

吉林省松原市检察机关督促农业农村部门、林草部门等依法履行防治外来入侵物种职责案

（入选2022年5月24日检察机关依法保护黑土地典型案例）

【关键词】

黑土地保护　生物多样性保护　外来入侵物种防治　一体化办案

【基本案情】

吉林省位于我国东北黑土区腹地，全省90%以上的耕地为黑土地。松原市地处吉林省中西部，坐落在科尔沁草原与松嫩平原交汇带，是国家大型商品粮基地和油料基地。

2020年7月，吉林省乾安县人民检察院在常态化开展生态环境保护“回头看”工作中，发现一种原生于北美洲的有毒植物黄花刺茄在当地大量生长蔓延。黄花刺茄又名刺萼龙葵，是一种高度危险的检疫性有害植物，具有极强的环境适应能力和繁殖能力，可抑制本土植物、农作物的生长，造成土壤干旱贫瘠，破坏生态平衡，被原环保部列入第四批外来入侵物种名单。鉴于黄花刺茄入侵我国东北黑土区腹地的严峻性和复杂性，乾安县人民检察院立即将有关情况报告上级人民检察院。松原市人民检察院经研判，认为如果不及时对外来入侵物种进行清除，将对当地农业生产和生态环境造成严重危害，遂决定立案调查，并在全市范围开展“治理黄花刺茄”黑土地保护专项行动。经排查，乾安县发现黄花刺茄面积6829亩；前郭县查干花镇、乌兰傲都乡等多处草原、农田附近发现黄花刺茄，面积达22311亩；其他地区也有零散分布，全市共发现黄花刺茄总面积29000余亩。

【检察机关履职过程】

1. 调查核实。针对在乾安县黑土区发现的外来物种入侵线索，松原市人民检察院迅速成立办案组，统一调用辖区内各基层院检察人员开展实地勘查工作，运用无人机航拍，快速查明黄花刺茄入侵的黑土地范围。鉴于该物种分布面积大、送检距离远、检验时间紧等实际困难，检察机关采取多处采样、一地集合、统一送检的方式，顺利完成了外来入侵物种鉴定工作。同时，松原市人民检察院积极协调相关县区行政机关和乡镇人民政府主要负责人，共商防治黄花刺茄入侵、保护黑土地工作方案。

2. 公开听证。因外来入侵物种防治工作涉及多地区、多部门，为明确各自职责，确保防治效果，2020 年 7 月，检察机关召开公开听证会，邀请人大代表、政协委员、人民监督员、林草部门、农业农村部门和乡镇政府主要负责人等参加。听证会明确了监管责任部门和防治方案，检察机关的监督意见得到与会各方的一致支持。

3. 制发诉前检察建议。检察机关依法向有关农业农村部门、林草部门制发诉前检察建议，提出：一是对重点区域采取有效处置措施，并及时做好风险防控和排查，防止黄花刺茄进一步扩散蔓延；二是建立健全辖区内外来入侵物种的监测预警、调查报告工作机制。在松原市人民检察院指导下，相关基层检察院分别向同级政府发出“风险提示函”，告知县域内黄花刺茄蔓延的潜在风险，建议抓住“最佳铲除时期”，将外来入侵物种防治工作向前端延伸。

相关行政机关对检察建议高度重视，召开专题部署会，研究制定了清除黄花刺茄工作方案，在乡镇政府及有关部门的共同努力下，对市域内发现的 29000 余亩黄花刺茄进行了清除。

4. 跟进监督。鉴于黄花刺茄种子具有长期休眠潜伏的习性，2021 年 5 月，松原市人民检察院开展黄花刺茄防治“回头看”，持续推动本辖区开展外来入侵物种防控工作，通过机械清理、人工铲除、晾晒后焚烧深埋等方式，对 13 个乡镇发现的 8420 亩黄花刺茄进行清理，播撒草籽 2100 亩，最大限度地促进生态环境有效修复。在该案带动下，长春市人民检察院林区分院、白城市人民检察院等相继开展黑土地专项保护和黄花刺茄、豚草等外来入侵物种集中排查清理行动，外来入侵物种扩散趋势和入侵风险得到有效遏制。

【典型意义】

1.立足公益诉讼检察职能，防治黑土地外来入侵物种，确保生态环境安全。保护黑土地生物多样性是黑土地生态环境保护的重要方面。督促有关部门落实《中华人民共和国生物安全法》规定，依法履行外来入侵物种防治管理职责，是生态环境和资源保护公益诉讼检察的重要领域。检察机关要积极践行预防性公益诉讼办案理念，通过公开听证、检察建议等，督促、推动行政机关依法履行生物安全风险防控、应急处置和宣传教育等职责，有针对性地开展外来入侵物种的调查、监测、预警、治理以及生态修复等工作，推动跨区域生态环境保护联动治理。对于在履职过程中发现违反国家规定，非法引进、释放或者丢弃外来入侵物种的犯罪线索，依法移送公安机关立案侦查，共同抓好生物多样性和黑土地资源保护。

2.整合司法办案资源，汇聚公益保护合力，实现双赢多赢共赢。针对外来入侵物种繁殖能力强、传播速度快以及跨地域蔓延的特点，发现外来入侵物种的检察机关要切实当好“吹哨人”，及时将有关情况报告上级检察机关。上级检察机关要充分发挥一体化办案机制优势，推动形成上下联动发力的“一盘棋”格局，强化案件线索统一管理、办案策略统一研判、办案力量统一调配、案件信息统一发布，统筹部署开展调查核实和取证、鉴定等工作。办案检察机关可以积极探索向地方政府及其所属部门发出以保护公益为目的的“风险提示函”，确保相关部门及时作出反应。上级检察机关要加强对下级检察机关制发检察建议工作的指导，持续跟进监督行政机关回复落实情况，确保跨地域生态环境和资源保护领域公益诉讼案件办理取得实效。

【相关规定】

《中华人民共和国生物安全法》（2021年4月15日施行）第十三条

《中华人民共和国行政诉讼法》（2017年6月27日修改）第二十五条第四款

《人民检察院公益诉讼办案规则》（2021年7月1日施行）第十一条、第四十四条

《吉林省生态环境保护条例》（2021年1月1日施行）第三十二条

《吉林省黑土地保护条例》（2018年7月1日施行）第四十九条

内蒙古自治区呼伦贝尔市人民检察院督促地方政府依法履行湿地保护职责案

（入选 2022 年 5 月 24 日检察机关依法保护黑土地典型案例）

【关键词】

黑土地保护　湿地保护　违规建坝　诉前检察建议

【基本案情】

内蒙古自治区东北部是我国黑土区的重要组成部分。新巴尔虎左旗罕达盖苏木湿地位于大兴安岭森林与呼伦贝尔草原交界的黑土过渡带，是当地牧民的重要牧场和众多野生动物的栖息地。湿地作为珍贵的自然资源和重要的生态系统，有“地球之肾”和“生物基因库”的美誉，具有涵养水土资源、蓄洪防旱、净化环境、调节气候、保持生物多样性、防治土壤沙化等综合功能，对于防止黑土地“变薄、变瘦、变硬、变污”发挥着重要作用。

2020 年 4 月，呼伦贝尔市人民检察院在办理某生态农业公司涉嫌非法占用农用地刑事案件过程中，发现该公司未经行政主管部门审批，非法占用大量退耕还林地、天然和人工牧草场、沼泽湿地等，先后在湿地上违规修建多处水坝用于灌溉，当地政府及职能部门可能存在怠于履行监督管理职责的情形，致使国家利益和社会公共利益长期受到侵害。

【检察机关履职过程】

1. 调查核实。发现违规建坝截断湿地水源的公益损害案件线索后，呼伦贝尔市人民检察院邀请公安机关、水利部门工作人员和生态环境方面的有关专家等联合开展现场勘查，研究论证水坝对周边生态环境的影响。为掌握违建水坝截断湿地水源的全貌，承办检察官运用无人机从不同高度、多个视角对现场重点区域进行航拍、测量并形成《初步调查报告》，认为 9 处违建水坝阻断上游水源，导致下游湿地干涸、植被枯萎，造成牧民的牲畜和野生动物无处饮水，严重破坏了沼泽湿地及周边生态平衡。根据原国家林业局《湿地保护管理规定》和《内蒙古自治区湿地保护条例》等相关规定，新巴尔虎左旗人民政府负责建立健全湿地保护与合理利用管理协调机制，负有湿地保护工作的领导职责，因其未依法履行职责，致使湿地遭到破坏。

2. 制发诉前检察建议。2020 年 5 月 7 日，呼伦贝尔市人民检察院作出立案决定并发出诉前检察建议，督促新巴尔虎左旗人民政府依法全面履行监督管理职责：一是责令某生态农业公司停止违法行为，限期恢复原状或者采取其他补救措施，修复被破坏的湿地生态环境；二是切实加强对湿地的日常监管及保护，堵塞监管漏洞；三是建立长效监管机制，杜绝类似现象发生。同时，考虑到当地正值春季植被返青、亟需水源的关键时期，建议新巴尔虎左旗人民政府务必在规定期限内依法整改完毕。

3. 落实整改情况。新巴尔虎左旗人民政府对检察建议高度重视，迅速成立专项整改工作领导小组和湿地保护管理工作领导小组，专题研究制定整改方案，全面加强对辖区湿地、河湖、耕地、林地、草地等保护工作的监督管理。考虑到拆除违建水坝对流域土地、水文、水质及生态环境安全的影响，详细了解牧民群众对现有堤坝道路的使用需要，旗政府最终确定了兼顾保障湿地全流域水流畅通和方便牧民生产生活需求的集水泄流方案，并向某生态农业公司下达限期整改通知。

2020 年 5 月 26 日，新巴尔虎左旗人民政府向呼伦贝尔市人民检察院书面回复整改情况，表示已责令某生态农业公司采取铺设涵管等措施对检察建议书指出的违建堤坝进行综合疏浚，并经主管部门验收合格。此外，新巴尔虎左旗人民政府还研究制定《新巴尔虎左旗湿地保护管理办法》，编制《新巴尔虎左旗湿地保护规划》，开展湿地生态保护执法检查和宣传等，建立健全长效机制，全面加强湿地保护工作。

4. 跟进监督。2021 年 5 月，呼伦贝尔市人民检察院对湿地修复情况进行“回头看”，发现一处堤坝再次堵塞，立即告知新巴尔虎左旗人民政府进行了疏通。截至目前，下游全流域湿地和草原已得到恢复，干涸多年的河流重现生机。某生态农业公司及其负责人任某因犯非法占用农用地罪已被依法追究刑事责任，并承担生态修复赔偿责任。

【典型意义】

1. 践行山水林田湖草生命共同体理念，督促地方政府及其职能部门依法履行湿地保护职责。2021 年 12 月 24 日通过的《中华人民共和国湿地保护法》，明确了县级以上人民政府对本行政区域内湿地负有保护职责。对于湿地生态环境保护和管理职责履行不到位，或者对长期以来存在的侵占、破坏湿地等违法问题排查整治不彻底，致使国家利益和社会公共利益受到侵害的，检察机关要充分发挥公益诉讼检察职能作用，主动融入山水林田湖草整体保护和系统治理大局，督促行政机关及其职能部门依法履行湿地保护、修复和管理职责，维护好湿地生态功能及生物多样性，积极助力黑土区山水林田湖草整体保护、系统治理和良性发展。

2. 因地制宜探索一体化监督办案，推进检察工作融合创新发展。检察机关办理破坏生态环境和资源保护领域的刑事、民事公益诉讼和行政公益诉讼案件，要坚持系统观念，不断增强“四大检察”融合发力、一体化办案的理念，在案件线索移送、证据共享、认罪认罚与公益损害赔偿、庭审协调配合等方面加强内部协作。有条件的检察机关可以探索实行生态环境与资源保护领域刑事检察与公益诉讼检察一体化办案机制，对破坏生态环境资源保护类案件的刑事责任、民事责任以及行政机关监管责任一并审查，有效发挥打击、监督、保护等职能作用，实现刑事追究、督促履职、公益损害修复并举。

【相关规定】

《中华人民共和国环境保护法》（2014 年 4 月 24 日修改）第二条、第六条

《中华人民共和国湿地保护法》（2022 年 6 月 1 日施行）第二十八条、第四十五条、第六十二条

《中华人民共和国行政诉讼法》（2017 年 6 月 27 日修改）第二十五条第四款

《人民检察院公益诉讼办案规则》（2021 年 7 月 1 日施行）第三十六条

《内蒙古自治区湿地保护条例》（2018 年 12 月 6 日修改）第五条、第十八条、第二十二条

黑龙江省甘南县人民检察院督促整治“飞线充电”安全隐患公益诉讼案

（入选 2022 年 6 月 22 日检察机关落实“八号检察建议”典型案例）

【基本案情】

2022 年 2 月 2 日，徐某某放火案案发，黑龙江省甘南县人民检察院介入侦查引导取证。承办检察官在实地勘查现场时发现，小区居民在楼外私拉电线为电动车充电并占用消防通道现象突出，存在严重的安全隐患。2 月 11 日，该院刑事检察部门将上述问题线索移送公益诉讼检察部门，后两部门联合对辖区内居民小区“飞线充电”问题进行调查核实。3 月 9 日，甘南县人民检察院决定对甘南县应急管理局怠于履行“飞线充电”监督管理职责问题立案调查。4 月 18 日，甘南县人民检察院向甘南县应急管理局制发行政公益诉讼诉前检察建议。5 月 12 日，甘南县应急管理局作出书面回复，采纳了检察机关全部建议内容并落实整改。

【检察机关履职过程】

1. 发挥刑事公益联动优势，开展调查核实。甘南县人民检察院刑事检察、公益诉讼检察部门在辖区内开展联合调查取证，通过深入多个小区实地查看，走访小区居民和社区工作人员，发现“飞线充电”风险隐患 23 处，其中电线老化、占用消防通道问题突出，极易引发火灾、造成触电，同时影响应急救援。上述问题的发生与县应急管理局履行综合监督管理职能不到位有关，符合行政公益诉讼立案条件，检察机关决定对本案立案调查。

2. 通过诉前检察建议，推进落实整改。甘南县人民检察院专门就“飞线充电”对社会公益造成的危害及问题整改方案与甘南县应急管理局进行会谈，提出意见建议，县应急管理局制发了《县级人民政府工作部门消防安全工作职责》，进一步明确政府各职能部门的消防安全责任。为实现溯源治理，甘南县人民检察院正式向甘南县应急管理局送达行政公益诉讼诉前检察建议书，列明调查走访发现的突出问题，建议其依法履行监督管理职责，消除安全隐患。甘南县应急管理局高度重视，召开专题会议研究制定整改方案，积极组织社区、物业开展集中宣传活动，联合住建、消防等部门多次开展专项巡查整治活动，协调有关部门对在居民小区建设集中充电设备进行部署，从根源上解决“飞线充电”问题。

3. 持续跟进监督，确保治理成果。收到检察建议回复后，检察机关依法对甘南县应急管理局履行职责情况跟踪回访，刑事检察、公益诉讼检察部门多次联合开展“回头看”，走访居民小区 15 个，实地查看整改情况，确保检察建议落到实处。为进一步巩固工作成果，避免问题反复，经检察机关建议，县应急管理局、住建局、消防大队等部门着手建立“飞线充电”安全隐患排查整治常态化防控机制，形成多部门协同共治良好格局。

【典型意义】

民生无小事，枝叶总关情。检察机关应树立“风险即危险，隐患即事故”意识，保持高度敏感，在办案过程中注重线索挖掘，见微知著，抓早抓小。刑事检察部门办案中发现安全生产方面公益诉讼线索要及时移送，与公益诉讼检察部门联动协作，以刑事诉讼惩犯罪，以公益诉讼促整改，凝聚法律监督合力，确保案件不漏、治理不落。发现安全生产工作行业监管漏洞后，要积极能动履职，推动相关职能部门认真履行监督管理职能，开展安全生产巡查、考核、整治等工作，切实解决监督不力、无人监管问题。同时，对于制发的公益诉讼诉前检察建议要持续跟踪回访，监督行政机关真履职、真整改，实现长治长效，切实维护人民群众生命财产安全。

杨某阁销售有毒、有害食品刑事附带民事公益诉讼案

——向老年人销售含有国家禁止添加成分的“降糖茶”

[入选 2022 年 11 月 9 日检察机关惩治养老诈骗违法犯罪典型案例（第二批）]

【关键词】

养老诈骗　销售有毒、有害食品罪　刑事附带民事公益诉讼　行政公益诉讼

【基本案情】

2018 年 10 月，被告人杨某阁在未取得食品经营许可的情况下，从他人处大量购进“三无”产品“降糖茶”，并冒充某三甲医院教授等身份，谎称“降糖茶”为纯植物、无添加、有奇效的保健品，通过快递发货、网络收款等方式向患有糖尿病的老年人或其家属销售。2019 年 12 月，一名购买“降糖茶”的消费者告知杨某阁化验报告显示“降糖茶”中含有西药成分后，杨某阁自行委托检测，发现该产品含西药成分格列苯脲，但其仍继续对外销售。至 2020 年 11 月，杨某阁销售金额共计 95 万余元。经检测，杨某阁销售的“降糖茶”中含有国家食品药品监督管理局办公室发布的《保健食品中可能非法添加的物质名单（第一批）》中所列的格列苯脲和盐酸二甲双胍。

另查明，被告人杨某阁在未取得执业医师资格的情况下，违反执业医师法有关规定，在其经营的养生会所等地为他人实施针灸、开具药方等诊疗行为。

2022 年 1 月 26 日，北京市东城区人民法院以销售有毒、有害食品罪，判处杨某阁有期徒刑十年，并处罚金二十万元。判令杨某阁支付民事

惩罚性赔偿金三百二十六万六千元，并在国家级媒体上就其销售不符合食品安全标准的食品行为向社会公开赔礼道歉、消除危险。杨某阁认罪认罚未提出上诉，判决已生效。

【检察机关履职过程】

北京市东城区人民检察院就涉食品安全案件与区市场监督管理局、公安分局建立常态化会商、信息共享及线索移转机制，在发现案件线索时介入核查工作，2020年9月25日，北京市东城区人民检察院对杨某阁涉嫌销售有毒、有害食品案通知公安机关立案。9月26日，北京市公安局东城分局对杨某阁涉嫌销售有毒、有害食品案立案侦查。立案后，北京市东城区人民检察院刑事检察部门依法介入侦查，就涉案有毒、有害食品的检验检测，销售金额的查证，电子数据的调取、审查、主观明知的证明等方面提出引导取证意见。在介入侦查过程中，检察机关发现杨某阁通过互联网向老年人及其家属等不特定消费者销售有毒、有害食品的行为涉嫌损害社会公共利益，刑事检察部门依法将线索移转至公益诉讼检察部门。2021年1月6日，北京市东城区人民检察院将杨某阁销售有毒、有害食品行为作为民事公益诉讼线索开展初步调查工作，同年2月2日立案后，在媒体发布诉前公告。北京市公安局东城分局于2021年2月18日以杨某阁涉嫌销售有毒、有害食品罪向北京市东城区人民检察院移送起诉。

检察机关认为，杨某阁在知道所销售的“降糖茶”含有西药成分之日起至案发时的销售行为，已构成销售有毒、有害食品罪。同时，其长期以来明知“降糖茶”系“三无”产品，不符合食品安全标准，仍然向全国多地的消费者进行销售的行为，侵害众多消费者合法权益，损害社会公共利益，应当承担相应的民事责任，侵权行为自其开始销售“降糖茶”时即2018年10月起算，销售金额共计32万余元。2021年7月27日，北京市东城区人民检察院以销售有毒、有害食品罪对杨某阁提起刑事附带民事公益诉讼。

检察机关在审查中还发现，杨某阁在未取得医师执业资格的情况下，违法在其经营场所等地为老年人等群体实施针灸、开具药方等诊疗行为涉嫌侵害社会公共利益。2022年3月15日，北京市东城区人民检察院将杨某阁非法行医行为作为行政公益诉讼线索开展初核工作，2022年3月30日立案。经调查，东城区人民检察院于2022年6月30日向相关行政机关制发行政公益诉讼诉前检察建议，相关行政机关接收检察建议后已对杨某阁非法行医行政违法行为立案调查。

【典型意义】

健康是老年人安享晚年的“本钱”，但也往往成为不法分子实施违法犯罪所依托的对象，市场上治疗老年疾病的产品层出不穷，其中不乏圈钱的骗局。不法分子蓄意编造“玄妙”的理论，将根本不具有任何功效的产品宣传成可以包治百病的良方或者将含有药品成分的产品包装成日常保健食品，通过各种方式向老年人推销盈利，所谓的产品不仅治不了病，还损失了养老钱，甚至耽误正规治疗，危害老年人的身心健康。老年人在追求健康生活的过程中，不能轻信能包治各种老年疾病的产品宣传，购买前看清楚产品的成分、生产批号等，对于“三无”产品不要购买。检察机关在办理此类案件时，要注意同步审查是否存在损害社会公共利益事实或行政处罚执法线索，融合刑事检察、公益诉讼检察等职能，在惩治刑事犯罪的同时，及时、敏锐发现公益诉讼线索，将查证属实的事实区分不同性质予以准确认定，坚持落实食品药品安全“四个最严”要求，依法要求违法行为人承担十倍惩罚性赔偿责任，确保应查尽查、应罚尽罚。

广东省江门市江海区人民检察院督促整治老年人保健品市场乱象行政公益诉讼案

[入选 2022 年 11 月 9 日检察机关惩治养老诈骗违法犯罪典型案例（第二批）]

【关键词】

行政公益诉讼　诉前程序　保健品　公开听证　协同治理

【基本案情】

2020 年 2 月以来，广东省江门市江海区辖区内的某生物科技有限公司、保健店、商行、床上用品店、饮用水机经营部等 23 家商户，以提供“免费聚餐”“免费旅游”“打卡计分兑换礼品”等手段博取老年人信任，再通过播放“权威”视频、传播自制“养生”小程序、提供“专家”课程等方式，夸大甚至杜撰“磁性床垫”“磁性护膝”“磁性能量帽”“安宁固元液”等保健产品功效，误导欺诈老年消费者高价购买。其中多数为“三无”产品，甚至部分为不符合安全标准的食品，其行为涉嫌侵犯不特定多数老年人的合法权益，严重损害社会公共利益。

【检察机关履职过程】

2022 年 1 月，广东省江门市江海区人民检察院针对老年人保健品市场乱象开展公益诉讼专项监督行动中发现该案线索，于 3 月 3 日决定立案，制定调查方案，开展现场调查，及时固定收集相关证据。3 月 7 日，为进一步查明公共利益受损事实，江门市江海区人民检察院召开以“老年保健品安全监管”为主题的公开听证会，邀请人大代表、政协委员、行政机关和行业代表参加，聚焦如何从源头上加强老年人保健品市场监管展开讨论，并形成共识：一是依法督促相关行政部门加强保健品生产、消费市场的源头监管，规范市场准入资格，加强从业人员的监管；二是依法督促相关行政部门加强互联网、电视、电台等媒体严格按照广告法及相关法律法规审核广告内容，杜绝夸大、虚假宣传，避免误导群众；三是建立多部门联动的联络、会商、巡查、协作机制，加大打击“骗老坑老”保健品的力度；四是加大对保健品知识的宣传力度，深入社区、村居开展消费警示活动，曝光典型案例，引导老年人正确认识和消费保健品；五是加强对保健品虚假宣传的监管，公开监督举报电话，发挥群众监督作用，营造全社会参与监督的良好氛围。

2022年3月18日，基于听证会各方意见和已查明的案件事实，江门市江海区人民检察院向市场监管部门发出诉前检察建议，督促其积极履行监管职责，依法保障老年人群体合法权益。市场监管部门收到检察建议后，立即在辖区开展专项行动，根据检察机关提供的线索依法查处涉案商家12家，其中责令关停7家，对其中涉嫌犯罪的5件案件依法移送公安机关，涉案货值共计400余万元，公安机关现已刑事立案2件。同时，继续加强保健品店准入监管和抽查，将违法犯罪人员列入失信名单，联合检察机关进村居、社区开展养老诈骗法治宣传。

针对老年人保健品市场乱象治理存在涉及部门多、协调难度大、利益链复杂等特点，江门市江海区人民检察院还主动将监督办案情况向当地党委、政法委汇报争取支持，协同推动与市场监管、公安、民政、城管等职能部门建立打击老年人保健品诈骗专项行动协作机制，充分利用各行政部门执法大数据，加强辖区保健品商户的合法经营监管，形成打击合力，巩固整治成果。此外，江门市江海区人民检察院还以“消费者权益保护日”为契机，联合市场监管部门召开保健品市场专项整治行动新闻发布会，详细通报该院办理违法销售老年保健品案件情况，通过以案说法开展警示教育，公开举报监督电话，印发宣传册、设点咨询等形式让涉老反诈宣传进社区、进家庭，切实增强人民群众特别是老年群体的法治意识和识骗防骗能力。

【典型意义】

保健品市场虚假宣传、欺诈销售等“骗老坑老”问题较为突出，严重损害老年人的身心健康，侵害老年人合法权益。检察机关要主动聚焦“骗老坑老”问题集中的保健品等行业领域，部署开展公益诉讼“小专项”活动。在履行公益诉讼职责过程中，要注意运用公开听证、检察建议等方式督促相关部门积极履职，力促形成打击整治合力，以“我管”促“都管”，协同推动建立协作机制，从源头到末端铲除问题隐患。检察机关在开展公益诉讼监督过程中发现涉嫌犯罪线索的，应依法移送公安机关处理。同时，要结合检察办案中发现的问题加大反诈宣传和警示教育力度，积极向老年人和保健品从业人员开展普法宣传，教育引导保健品等相关行业经营者依法诚信经营，帮助老年人提高识别防范虚假宣传营销的意识和能力，维护好自身的合法权益。